U0929798

两岸产业比较研究丛书

本丛书是“2011计划”——“中国特色社会主义经济建设协同创新中心”的子平台“区域协调与产业发展”研究团队的阶段性成果

两岸药品现代流通比较研究

李兰冰　周　密　刘　勇　主编

南开大学出版社
天　津

图书在版编目(CIP)数据

两岸药品现代流通比较研究 / 李兰冰，周密，刘勇主编. —天津：南开大学出版社，2015.9
(两岸产业比较研究丛书)
ISBN 978-7-310-04947-9

Ⅰ.①两… Ⅱ.①李… ②周… ③刘… Ⅲ.①药品－商品流通－对比研究－中国 Ⅳ.①F724.73

中国版本图书馆 CIP 数据核字(2015)第 209960 号

南开大学出版社出版发行
出版人：孙克强
地址：天津市南开区卫津路 94 号　邮政编码：300071
营销部电话：(022)23508339　23500755
营销部传真：(022)23508542　邮购部电话：(022)23502200
*
河北昌黎太阳红彩色印刷有限责任公司印刷
全国各地新华书店经销
*
2015 年 9 月第 1 版　2015 年 9 月第 1 次印刷
240×170 毫米　16 开本　13.25 印张　4 插页　214 千字
印数：1－3000 册　定价：31.00 元

如遇图书印装质量问题，请与本社营销部联系调换，电话：(022)23507125

编委会名单

序一

经历了2009年国际金融危机的冲击，当前世界经济进入新一轮的调整和转型期，以美国为代表的发达国家虽然经济探底趋稳，但财政悬崖、主权债务危机的阴影犹存；新兴经济体和部分发展中国家虽然经济保持较高的增速，但面临的挑战和风险也很大。从世界经济格局来看，世界经济中心向亚太地区转移的趋势有所增强，在刚刚过去的2012年，全球经济复苏放缓，而亚太新兴经济体总体上保持了难得的增速，成为世界经济的一抹“亮色”。在亚太地区，中国大陆与中国台湾作为“大中华经济圈”中实体经济发展各具千秋的两个重要经济体，彼此之间活跃的产业合作和日益紧密的经济联系会增强双方的实力，达到合作共赢、共同增强在亚太地区的主导力量的效果。

自2008年两岸关系出现历史性转折后，两岸双方在反对“台独”、坚持“九二共识”的共同政治基础上，本着“建立互信、搁置争议、求同存异、共创双赢”的精神，致力于两岸关系的和平发展。目前我们已经签署了空运、海运、通邮等协议，实现了两岸全面直接双向“三通”，促成了大陆居民赴台旅游，取得了两岸人员往来的又一次重大突破，在众多领域建立了两岸交往与合作机制，解决了两岸同胞关心的一系列经济、社会、民生等问题，特别是签署了《海峡两岸经济合作框架协议》以及投资保护、海关合作两项后续协议后，更推进了两岸经济一体化的进程。“三通”开放至今，两岸贸易总额已突破5600亿美元，大陆累计批准台商投资项目8.7万个，台商实际投资金额565.3亿美元。同期，共有133家大陆企业在台设立分公司或代表处，投资金额达7.22亿美元。2008年两岸携手直面国际金融危机的冲击，风雨同舟，共渡难关，为两岸产业与企业界的更深入、具体、全面的交流与合作奠定了坚实的情感基础。两岸发展的历史充分证明，分则两败，合则共赢。

我们惊喜地发现，在两岸经济、社会、文化、教育等领域日益频繁而密切的交流中，两岸的高校发挥了重要而独特的作用。不仅通过教师和学生的交流互访学习，取长补短，加深了理解和友谊；而且更有一些眼光深邃、做法务实的两岸高校，各取所长，为两岸的产业和企业合作发展发挥着智力支持作用。由南开大学和台湾东吴大学发起，联合了两岸十几所高校的专家学者编写出版的“两岸产业比较研究丛书”，恰逢其时，将适应两岸经济交流与合作的新形势，为两岸产业和企业加深了解、建立互信、寻求商机、互利互惠开启一扇机会之窗。

未来“大中华经济圈”的不断崛起将可能成为影响国际经济格局变化的重要力量，两岸的经济和产业合作也将不断由初期的贸易往来和直接投资向立足于两岸需求、资源、技术的全方位深层次的产业对接与合作转移。两岸内部市场的新经济增长点在哪里？两岸产业各自的竞争优势是什么？两岸产业进一步深入合作的制度政策和机制需求是什么？相信“两岸产业比较研究丛书”的出版将有助于我们寻找相关问题的答案。也希望通过这套丛书的出版，能进一步推进两岸官、产、学、研的更加深入持久的战略性合作。

目前两岸科技、文化、教育等领域交流与合作议题的正式商谈虽然还未开始，但两岸一些心系两岸和平发展之大计、脚踏实地的高校和学者已经开始他们扎实而富有成效的探索，虽然这些成果还不尽善尽美，但他们精诚合作，为两岸发展贡献绵薄之力的赤诚之心可见。愿他们的开拓性工作不断深入，结出更多更美的硕果。愿两岸产业界和企业界携手合作，共赢共荣的美好日子愈久绵长。

陈云林

2015年6月

序二

全球经济已经进入成长速度放缓、竞争加剧、深度转型的调整期，未来发展充满了复杂性、不稳定性和不确定性。已开发国家经济进入缓慢复苏的阶段，低速成长可能成为长期的趋势。开发中国家或地区尤其是新兴经济体具有较高的成长速度，已经成为世界经济成长的主要动力，但成长速度不如以往的压力也逐渐显现。世界经济格局正发生明显的变化，亚洲的地位与作用日益重要。为因应全球经济高度不确定性的挑战，掌握全球经济重心向亚洲转移的机会，海峡两岸应加强合作、优势互补，共同采取更为积极有效的措施以稳定、发展、繁荣两岸经济。

2008 年以来，两岸关系迈入和平发展的一个新的阶段。至 2012 年底为止，海基会与海协会共举行了 8 次高层会谈，签署了 18 项协议，涉及两岸直航、大陆观光客来台、投资保障等，为两岸经济共同繁荣与发展奠定了坚实的基础。其中，2010 年 6 月，海基会和海协会签署了《海峡两岸经济合作框架协议》（ECFA），进一步增进了双方的贸易与投资关系，建立了有利两岸经济繁荣与发展的合作机制，为台湾与大陆的经贸交流与合作揭开了新的里程碑。

世界经济进入全新的发展阶段，新的形势给两岸经济交流与合作创造了新的机会，也产生了新的需求。当前，两岸经济均进入调整期，新阶段的产业合作可以基于两岸内部市场新经济成长机会的创造与成长方式的改变；如何从两岸经济发展的特色出发，选择两岸产业合作的领域与重点备受关注。就现阶段而言，两岸产业合作特别要注重对两岸内部市场的培育。两岸关系进入后 ECFA 时期，机制与制度的建构已经成为两岸产业合作的重中之重。两岸关系的改善以及 ECFA 的签署，应该在已有的架构协议层面，积极地完成相关的配套政策、机制、制度的建设，才能更深化产业的合作。在两岸合作由初级贸易往来转向深层次产业合作的关键时刻，如何从两岸的共同利益出发，实现两岸经济与产业的合作共赢，在全球经济格局中共同实现经济再发展，已经成为两岸官方、产业界和学术界共同关心的重大课题。

欣闻东吴大学和南开大学共同发起建立专业化、开放化和国际化研究平台，吸引海峡两岸的优秀学者，在两岸产业合作与对接这一新兴重要领域进行兼具创建性、开拓性与系统性的研究，共同编撰“两岸产业比较研究丛书”，深感其正逢其时、意义深远。这是第一部两岸学者携手完成的两岸产业比较研究丛书，这一系列丛书全方位剖析了两岸产业发展现状与未来对接的机会和挑战，涉及物流产业政策、港口发展等多个不同经济发展领域，研究成果兼具深度与广度。我相信这套丛书的出版问世，将为两岸产业合作与对接提供可参考、可采纳、可使用的产业发展对策，切实有效地为两岸经济共同繁荣与发展作出贡献。

这套丛书的问世，倾注了两岸学者的卓越智慧，期盼两岸学者能够继续精诚合作，竭尽所能地进一步加强两岸教育与科研资源的交流，建立高效、稳定、可持续的合作机制，产出更多、更好的硕果，为共同提升两岸经济发展贡献力量。

江丙坤

2015年8月

前　言

近年来，海峡两岸经济合作交流不断扩大和深化，趋于向更宽领域和更大规模迈进，这将促进两岸共同发展与双方共赢。随着《海峡两岸医药卫生合作协议》的签订，两岸开始在医药卫生领域进行合作探索。药品流通作为关系到健康与生命安全的特殊产业领域，具有广泛的合作前景与潜力。

基于此，本书以对比分析为主线，针对两岸药品流通这一明确主题进行了系统研究。本书致力于完成以下三个目标：第一，对两岸药品流通领域的发展现状进行全貌式分析，识别两岸药品流通领域的典型特征、关键问题与主要成因；第二，比较两岸药品流通政策之间的异同，为两岸药品流通政策提供相互参考与借鉴；第三，对两岸药品现代流通进行未来展望，以期加深两岸药品流通领域的相互了解，促进两岸医药流通的交流与合作。

本书主要由李兰冰、周密和刘勇合作完成，李兰冰对全书的逻辑框架进行了总体设计，具体章节采用分工合作方式完成。本书共由九章构成，第一章、第二章、第三章由李兰冰负责编写，第四章、第七章和第九章由刘勇负责编写，第五章、第六章、第八章由周密负责编写，各章主编对所负责章节文责自负。东吴大学企研所的卢冠翰、南开大学经济学院以及南开大学经济与社会发展研究院的陈欢、孙哲、苏丹妮、黄幸、王海洋、张岩岩、杨靖、王海、王思傲、孙浬阳等博士及硕士研究生参与了资料搜集、部分章节写作和稿件校对工作，在此表示特别感谢！

受研究能力、资料搜集以及时限限制，本书中可能仍存在诸多值得商榷之处，敬请专家、同行不吝指正。

李兰冰　周密　刘勇

2015 年 8 月于南开园

目 录

第一章　药品流通的基础理论

药品是关系人民生命健康的特殊商品，药品流通关系国计民生、人民幸福。本章将重点从现代流通理论和药品流通典型特征两个视角阐释药品流通的基础理论，为进一步比较分析海峡两岸药品流通业的发展状况奠定基础。

第一节　现代流通的基础理论

流通是社会再生产的重要组成部分，是连接生产与消费的桥梁。本节将重点阐释现代流通业的内涵、现代流通业与传统流通业的区别以及现代流通业的典型特征。

一、现代流通业的内涵与外延

马克思在《〈政治经济学批判〉导言》中论及，社会生产总过程分为生产、分配、交换和消费四个领域。① 其中，“流通是商品占有者的全部相互关系的总和。在流通以外，商品占有者只同他自己的商品发生关系”②。

现代流通是社会再生产过程中与生产、分配和消费相对独立又紧密相关的经济活动，是促使商品或服务在生产领域之间、消费领域之间以及生产与消费之间进行“交换”的所有经济活动的总和。

现代流通业是以满足生产企业、商业企业、终端消费者等多种类型的消费需求为导向，以实现产品、商品与服务在生产领域间、消费领域间以及生产与

---

① 曹之虎. 对马克思所有制理论的系统研究[J]. 中国社会科学，1987（6）：23～39

② 中共中央马克思恩格斯列宁斯大林著作编译局.马克思恩格斯全集（第 49 卷）[M]. 北京：人民出版社，2008:297

消费领域间的低成本、高效率“交换”为目的，以流通服务和为流通提供服务作为产品的企业集合。

现代流通业是国民经济发展的基础性和先导性产业，在经济与社会发展的不同阶段，外延表现形式有所不同，具有显著的动态性和延展性特征。

依据《国民经济行业分类》（GB/T 4754-2011），现代流通业的外延主要涵盖以下产业：（1）批发和零售业；（2）住宿与餐饮业；（3）交通运输、仓储和邮政业；（4）租赁和商务服务业；（5）居民服务、修理和其他服务业。上述业态基本属于传统型业态，如表 1.1 所示。

表 1.1　现代流通产业的外延界定

三次产业分类	《国民经济行业分类》（GB/T 4754-2011）		
	门类	大类	名称
第三产业（服务业）	**F**		**批发和零售业**
		51	批发业
		52	零售业
	G		**交通运输、仓储和邮政业**
		53	铁路运输业
		54	道路运输业
		55	水上运输业
		56	航空运输业
		57	管道运输业
		58	装卸搬运和运输代理业
		59	仓储业
		60	邮政业
	H		**住宿和餐饮业**
		61	住宿业
		62	餐饮业
	L		**租赁和商务服务业**
		71	租赁业
		72	商务服务业
	O		**居民服务、修理和其他服务业**
		79	居民服务业
		80	机动车、电子产品和日用产品修理业

随着信息技术的飞速发展和商业模式的不断创新，现代流通业的外延已不再局限于上述传统型业态，新型业态正逐渐占据日益重要的地位。例如：（1）电子商务平台企业（涵盖电子商务企业和平台企业两种类型）；（2）垂直型电子商务企业；（3）线上线下相融合的电子商务企业；（4）生产企业的产品直销企业等。

二、现代流通业的典型特征

（一）基础性

首先，现代流通业具有广泛的产业关联性。现代流通是连接生产、再生产和消费的桥梁，连接着国民经济体系中的不同产业、不同企业和不同地区。一方面，现代流通业作为生产性服务业对其他产业生产活动提供支撑，对其他产业发展水平和产业运行效率具有直接影响。另一方面，现代流通业对于保障人民生活的作用也不可忽略。其次，现代流通业具有较高的经济贡献度。如，2013年，仅批发和零售业、住宿与餐饮业、交通运输仓储和邮政业三大类现代流通业的产业增加值就占我国国民生产总值的 16.6%。再次，现代流通业具有吸纳就业人数多的特点，在吸收就业、稳定社会等方面具有重要作用。如，2013 年现代流通业的城镇单位就业人数达到 2 535.6 万人，占总城镇就业人口的 14.0%。

（二）先导性

生产、分配、交换、消费是整个社会再生产过程中的四个环节，它们互相联系、互相制约。一直以来，生产居于支配地位，它决定着分配、交换和消费。流通的作用则主要表现为“发展生产、保障供应”。随着社会经济的不断发展，供需结构由“供小于求”转变为“供大于求”，生产方式从大批量、小品种的福特制转向小批量、多品种的后福特制，订单式生产方式日益普及，消费需求已经成为驱动社会生产的原动力。商贸流通业作为生产和消费之间桥梁的作用日益凸显，逐渐成为识别、引导和实现消费需求的关键环节。鉴于此，随着消费对生产的决定性作用日益增强，现代流通业对生产的引导性和拉动性作用日益突出，逐渐发展成为一种先导性产业，如图 1.1 所示。

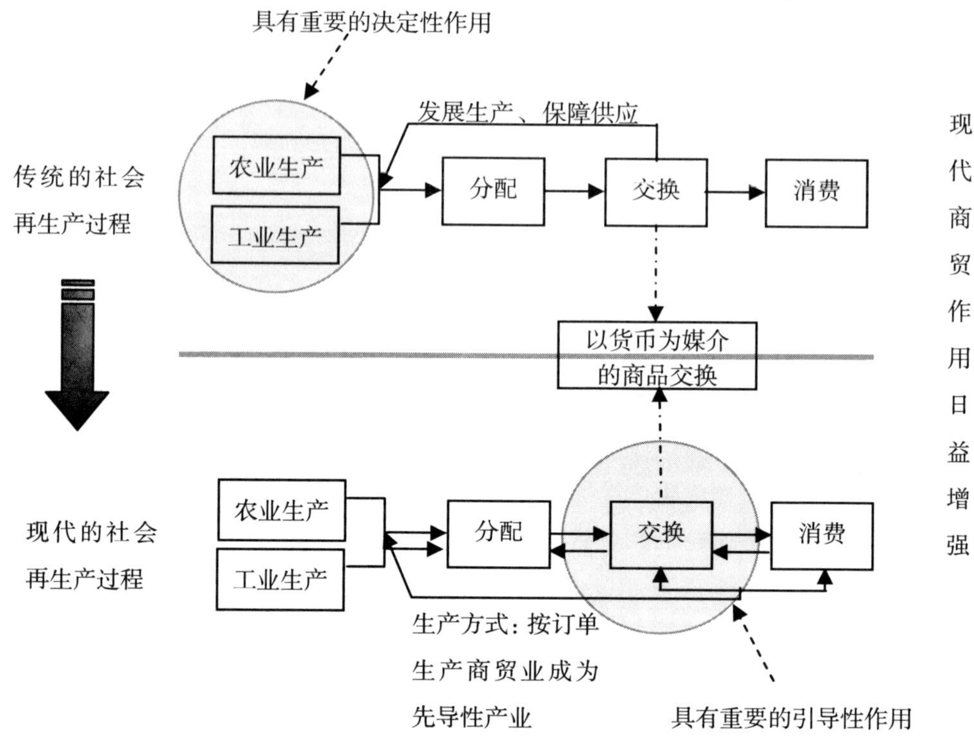

图 1.1　现代流通业的产业地位演变示意图

资料来源：本课题组研究整理。

（三）复合性

现代流通业绝不是传统的、单一的批发与零售业，而是提供流通服务的各种经济组织的总体，是由批发和零售业，住宿与餐饮业，交通运输、仓储和邮政业，租赁和商务服务业，居民服务、修理和其他服务业等多种产业聚合而成的复合型服务产业。当然，现代流通业并非批发和零售业，住宿与餐饮业，交通运输、仓储和邮政业，租赁和商务服务业，居民服务、修理和其他服务业等各类产业要素的简单叠加，而是通过产业间分工、合作与整合形成的一体化的现代流通服务链，可以更好地服务于生产、分配、交换和消费。

（四）延展性

现代流通是一种典型的衍生性服务需求。因此，随着经济与社会的不断发展，现代流通业也将发生优化与升级。现代流通业的外延表现并非固态，而是可能随着经济、技术、社会与政策等多重因素变化出现新的流通模式、流通业态和流通渠道。如，科学技术是驱动现代流通业态升级的重要引擎。从市场模式视角，促使传统商贸市场向集产品展示、信息服务、物流配送、休闲娱乐多功能于一体的复合商贸物流中心转变；从现代物流视角，促进交通基础设施的改善与物流信息技术应用的普及，提升现代流通业的供应链管理与运作水平；从信息技术角度，促进电子商务的兴起，改变传统流通模式与流通渠道。

（五）基础设施依附性

现代流通业在完成其由“投入”到“产出”的生产过程中，必然离不开设施支持。但是，现代流通业不仅依赖企业内部设施，而且对流通基础设施具有很强的依附性。批发市场、物流配送中心、港口、铁路货运站、公路货运站、机场作为重要的节点，公路、铁路、航道、航线作为重要的通道，在高效的区域流通网络中是不可或缺的。由此可见，具备现代化的流通基础设施往往是一个地区发展现代流通业所必需的客观条件。

第二节　药品流通的典型特征

药品是关系人民群众生命、健康、安全的特殊商品，药品流通具有不同于一般商品的特殊属性与特点。本节将重点剖析药品的特殊属性以及药品流通的典型特点。

一、药品的特殊属性

（一）药品的生命关联性

《中华人民共和国药品管理法》明确指出：药品是指用于预防、治疗、诊断人的疾病，有目的地调节人的生理机能并规定有适应证或者功能主治、用法和用量的物质，包括中药材、中药饮片、中成药、化学原料药及其制剂、抗生素、生化药品、放射性药品、血清、疫苗、血液制品和诊断药品等。《中共中央、国务院关于卫生改革和发展的决定》强调指出：药品是防病治病、保护人民健康的特殊商品，必须加强对药品生产、流通、价格、广告、适用等各个环节的管理。

与一般商品不同，药品具有较强的生命关联性特殊属性，对于抵御疾病、维护健康和保障生命安全具有不可替代的作用，因而具有一定的社会公共性。

（二）药品的医用专属性

药品并非一种普通商品，药品的选择与使用必须与专业的医学知识以及药学知识相结合，许多药品必须在医生或执业药师的指导下使用，而并非由患者自由选择决定。我国出台的《“十二五”期间深化医药卫生体制改革规划暨实施方案》明确指出：到“十二五”期末，所有零售药店法人或主要管理者必须具备执业药师资格,所有零售药店和医院药房营业时须有执业药师指导合理用药。这主要是因为药品的效用在于预防、诊断与治疗疾病，每种药品均有明确的适用范围、禁忌、不良反应以及服法用量。药品使用价值的实现与药品选择以及用药方式密不可分。正确、合理和科学的用药，可以充分发挥药品在预防、治疗和诊断疾病方面的效用，用药不当则会危害身体健康乃至危及生命。

（三）药品质量安全严格性

药品关系到身体健康和生命安全，质量必须严格符合有效性、安全性、稳定性等标准。有效性是指在用药合理的情况下，药品能满足预防、治疗、诊断人的疾病，有目的地调节人的生理机能的要求；安全性是指正常使用药品后，人体产生毒副反应的程度，只有在药品的有效性大于毒副反应或可解除、缓解毒副作用的情况下，药品才可使用；稳定性是指在规定的条件（如药品生产、贮存、运输和使用的要求）下，药品保持其有效性和安全性的能力。[①] 若药品质量不能保证，则会影响药品疗效，甚至对人们的身体健康造成致命影响。

（四）药品需求的低价格弹性

人们消费药品的目的在于保障身体健康和治疗疾病，因而药品需求对于药品价格变动并非十分敏感，在一定程度上具有需求刚性。这主要是由于药品具有专用性，不同药品之间的替代性相对较低。一般情况下，对于患者而言，为了恢复或维持健康，不会因为药品价格上升而随意停止用药或者减少药量，也不会因为药品价格下降而加大服药量。究其根本，患者用药主要是以满足预防和治疗疾病的需求为主，受药品价格的影响程度相对较低。

① 刘兰茹，兰恭赞. 谈药品的属性和分类[J]. 中国药事，2008，22（2）：96～98

二、药品流通的特点

（一）安全性要求位于首位

药品从生产厂家到最终消费者要经过批发商、代理商、零售商、各级医院、药店等多个流通环节。如前所述，药品是关系人们身体健康和生命安全的特殊商品。与一般商品相比，药品在流通环节的安全性更加重要，药品流通效率提升和成本降低等目标均应以实现质量安全为前提，安全性成为药品流通的首要要求。在药品生产保障质量的前提下，药品流通领域的分销、包装、仓储、配送环节，都必须接受严格的质量安全控制，保障药品在流通过程中的质量有效性、稳定性和安全性。

（二）较高的要素支撑条件

药品流通是药品质量安全保障的重要环节和必经环节。药品种类繁多，流通结构复杂，药品流通对于技术支撑、人力资源支撑以及设施设备支撑提出了较高的要求。如，由于药品门类繁多且事关生命安全，药品物流企业对执业药师等药理学方面的专业人才具有一定需求；为满足药品需要的低温保存环境，物流企业需要在冷链运输设施、冷链仓储设施以及冷链技术管理等方面进行投入。[①]

（三）严格的市场准入和监管制度

药品是关系人民生命健康的特殊商品，药品流通事关国计民生、人民幸福。因此，各国普遍对药品流通行业设置一定的准入标准，同时为保障流通领域的药品质量监管，纷纷出台相关法律法规。以我国为例，我国药品经营企业均要通过药品经营质量管理规范认证；我国政府颁布了《药品经营质量管理规范》和《关于加强药品监督管理促进药品现代物流发展的意见》，分别明确规定了药品批发和零售企业在仓储、运输等环节的设施设备与运营要求以及地方政府对于药品物流服务的监管制度与模式。

（四）复杂的流通过程和流通结构

第一，流通主体构成复杂。从药品生产到消费者终端的药品流通过程涵盖代理商、经销商、医疗机构、药店、患者五类流通主体。与一般商品的流通主体相比较，药品流通主体的职能更加复杂。如，医疗机构为病人提供药品的前

---

① 国家发展和改革委员会经济运行调节局，南开大学现代物流研究中心. 中国现代物流发展报告（2012）[M].北京：中国物资出版社，2012：206

提条件是提供相应的医疗服务，在对病人进行检查、诊断的基础上，开立药品处方和指导病人用药。

第二，药品流通过程复杂。药品种类繁多，除了麻醉药品、医疗用毒性药品、精神药品、放射性药品之外，其他药品在市场上可自由流通。药品在品种规格、适应证、剂量及给药途径等方面的不同，及其对于仓储、运输、配送等方面的不同要求，直接导致了药品流通过程的繁杂性。此外，国产药、合资药和进口药的流通模式和流通环节也各不相同。如，基于个人代理形式的国产药流通模式主要有两种：直接由药厂向经销商授权，药品直接从药厂流向经销商，然后从经销商配送至医院或药店；药品流向代理商，代理商向经销商发货，并提供相应的资质认证，然后经销商以不同的价格配送至医院或药店。再如，进口药的流通主体主要包括代理商、医药经销商、医院和药店，流通过程由国际物流和国内物流两部分组成，代理商是国际物流的主要执行者，从代理商—经销商—医院或药店的过程则属于国内物流的范畴。由此可见，药品流通的中间环节较多，流通过程较为复杂。

（五）严重的信息不对称

药品尤其是处方药具有很强的专业性和专用性，患者与医生之间具有委托代理的关系。但是，医生作为代理方，拥有专业的医学知识，对药品效用、药品剂型、药品用法用量等拥有丰富的信息，对于药品选择具有较大的决定权。作为委托方的患者，不具备专业的医学知识，一般情况下凭医生处方进行购药和用药。医生与患者之间在医学知识以及用药知识等方面存在的信息不对称，使得药品流通过程中有可能出现道德风险和逆向选择问题。

三、药品流通的要素构成

本研究构建了药品流通的“菱形”发展模型。具体来看，该模型由内及外共 4 层菱形、11 项发展要素构成，如图 1.2 所示。

第一层菱形，为核心要素层。由药品流通的运行主体——流通主体构成，流通企业发展战略、市场结构以及同类企业竞争状况等因素均影响着流通企业的发展。流通主体主要涵盖药品批发商、药品经销商、医疗机构、药店等。

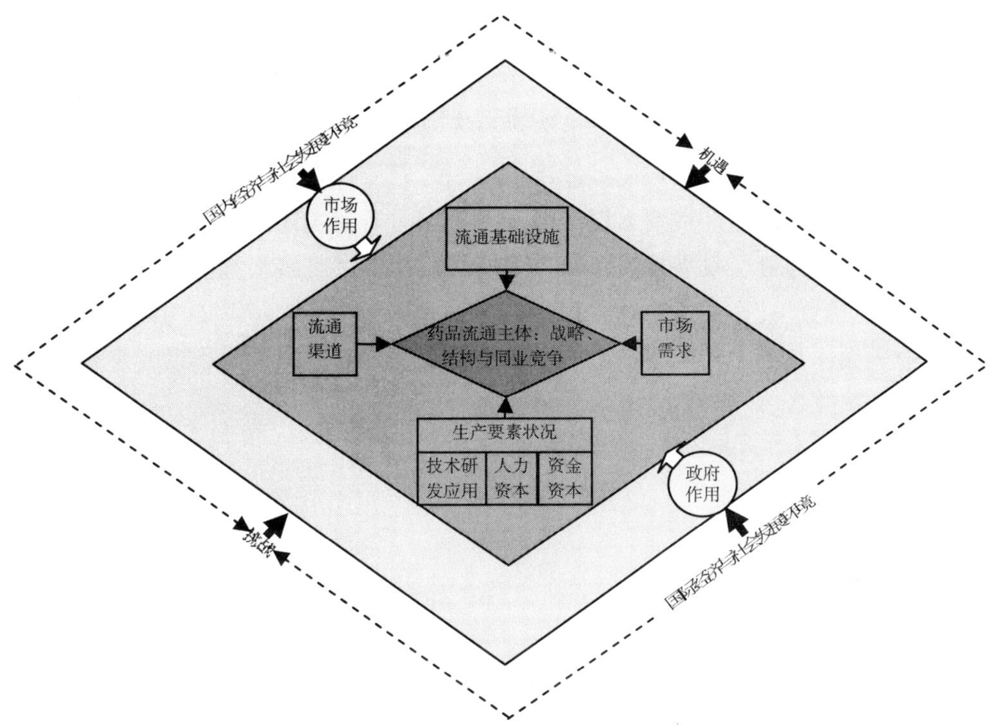

图 1.2　药品流通的“菱形”发展模型

第二层菱形，为竞争力要素层。由药品流通的关键影响要素构成，主要涵盖市场需求、流通基础设施、流通渠道、生产要素状况四大方面，生产要素状况又涵盖技术研发应用、人力资本和资金资本等三个子项。

（1）市场需求：市场需求的容量与潜力决定了流通市场规模；市场需求的质量与层次提升对流通业态、模式、渠道和效率会产生驱动作用，进而促进药品流通的优化升级。

（2）流通基础设施：药品流通基础设施是药品流通企业进行经营的重要载体，基础设施的容量、密度、层级等影响着药品流通业的运营能力与运营效率。

（3）流通渠道：指药品从生产领域到达消费领域所经过的通道，流通渠道途径、环节、形式等影响着药品流通运营绩效。

（4）生产要素状况：技术研发与应用、人力资本和资金资本是药品流通必不可缺的要素投入。技术研发应用，是药品流通业态升级与效率提高的重要科技支撑。人力资本，是药品流通管理水平及劳动生产率提高的重要决定因素之一。资金资本是药品流通网络扩张、结构升级、研发投入的必备条件。

第三层菱形，为机制要素层。机制要素层主要包括市场机制和政府机制。重点在于合理划分政府与市场的作用边界，尤其是应充分发挥市场的决定性作用。政府在药品流通中的主要职能表现在宏观调控和市场监管等方面，实施途径则包括政策体系、体制机制、制度供给以及基础设施投资建设等。

第四层菱形，为环境要素层。环境要素层主要涵盖国内经济与社会发展环境、国际经济与社会发展环境、机遇与挑战。国内外经济与社会发展环境，涵盖经济、政治、社会、技术等多层次视角。机遇与挑战则蕴含于国内外发展环境之中。如，某种重大的科技发明与革命可能为药品流通发展提供发展契机。

第二章　药品流通模式及监管体系的国际比较

药品是关系到人民生命健康的特殊商品，世界各个国家和地区都非常重视药品流通，形成了不同于一般商品的流通模式和监管体系。药品流通模式及监管体系的国际比较，可以为优化我国药品流通模式及监管体系提供经验借鉴与启示。

第一节　药品流通模式的国际经验借鉴

纵观世界上诸多国家和地区的药品流通模式，我们可以总结出药品流通产业集中度高、零售药店成为药品销售主渠道、药品物流系统发达、专业化中介组织规范有序发展等成功经验。

一、药品流通产业集中度较高

美国医药市场经过激烈的市场竞争之后，已经形成了较高的市场集中度，药品批发商凸显出“规模化与集约化”的特征。美国药品批发商一般同时经营其他卫生保健产品，即同时也是卫生保健产品批发分销商。美国是世界上最大的医药市场，其所占的全球医药市场份额接近 40%，其中 90%以上的业务由麦克森(McKesson)、卡地纳健康(Cardinal Health)、美源伯根(Amerisource-Bergen) 公司完成。

在英国的药品批发环节中，共有 3 个全线批发商（能够供应大多数药品）和 50 个短线批发商（供应个别药品的专业批发商）；3 个全线批发商占英国药品批发总金额的 70%，其业务模式也在不断演变，从传统的制药商—预批发—

批发—零售药店的线性模式转变为向上游和下游提供更多增值服务的模式。[①]

欧盟排在前三位的药品分销企业，总市场占有率为65%；法国8家药品批发企业中，排在前三位的市场份额高达95%；德国仅保留了10个大型药品批发商，前三名的市场份额达60%～70%。

日本药品销售额占世界药品市场的12%，该国仅有147家药品分销企业，前三名的市场占有率为74%。[②]

由于药品批发企业规模大、药品市场集中度较高，在企业获取规模化以及集约化收益的同时，政府也在一定程度上降低了监管成本。

二、零售药店成为药品销售主渠道

与我国以医院作为药品销售主渠道的状况不同，很多发达国家和地区的零售药店是药品销售的主渠道。

长期以来，美国实行医药分业机制，医生负责诊断病情和开具处方，药师负责根据处方调配药物，患者可以自行在药店购买药物。因此，药店成为美国药品销售的最主要渠道，零售药店销售药品占美国药品销售总额的70%以上。

此外，法国84.7%的药品通过药店销售，15.3%由厂家直接销售给医院使用；[③] 德国约84%的药品通过药店销售，约16%的药品由超市销售，医院销售量极小；[④] 日本药品批发企业销售的药品约占89%，直销医院和药房的分别为3%和7%，直销患者的仅为1%。[⑤]

以药店作为药品销售主渠道，有利于患者和消费者拥有更多的信息，在一定程度上避免信息不对称带来的逆向选择和道德风险问题。

三、药品物流系统发达

美国依托大型医药批发商和制造商，开展快速、便捷和高效的物流服务。

---

① 国家发改委经济研究所课题组. 英国药品流通体制考察报告[J]. 中国物价，2013（7）：47～51

② 韦明. 中国医药行业并购三大亮点引人瞩目[N]. 中国医药报，2011-03-10（B07）

③ 陈文玲等. 药品现代流通研究报告：中国药品现代市场体系研究与设计[M] .北京：中国经济出版社，2010：163～164

④ 陈文玲等. 药品现代流通研究报告：中国药品现代市场体系研究与设计[M] .北京：中国经济出版社，2010：164

⑤ 陈文玲等. 药品现代流通研究报告：中国药品现代市场体系研究与设计[M] .北京：中国经济出版社，2010：158

例如，自20世纪70年代末80年代初开始，麦克森（McKesson）就开始投入大量资金将计算机管理应用到药品物流管理领域。

日本的药品流通以社会共用物流配送中心为平台，大幅减少了生产、流通和医院等诸多环节的药品库存量，既有效降低了药品流通费用，又有效加快了资金流通速度。药品如果不进入物流配送体系，就不能进入市场，而药品如果不实行标准化生产和包装，就不能进入这个体系，这就使药品流通的安全性大大提高。[①]根据日本《药事法》规定，药品流通的所有环节都必须设置职业药师，以保证药品流通全过程的安全。处方药多采用固定的“医院、诊所+医保定点药店”，而非处方药多采用连锁经营、多元化（化妆品为主、兼营药品、食品、日用品等）经营模式。[②]

发达的现代物流体系不仅有利于降低药品流通费用，还有利于提高药品配送的准确性和及时性，进而有效地保障药品质量。

四、规范有序的专业化市场中介组织

在药品采购方面，美国专门成立了药品集中采购组织，将多家医疗机构的委托合并为大规模订单，增强与药品制造商的议价能力，降低药品采购价格。美国成立了“药品购买福利组织”（英文为Pharmacy Benefit Management，简称PBM）。作为第三方组织，它参与药品购买、分销管理以及药品使用目录管理、处方药报销管理等多个方面。

日本在药品招标采购、医生处方审核、药品分类编码、市场信息提供、企业信用服务等方面，都有专业化的中介服务机构提供服务：制药企业和批发商之间，日本制药协会发起建立了日本药品电子网（Japan Drug Net），为所有医药企业提供互联网药品数据交换服务；在药品批发、零售企业和医院、诊所、药店之间，日本全国药品批发商联合会是药品配送的主要管理机构。[③]

---

① 《医药世界》编辑部.日本药品流通体系高度发达[J]. 医药世界，2007（5）：28～29

② 驻日使馆经商处. 日本提高药品流通效率的措施（三）[EB/OL]. [2012-09-20]http：//www.mofcom.gov.cn/aarticle/i/dxfw/cj/201209/20120908349737.html

③ 驻日使馆经商处. 日本提高药品流通效率的措施（二）[EB/OL]. [2012-09-20] http://www.mofcom.gov.cn/aarticle/i/dxfw/cj/201209/20120908349737.html

第二节　发达国家和地区药品流通监管体系的共同特征

药品流通监管体系对于药品安全至关重要，发达国家和地区在法律框架、监管体系和制度设计等方面相对成熟，形成了健全的法律体系框架、集中统一的药品监管体制、全流程的药品信息管理系统、完善的职业药师制度等共同特征。

一、健全的法律体系框架

严格、健全的法律体系是美国、日本及欧盟等发达国家和地区建立药品监管制度的重要基础。例如，早在 1906 年 6 月 30 日，美国国会颁布了一部里程碑式的法律——《纯净食品和药品法案（Pure Food and Drug Act）》，这部法律首次全面地规定了联邦政府在美国药品监管中所应承担的责任，奠定了美国现代药品法的基础，催生了美国食品药品监督管理局（英文为 Food and Drug Administration，简称 FDA）。[①] 再如，日本针对药品市场颁布了《药事法》和《药剂师法》等。

二、药品监管体制集中统一

虽然发达国家和地区具有不尽相同的药品监管模式，但是它们的共同特征之一就是：逐步建立统一管理、统一协调、高效运作的药品监管体制。一般来讲，这些药品监管机构是高度集权化的政府执法机构，形成垂直管制体系，执法地位由法律赋予。例如，美国的食品药品监督管理局作为美国的药品监管机构，其监管主体地位在法律体系中得以保障。这不仅强化了药品监管机构法律地位的权威性，而且有利于确保药品监管主体权力的合法和适度。在充足经费的保障下，美国食品药品监督管理局形成了“总部—地区所—辖区所—监督站”的垂直领导模式，实现了融事前、事中和事后于一体的全流程监管，建立了一个独立、高效、权威的药品监管网络。

① 宋华琳. 美国药品监管的肇始[J]. 中国处方药，2007.1（58）：46～47

三、全流程的药品信息管理系统

信息技术在发达国家和地区的药品流通领域得到了广泛的应用。目前，诸多发达国家和地区已经建立了全流程的药品信息管理系统，为实现药品高效、及时监管奠定了重要的技术基础。例如，美国在药品流通过程中逐渐采用无线射频识别技术（英文为 Radio Frequency Identification，简称 RFID），实现对药品追踪管理。再如，美国食品药品监督管理局对药品实行国家药品验证号（又称 NDC 码）的管理被列入《联邦食品、药品、化妆品法案》，即政府专门立法、强制执行，企业依法申报；对每一种药品都赋予一个唯一的 10 位数字代码，保证一物一码；要求将药品代码以条码形式印制在药品包装上；建立系列数据库，以满足各方面的应用需求；设立专门机构负责数据库及系统维护；利用现代数据库技术和互联网技术拓展其应用。①

四、完善的执业药师制度

发达国家和地区的发展经验表明，完善的执业药师制度对药品流通过程实现有效监管具有重要意义。它们针对执业药师的准入资格、执业行为等具有完善的法律规定和管制体系。如，美国药房理事会全国联合会颁布的《标准州药房法》对美国各州的药房法提出了一系列的制订标准，各州可根据实际情况制订本州的药房法，但其要求不能低于《标准州药房法》，也就是说，《标准州药房法》其实是对各州药房法规定的最低要求。② 为保证公众的用药安全和用药有效性，诸多发达国家和地区的药品零售及使用领域中，都必须由执业药师来为公众提供专业的药学服务。美国、德国、法国、日本等国都规定，在药品流通的所有环节，都必须设执业药师，以保证药品流通全过程的安全。③

五、重视事前控制的全流程监管体系

以美国为例，食品药品监督管理局已经建立了以药品监管为重心，融事前、事中、事后监管于一体的全流程监管体系。食品药品监督管理局将药品监管的重心放在事前控制上，通过控制性预防，减少药品违法行为的发生。食品药品

---

① 有关美国药品编码及条码[EB/OL]. [2005-05-31] http://www.pharmnet.com.cn/yyzx/2005/05/31/146222.html

② 袁妮，邵蓉. 国内外执业药师制度比较[J]. 上海医药，2007（4）：178～179

③ 陈文玲. 各国药品流通模式初探[N]. 中国医药报，2005-08-02（B04）

监督管理局将药品技术审评和监督调查分别交由两个部门实施。技术审评部门主要从源头保证上市药品的安全、有效和质量可控；监督调查部门负责药品的日常检查和违法行为的查处。[①]

① 张少辉，米莉莉. 论中美两国在药品监督管理方面的差异性[J]. 中国药房，2003（14）：423～424

第三章　大陆药品市场的发展环境

随着全球药品市场的繁荣发展、全球药品市场秩序的重构，中国大陆已经成为全球最具增长潜力的药品市场之一。面临着从“大”向“强”的跨越，发展环境对中国大陆药品市场发展至关重要。本章将依次从政策环境、需求环境和供给环境等多维视角系统地剖析中国大陆药品市场的发展环境。

第一节　大陆药品市场发展的政策环境

政策环境是药品市场发展的重要影响因素。近年来，中央政府高度重视医药卫生体制改革，引领新医改发展的一系列政策陆续出台，药品市场发展的政策环境逐步优化。

一、中央政府高度关注深化医药卫生改革

《中华人民共和国国民经济与社会发展第十二个五年规划纲要》明确提出：“按照保基本、强基层、建机制的要求，增加财政投入，深化医药卫生体制改革，建立健全基本医疗卫生制度，加快医疗卫生事业发展，优先满足群众基本医疗卫生需求。”纲要中提出的具体举措包括：（1）加强公共卫生服务体系建设，扩大国家基本公共卫生服务项目，积极防治重大传染病、慢性病、职业病、地方病和精神疾病；（2）加强城乡医疗卫生服务体系建设，新增医疗卫生资源重点向农村和城市社区倾斜，加强医学人才特别是全科医生培养，完善鼓励全科医生长期在基层服务政策，鼓励社会资本以多种形式举办医疗机构；（3）健全覆盖城乡居民的基本医疗保障体系，逐步提高保障标准；（4）建立和完善以国家基本药物制度为基础的药品供应保障体系，确保药品质量和安全；（5）积极稳

妥推进公立医院改革，探索形成各类城市医院和基层医疗机构合理分工和协作格局；（6）坚持中西医并重，支持中医药事业发展。

十八届三中全会也再次强调了深化医药卫生体制改革：统筹推进医疗保障、医疗服务、公共卫生、药品供应、监管体制综合改革；深化基层医疗卫生机构综合改革，健全网络化城乡基层医疗卫生服务运行机制；加快公立医院改革，落实政府责任，建立科学的医疗绩效评价机制和适应行业特点的人才培养、人事薪酬制度；完善合理分级诊疗模式，建立社区医生和居民契约服务关系；充分利用信息化手段，促进优质医疗资源纵向流动；加强区域公共卫生服务资源整合；取消"以药养医"，理顺医药价格，建立科学补偿机制；改革医保支付方式，健全全民医保体系；加快健全重特大疾病医疗保险和救助制度；完善中医药事业发展政策和机制；鼓励社会办医，优先支持举办非营利性医疗机构；社会资金可直接投向资源稀缺及满足多元需求服务领域，多种形式参与公立医院改制重组；允许医师多点执业，允许民办医疗机构纳入医保定点范围。

无论是《中华人民共和国国民经济与社会发展第十二个五年规划纲要》，还是十八届三中全会，在明确提出深化医药卫生体制改革的同时，均强调了药品供应保障体系的重要性，这为重塑我国药品流通秩序提供了良好契机。

二、《中共中央、国务院关于深化医药卫生体制改革的意见》出台

2009 年 3 月，《中共中央、国务院关于深化医药卫生体制改革的意见》正式颁布，明确提出要完善公共卫生服务体系、医疗服务体系、医疗保障体系、药品供应保障体系四大体系，建立覆盖城乡居民的基本医疗卫生制度。

（1）建立健全药品供应保障体系。加快建立以国家基本药物制度为基础的药品供应保障体系，保障人民群众安全用药。

（2）建立国家基本药物制度。中央政府统一制定和发布国家基本药物目录，按照防治必需、安全有效、价格合理、使用方便、中西药并重的原则，结合我国用药特点，参照国际经验，合理确定品种和数量；建立基本药物的生产供应保障体系，在政府宏观调控下充分发挥市场机制的作用，基本药物实行公开招标采购，统一配送，减少中间环节，保障群众基本用药；国家制定基本药物零售指导价格，在指导价格内，由省级人民政府根据招标情况确定本地区的统一采购价格；规范基本药物使用，制定基本药物临床应用指南和基本药物处方集；城乡基层医疗卫生机构应全部配备、使用基本药物，其他各类医疗机构也要将

基本药物作为首选药物并确定使用比例；基本药物全部纳入基本医疗保障药物报销目录，报销比例明显高于非基本药物。

（3）规范药品生产流通。完善医药产业发展政策和行业发展规划，严格市场准入和药品注册审批，大力规范和整顿生产流通秩序，推动医药企业提高自主创新能力和医药产业结构优化升级，发展药品现代物流和连锁经营，促进药品生产、流通企业的整合；建立便民惠农的农村药品供应网；完善药品储备制度；支持用量小的特殊用药、急救用药生产；规范药品采购，坚决治理医药购销中的商业贿赂；加强药品不良反应监测，建立药品安全预警和应急处置机制。

三、《“十二五”期间深化医药卫生体制改革规划暨实施方案》颁布

根据《中华人民共和国国民经济和社会发展第十二个五年规划纲要》和《中共中央、国务院关于深化医药卫生体制改革的意见》编制的《“十二五”期间深化医药卫生体制改革规划暨实施方案》于2012年3月正式出台。推进药品生产流通领域改革成为“十二五”期间医改规划的重点之一，具体内容如下。

（1）改革药品价格形成机制，选取临床使用量较大的药品，依据主导企业成本，参考药品集中采购价格和零售药店销售价等市场交易价格制定最高零售指导价格，并根据市场交易价格变化等因素适时调整。完善进口药品、高值医用耗材的价格管理。加强药品价格信息采集、分析和披露。

（2）完善医药产业发展政策，规范生产流通秩序，推动医药企业提高自主创新能力和医药产业结构优化升级，发展药品现代物流和连锁经营，提高农村和边远地区药品配送能力，促进药品生产、流通企业跨地区、跨所有制的收购兼并和联合重组。到2015年，力争全国百强制药企业和药品批发企业销售额分别占行业总额的50%和85%以上。鼓励零售药店发展。完善执业药师制度，加大执业药师配备使用力度，到“十二五”期末，所有零售药店法人或主要管理者必须具备执业药师资格，所有零售药店和医院药房营业时有执业药师指导合理用药。严厉打击挂靠经营、过票经营、买卖税票、行贿受贿、生产经营假冒伪劣药品、发布虚假药品广告等违法违规行为。

（3）落实《国家药品安全“十二五”规划》，提高药品质量水平，药品标准和药品生产质量管理规范与国际接轨。全面提高仿制药质量，到“十二五”期末，实现仿制药中基本药物和临床常用药品质量达到国际先进水平。实施“重

大新药创制”等国家科技重大专项和国家科技计划，积极推广科技成果，提高药品创新能力和水平。加强药品质量安全监管，全面实施新修订的药品生产质量管理规范，修订并发布实施药品经营质量管理规范，实行药品全品种电子监管，对基本药物和高风险品种实施全品种覆盖抽验，定期发布药品质量公告。

四、《关于加快医药行业结构调整的指导意见》实施

2010 年 10 月工信部、卫生部与国家药监局颁布了《关于加快医药行业结构调整的指导意见》，明确指出以结构调整为主线，加强自主创新，促进新品种、新技术研发，推动兼并重组，培育大企业集团，加快技术改造，增强企业素质和国际竞争力，通过五年的调整，使行业结构趋于合理，发展方式明显转变，综合实力显著提高，逐步实现我国医药行业由大到强的转变。

在医药行业结构调整过程中，首先要坚持发挥市场机制作用与加强政策引导相结合的原则。充分发挥市场配置资源的基础性作用，促进企业加强管理，整合生产要素，实现优胜劣汰。加强政策引导，加大支持力度，调动企业积极性，推动医药行业结构优化升级。其次，要坚持自主创新、技术改造与淘汰落后相结合的原则，提高企业自主创新能力，重点推进生物医药技术创新与产业化，推动企业按照《药品生产质量管理规范（2010 年修订）》（英文为 Good Manufacture Practice，简称 GMP）进行改造，淘汰高耗能、高耗水、污染大、效率低的落后工艺和设备，严格控制新增产能。再次，要坚持保障生产供应与强化质量安全相结合的原则。适应市场需求，增加基本药物生产，保障供应，同时推进基本药物与非基本药物协调发展。强化生产企业是药品质量第一责任人的理念，加强质量管理，完善标准和检测体系，保证药品安全有效。

在上述原则基础上，该意见重点针对产品结构、技术结构、组织结构、区域结构、出口结构五个方面提出了医药行业结构调整的具体任务和具体目标，并制定了鼓励技术创新、完善集中采购和临床使用政策、发挥药品价格杠杆调节作用等 11 个方面的保障措施。

五、《医药工业“十二五”发展规划》公布

《医药工业“十二五”发展规划》于 2012 年 1 月正式公布，对 2011～2015 年医药工业发展的十大重点任务做了详细阐述。

（1）增强新药创制能力：提升生物医药产业水平，持续推动创新药物研发；加强医药创新体系建设，进一步发挥企业在技术创新体系中的主体作用，继续推动企业和科研院所合作，构建高水平的综合性创新药物研发平台和单元技术研究平台；鼓励发展合同研发服务。

（2）提升药品质量安全水平：全面实施新版《药品生产质量管理规范》；鼓励有条件的企业开展发达国家和地区或世界卫生组织（英文为 World Health Organization，简称 WHO）的相关认证，带动我国药品质量管理与国际接轨；不断提高质量标准；按照国际先进标准开展通用名药物大品种的二次开发和再创新。

（3）提高基本药物生产供应保障能力：完善基本药物生产供应保障模式，提高基本药物生产技术水平，加强基本药物生产供应监测。

（4）加强企业技术改造：利用现代生物技术改造传统医药产业，加快新产品产业化。

（5）调整优化组织结构：鼓励优势企业实施兼并重组，深化体制机制改革和管理创新，促进大中小企业协调发展。

（6）优化产业区域布局：发挥东部引领医药产业升级的主导作用，鼓励中西部地区发展特色医药产业，鼓励产业集聚发展。

（7）加快国际化步伐：优化对外贸易结构，进一步提高对外开放水平，改善投资环境，提高利用外资质量，鼓励跨国公司在国内建设高水平的医药研发中心和生产基地，提升我国医药产业的国际地位。

（8）推进医药工业绿色发展：提高清洁生产和污染治理水平，大力推进节能节水。

（9）提高医药工业信息化水平，加强信息技术在新产品开发中的应用，提高生产过程信息化水平，提高企业管理信息化水平。

（10）加强医药储备和应急体系建设，完善两级医药储备制度，建立应急特需药品研发生产平台，健全应急响应工作机制。

第二节　大陆药品市场发展的需求环境

随着大陆经济与社会的发展，药品市场的需求因素正在发生变化。本节将重点从经济总体发展、三大差距、人口老龄化、人口增长和城镇化、居民消费方式变化等视角剖析药品市场的需求环境。

一、国民经济快速发展

改革开放三十多年来，大陆经济持续快速增长，人民生活水平大幅度提高，综合实力和国际影响力显著增强，创造了世界瞩目的“中国奇迹”。目前，中国大陆生产总值已经超过日本，成为仅次于美国的世界第二大经济体。1978～2014年，大陆生产总值从3 645.2亿元上升到63.65万亿元，增长了174倍以上，年均名义增速高达15.42%，如图3.1所示。

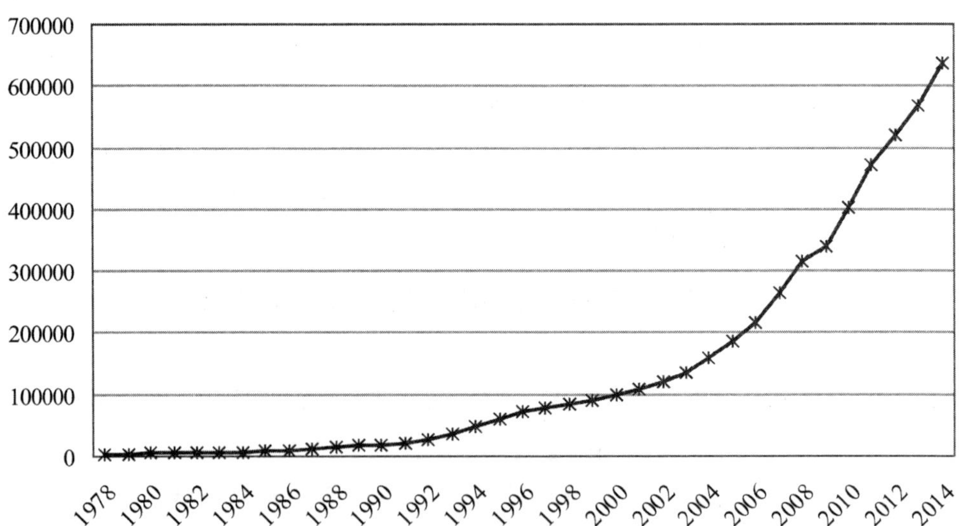

图3.1　1978～2014年大陆生产总值状况（单位：亿元）

资料来源：根据《中国统计年鉴》（2014）和《国民经济和社会发展统计公报》（2014）整理。

伴随着大陆经济的快速发展，城乡居民可支配收入增长迅速。1978 年，城镇居民家庭人均可支配收入仅为 343.4 元；2014 年，城镇居民家庭人均可支配收入已经上升为 28 844 元。以当年价格计算，增长约 84 倍，剔除价格因素，增长了 10 倍以上。同期，农村居民家庭人均纯收入从 133.6 元上升到 9 892 元，以当年价格计算，增长约 74 倍，剔除价格因素，增长了 13 倍以上，如表 3.1 所示。与此同时，城镇居民家庭和农村居民家庭的恩格尔系数分别由 1978 年的 57.5%和 67.7%下降为 2013 年的 35.0%和 37.7%。

表 3.1　1978～2014 年大陆城乡居民收入及恩格尔系数

年份	城镇居民家庭人均可支配收入		农村居民家庭人均纯收入		城镇居民家庭	农村居民家庭
	绝对数（元）	指数（1978 年=100）	绝对数（元）	指数（1978 年=100）	恩格尔系数（%）	恩格尔系数（%）
1978	343.4	100.0	133.6	100.0	57.5	67.7
1980	477.6	127.0	191.3	139.0	56.9	61.8
1985	739.1	160.4	397.6	268.9	53.3	57.8
1990	1 510.2	198.1	686.3	311.2	54.2	58.8
1991	1 700.6	212.4	708.6	317.4	53.8	57.6
1992	2 026.6	232.9	784.0	336.2	53.0	57.6
1993	2 577.4	255.1	921.6	346.9	50.3	58.1
1994	3 496.2	276.8	1 221.0	364.3	50.0	58.9
1995	4 283.0	290.3	1 577.7	383.6	50.1	58.6
1996	4 838.9	301.6	1 926.1	418.1	48.8	56.3
1997	5 160.3	311.9	2 090.1	437.3	46.6	55.1
1998	5 425.1	329.9	2 162.0	456.1	44.7	53.4
1999	5 854.0	360.6	2 210.3	473.5	42.1	52.6
2000	6 280.0	383.7	2 253.4	483.4	39.4	49.1
2001	6 859.6	416.3	2 366.4	503.7	38.2	47.7
2002	7 702.8	472.1	2 475.6	527.9	37.7	46.2
2003	8 472.2	514.6	2 622.2	550.6	37.1	45.6
2004	9 421.6	554.2	2 936.4	588.0	37.7	47.2
2005	10 493.0	607.4	3 254.9	624.5	36.7	45.5
2006	11 759.5	670.7	3 587.0	670.7	35.8	43.0
2007	13 785.8	752.5	4 140.4	734.4	36.3	43.1

续表

年份	城镇居民家庭人均可支配收入		农村居民家庭人均纯收入		城镇居民家庭	农村居民家庭
	绝对数（元）	指数（1978 年=100）	绝对数（元）	指数（1978 年=100）	恩格尔系数（%）	恩格尔系数（%）
2008	15 780.8	815.7	4 760.6	793.2	37.9	43.7
2009	17 174.7	895.4	5 153.2	860.6	36.5	41.0
2010	19 109.4	965.2	5 919.0	954.4	35.7	41.1
2011	21 809.8	1 046.3	6 977.3	1 063.2	36.3	40.4
2012	24 564.7	1 146.7	7 916.6	1 176.9	36.2	39.3
2013	26 955.1	1 227.0	8 895.9	1 286.4	35.0	37.7
2014	28 844.0	1 310.4	9 892.0	1 430.5	—	—

资料来源：根据《中国统计年鉴》（2014）和《国民经济和社会发展统计公报》（2014）整理。

大陆储蓄率高位运行，储蓄总额不断攀升。国际货币基金组织数据显示，中国大陆的居民储蓄率从 20 世纪 70 年代至今一直居世界前列。从城乡人民储蓄存款总额来看，1978～2012 年期间呈现逐渐上升态势，2012 年已达 399 551 亿元，是 1978 年的 1900 倍左右，如表 3.2 所示。

表 3.2　城乡居民人民币储蓄存款　　（单位：亿元）

年　份	年底余额			年增加额		
	总　计	定　期	活　期	总　计	定　期	活　期
1978	210.6	128.9	81.7	29.0	17.2	11.8
1980	395.8	304.9	90.9	114.8	138.5	-23.7
1985	1 622.6	1 225.2	397.4	407.9	324.3	83.6
1990	7 119.6	5 909.4	1 210.2	1 935.1	1 700.9	234.2
1991	9 244.9	7 634.9	1 610.0	2 125.3	1 725.5	399.8
1992	11 757.3	9 445.0	2 312.3	2 512.4	1 810.1	702.3
1993	15 203.5	12 108.3	3 095.2	3 446.2	2 663.3	782.9
1994	21 518.8	16 838.7	4 680.1	6 315.3	4 730.4	1 584.9
1995	29 662.3	23 778.3	5 884.1	8 143.5	6 939.6	1 203.9
1996	38 520.8	30 873.2	7 647.6	8 858.6	7 095.0	1 763.6
1997	46 279.8	36 226.7	10 053.1	7 759.0	5 353.5	2 405.4
1998	53 407.5	41 791.6	11 615.9	7 127.7	5 564.8	1 562.8
1999	59 621.8	44 955.1	14 666.7	6 214.4	3 163.5	3 050.8

续表

年份	年底余额			年增加额		
	总计	定期	活期	总计	定期	活期
2000	64 332.4	46 141.7	18 190.7	4 710.6	1 186.6	3 524.0
2001	73 762.4	51 434.9	22 327.6	9 430.1	5 293.2	4 136.9
2002	86 910.7	58 788.9	28 121.7	13 148.2	7 354.1	5 794.1
2003	103 617.7	68 498.7	35 119.0	16 707.0	9 709.7	6 997.3
2004	119 555.4	78 138.9	41 416.5	15 937.7	9 640.2	6 297.6
2005	141 051.0	92 263.5	48 787.5	21 495.6	14 124.7	7 370.9
2006	161 587.3	103 011.4	58 575.9	20 544.0	10 777.3	9 766.7
2007	172 534.2	104 934.5	67 599.7	10 946.9	1 923.1	9 023.8
2008	217 885.4	139 300.2	78 585.2	45 351.2	34 365.7	10 985.5
2009	260 771.7	160 230.4	100 541.3	42 886.3	20 930.2	21 956.1
2010	303 302.5	178 413.9	124 888.6	42 530.8	18 183.5	24 347.3
2011	343 635.9	—	—	41 656.6	—	—
2012	399 551	—	—	—	—	—

数据来源：根据《中国统计年鉴》（2011、2012、2013）整理。

大陆经济快速增长、城乡居民可支配收入增长迅速、储蓄率高位运行及储蓄额不断增加等多重因素为药品市场提供了有利发展环境。一方面，得益于人均收入和储蓄总额的增加，医药产品购买力增强；另一方面，随着收入水平和生活水平的提高，医疗和保健需求将更加突出，医疗服务和医药产品需求量将有所增加。

二、贫富、城乡、区域三大差距显著

贫富差距、城乡差距和区域差距的矛盾日益突出，直接影响着大陆药品市场发展：不同收入人群的药品需求具有差异性；城乡居民之间的药品需求具有差异性；不同区域之间的药品需求具有差异性。

1978 年，大陆基尼系数为 0.317，2000 年超过 0.4 的国际警戒线、并呈现不断上升的趋势，从 2009 年开始连续回落，但仍维持在国际警戒线之上，2014 年为 0.469，如图 3.2 所示。

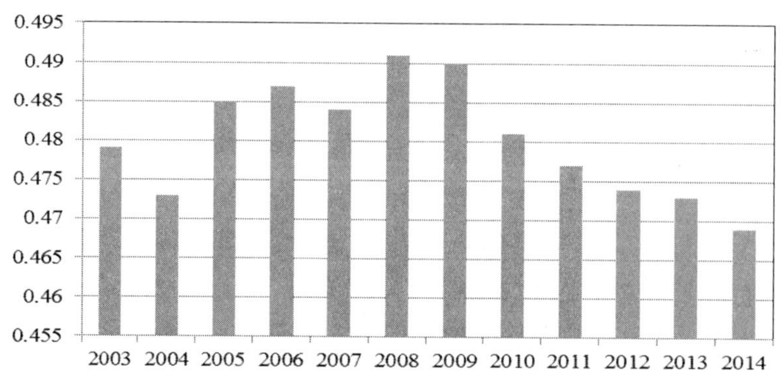

图 3.2 2003～2014 年基尼系数状况

资料来源：根据国家统计局公布 2012、2013、2014 年经济运行情况的数据资料整理。

大陆城乡差距非但没有随经济快速增长而缩小，反而出现扩大趋势。自 20 世纪 80 年代以来，城乡收入比一直处于增长之中。从绝对差额看，1978 年为 210 元，到 2014 年扩大到 18 952 元，增长超过 90 倍。从相对差额看，1978 年城镇居民家庭人均可支配收入是农村居民家庭人均纯收入的 2.57 倍，2014 年城乡人均收入名义值之比为 2.92 倍，如图 3.3 所示。若将教育、医疗、社保等公共服务差异考虑在内，城乡实际收入差距更大。

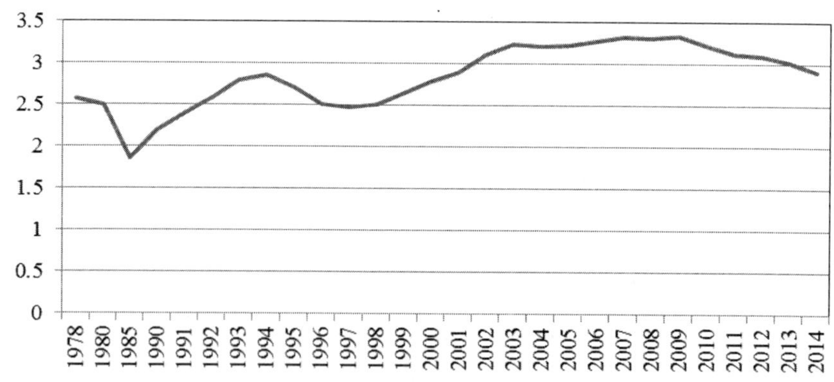

图 3.3 城乡人均收入名义值之比

数据来源：根据《中国统计年鉴》（2014）和《国民经济和社会发展统计公报》（2014）整理。

注：城乡人均收入名义值之比是指以当年价格计算的城镇居民家庭人均可支配收入与以当年价格计算的农村居民家庭人均纯收入之比。

区域差距主要表现为东、中、西和东北地区之间的发展不平衡。东部是大陆开发程度最高、经济最发达的区域，长期居四大区域之首。以地区生产总值为例，2013 年，东部地区为 32.22 万亿元，占总量的 51.2%；中部地区为 12.73 万亿元，占总量的 20.2%；西部地区为 12.60 万亿元，占总量的 20.2%；东北地区为 5.44 万亿元，占总量的 8.6%，具体如表 3.3 和表 3.4 所示。

表 3.3　四大区域的地区生产总值状况　　（单位：万亿元）

年份	2006	2007	2008	2009	2010	2011	2012	2013	排名
东部	12.86	15.23	17.76	19.67	23.2	27.14	29.59	32.22	1
中部	4.32	5.20	6.32	7.06	8.61	10.45	11.63	12.73	2
西部	3.95	4.79	5.83	6.70	8.14	10.02	11.39	12.60	3
东北	1.97	2.34	2.82	3.11	3.75	4.54	5.05	5.44	4

资料来源：根据《中国统计年鉴》（2006～2013）整理。

表 3.4　四大区域地区生产总值占全国总量的比重　　（单位：%）

年份	2006	2007	2008	2009	2010	2011	2012	2013	排名
东部	55.7	55.3	54.3	53.8	53.1	52	51.3	51.2	1
中部	18.7	18.9	19.3	19.3	19.7	20	20.2	20.2	2
西部	17.1	17.4	17.8	18.3	18.6	19.2	19.8	20.0	3
东北	8.5	8.5	8.6	8.5	8.6	8.7	8.8	8.6	4

资料来源：根据《中国统计年鉴》（2006～2013）整理。

三、大陆进入快速老龄化阶段

受计划生育政策等因素影响，大陆人口出生率表现出下降趋势，由 1978 年的 18.25 ‰下降为 2014 年的 12.37 ‰，如表 3.5 所示。大陆人口结构发生显著变化，老年人口规模和占比不断扩大，人口老龄化社会正在逐步形成。自 2000 年开始，大陆 65 岁及以上年龄的人口占总人口的比例达到 7%，基本达到国际上对老龄社会的判断标准。此后，这一比例逐渐提升。2014 年，65 岁及以上老年人口为 1.38 亿，与 1982 年的 0.5 亿相比，翻了一番多；2014 年，65 岁及以上老年人口占总人口比重为 10.1%，与 1982 年的 4.9%的比重相比，提升了 5.2

个百分点，如表 3.6 所示。

表 3.5 大陆人口出生率和自然增长率 （单位：‰）

年 份	出生率	自然增长率	年 份	出生率	自然增长率
1978	18.25	12.00	1997	16.57	10.06
1980	18.21	11.87	1998	15.64	9.14
1981	20.91	14.55	1999	14.64	8.18
1982	22.28	15.68	2000	14.03	7.58
1983	20.19	13.29	2001	13.38	6.95
1984	19.90	13.08	2002	12.86	6.45
1985	21.04	14.26	2003	12.41	6.01
1986	22.43	15.57	2004	12.29	5.87
1987	23.33	16.61	2005	12.40	5.89
1988	22.37	15.73	2006	12.09	5.28
1989	21.58	15.04	2007	12.10	5.17
1990	21.06	14.39	2008	12.14	5.08
1991	19.68	12.98	2009	11.95	4.87
1992	18.24	11.60	2010	11.90	4.79
1993	18.09	11.45	2011	11.93	4.79
1994	17.70	11.21	2012	12.10	4.95
1995	17.12	10.55	2013	12.08	4.92
1996	16.98	10.42	2014	12.37	5.21

资料来源：根据《中国统计年鉴》（2014）和《国民经济和社会发展统计公报》（2014）整理。

表 3.6 大陆总人口及人口结构

年份	按年龄组分					
	0～14 岁		15～64 岁		65 岁及以上	
	人口数（万人）	比重（%）	人口数（万人）	比重（%）	人口数（万人）	比重（%）
1982	34 146	33.6	62 517	61.5	4 991	4.9
1987	31 347	28.7	71 985	65.9	5 968	5.4

续表

年份	按年龄组分					
	0～14 岁		15～64 岁		65 岁及以上	
	人口数（万人）	比重（%）	人口数（万人）	比重（%）	人口数（万人）	比重（%）
1990	31 659	27.7	76 306	66.7	6 368	5.6
1995	32 218	26.6	81 393	67.2	7 510	6.2
1996	32 311	26.4	82 245	67.2	7 833	6.4
1997	32 093	26.0	83 448	67.5	8 085	6.5
1998	32 064	25.7	84 338	67.6	8 359	6.7
1999	31 950	25.4	85 157	67.7	8 679	6.9
2000	29 012	22.9	88 910	70.1	8 821	7.0
2001	28 716	22.5	89 849	70.4	9 062	7.1
2002	28 774	22.4	90 302	70.3	9 377	7.3
2003	28 559	22.1	90 976	70.4	9 692	7.5
2004	27 947	21.5	92 184	70.9	9 857	7.6
2005	26 504	20.3	94 197	72.0	10 055	7.7
2006	25 961	19.8	95 068	72.3	10 419	7.9
2007	25 660	19.4	95 833	72.5	10 636	8.1
2008	25 166	19.0	96 680	72.7	10 956	8.3
2009	24 659	18.5	97 484	73.0	11 307	8.5
2010	22 259	16.6	99 938	74.5	11 894	8.9
2011	22 164	16.5	100 283	74.4	12 288	9.1
2012	22 287	16.5	100 403	74.1	12 714	9.4
2013	22 329	16.4	100 582	73.9	13 161	9.7
2014	—	—	—	—	13 755	10.1

资料来源：根据《中国统计年鉴》（2014）和《国民经济和社会发展统计公报》（2014）整理。

第六次人口普查结果显示，2010 年大陆人口平均预期寿命达到 74.83 岁，比 10 年前提高了 3.43 岁，如表 3.7 所示。2010 年大陆男性人口平均预期寿命为 72.38 岁，比 2000 年提高 2.75 岁；女性为 77.37 岁，比 2000 年提高 4.04 岁。人口预期寿命的不断延长意味着老龄人口中的高龄人口数量不断增加。

表 3.7　平均预期寿命变化　　（单位：岁）

年份	合计	男	女	男女之差
1981	67.77	66.28	69.27	−2.99
1990	68.55	66.84	70.47	−3.63
2000	71.40	69.63	73.33	−3.70
2010	74.83	72.38	77.37	−4.99

数据来源：全国第六次人口普查公报。

随着年龄增长，人们患病的概率将显著增加，老人成为医疗与健康服务需求较为集中的人群。据调查显示，老年人全年人均医疗费是总人口人均医疗费的 2.56 倍。因此，随着老龄人口规模和比例的上升，药品、医疗、护理、保健等方面的需求规模潜力十分可观。

四、人口增长和城镇化加速

人口是药品消费的主体,人口规模是影响药品消费的关键性影响因素之一。大陆人口规模庞大，且保持一定速率的自然增长，将有力地拉动大陆药品消费的高速增长。如，2000～2014 年间人口平均增长率为 5.46‰；截至 2014 年年末，大陆总人口达到 13.68 亿，如表 3.8 所示。

表 3.8　大陆总人口及城乡分布

年　份（年末）	总人口（万人）	按城乡分			
		城　镇		乡　村	
		人口数（万人）	比重（%）	人口数（万人）	比重（%）
1949	54 167	5 765	10.64	48 402	89.36
1955	61 465	8 285	13.48	53 180	86.52
1960	66 207	13 073	19.75	53 134	80.25
1965	72 538	13 045	17.98	59 493	82.02
1970	82 992	14 424	17.38	68 568	82.62

续表

年　份（年末）	总人口（万人）	按城乡分			
		城　镇		乡　村	
		人口数（万人）	比重（%）	人口数（万人）	比重（%）
1975	92 420	16 030	17.34	76 390	82.66
1980	98 705	19 140	19.39	79 565	80.61
1985	105 851	25 094	23.71	80 757	76.29
1990	114 333	30 195	26.41	84 138	73.59
1995	121 121	35 174	29.04	85 947	70.96
2000	126 743	45 906	36.22	80 837	63.78
2001	127 627	48 064	37.66	79 563	62.34
2002	128 453	50 212	39.09	78 241	60.91
2003	129 227	52 376	40.53	76 851	59.47
2004	129 988	54 283	41.76	75 705	58.24
2005	130 756	56 212	42.99	74 544	57.01
2006	131 448	58 288	44.34	73 160	55.66
2007	132 129	60 633	45.89	71 496	54.11
2008	132 802	62 403	46.99	70 399	53.01
2009	133 450	64 512	48.34	68 938	51.66
2010	134 091	66 978	49.95	67 113	50.05
2011	134 735	69 079	51.27	65 656	48.73
2012	135 404	71 182	52.57	64 222	47.43
2013	136 072	73 111	53.73	62 961	46.27
2014	136 782	74 916	54.77	61 866	45.23

资料来源：根据《中国统计年鉴》（2014）和《国民经济和社会发展统计公报》（2014）整理。

在人口总规模扩大的同时，城镇化进程逐渐推进，城镇化比例逐年提高。2014 年该比例为 54.77%，比 2000 年增加了 18.55 个百分点。城镇居民卫生费用支出大约是农村居民的 2.5～4.2 倍，如表 3.9 所示。因此，随着城镇化进程的加快，城镇人口规模扩大，将有力拉动城镇人口卫生需求和药品需求的规模。

表 3.9　城镇与农村的人均卫生费用状况

年份	城镇人均卫生费用（元）	农村人均卫生费用（元）	城镇人均卫生费用与农村人均卫生费用之比
1990	158.80	38.80	4.09
1991	187.60	45.10	4.16
1992	222.00	54.70	4.06
1993	268.60	67.60	3.97
1994	332.60	86.30	3.85
1995	401.30	112.90	3.55
1996	467.40	150.70	3.10
1997	537.80	177.90	3.02
1998	625.90	194.60	3.22
1999	702.00	203.20	3.45
2000	813.74	214.65	3.79
2001	841.20	244.77	3.44
2002	987.07	259.33	3.81
2003	1 108.91	274.67	4.04
2004	1 261.93	301.61	4.18
2005	1 126.36	315.83	3.57
2006	1 248.30	361.89	3.45
2007	1 516.29	358.11	4.23
2008	1 861.76	455.19	4.09
2009	2 176.63	561.99	3.87
2010	2 315.48	666.30	3.48
2011	2 697.48	879.44	3.07
2012	2 999.28	1 064.83	2.82
2013	3 234.12	1 274.44	2.54

资料来源：根据《中国统计年鉴》（2014）整理。

五、居民消费方式变化

人类消费一般可以分为温饱阶段、改善型需求阶段、富裕型需求阶段和发展型需求阶段四大阶段。国际经验表明，人均国内生产总值超过 3 000 美元，居民消费类型和行为很可能发生重大转变：实物型消费比重下降、服务型消费比重上升；生存型消费比重下降、享受和发展型消费比重上升。2010 年，大陆人均生产总值已经突破 4 400 美元，如表 3.10 所示。由此可见，大陆消费结构正在发生明显变化，消费需求将逐渐向发展型需求倾斜，医疗保健需求则是发展型需求的重要组成部分。

表 3.10　1985～2014 年人均生产总值

年份	人均生产总值（元）	人民币与美元的兑换汇率	人均生产总值（美元）
1985	858	2.94	292.11
1986	963	3.45	278.96
1987	1 112	3.72	298.86
1988	1 366	3.72	366.86
1989	1 519	3.77	403.44
1990	1 644	4.78	343.70
1991	1 893	5.32	355.56
1992	2 311	5.51	419.09
1993	2 998	5.76	520.37
1994	4 044	8.62	469.21
1995	5 046	8.35	604.21
1996	5 846	8.31	703.12
1997	6 420	8.29	774.47
1998	6 796	8.28	820.87
1999	7 159	8.28	864.73
2000	7 858	8.28	949.18
2001	8 622	8.28	1 041.65

续表

年份	人均生产总值（元）	人民币与美元的兑换汇率	人均生产总值（美元）
2002	9 398	8.28	1 135.44
2003	10 542	8.28	1 273.65
2004	12 336	8.28	1 490.38
2005	14 185	8.19	1 731.67
2006	16 500	7.97	2 069.76
2007	20 169	7.60	2 652.48
2008	23 708	6.95	3 413.59
2009	25 608	6.83	3 748.72
2010	30 015	6.77	4 433.86
2011	35 198	6.46	5 449.59
2012	38 420	6.31	6 086.40
2013	41 908	6.19	6 767
2014	46 531	6.22	7 485

资料来源：根据《中国统计年鉴》(2014)和《国民经济和社会发展统计公报》(2014)整理。

近年来，受收入水平、医保体系建设以及社会老龄化等因素影响，人民对医疗保健需求逐渐释放。如，大陆的卫生总费用及人均卫生总费用迅猛增长，2000年卫生总费用为4 586.63亿元，人均卫生总费用为361.90元，2013年分别增长为31 668.95亿元和2 327.37元，如表3.11所示。

表3.11　卫生费用状况

年份	卫生总费用（亿元）	人均卫生费用（元）	卫生总费用占生产总值比重（%）
1978	110.21	11.50	3.02
1979	126.19	12.90	3.11
1980	143.23	14.50	3.15
1981	160.12	16.00	3.27
1982	177.53	17.50	3.33
1983	207.42	20.10	3.48
1984	242.07	23.20	3.36

续表

年份	卫生总费用（亿元）	人均卫生费用（元）	卫生总费用占生产总值比重（%）
1985	279.00	26.40	3.09
1986	315.90	29.40	3.07
1987	379.58	34.70	3.15
1988	488.04	44.00	3.24
1989	615.50	54.60	3.62
1990	747.39	65.40	4.00
1991	893.49	77.10	4.10
1992	1 096.86	93.60	4.07
1993	1 377.78	116.30	3.90
1994	1 761.24	146.90	3.65
1995	2 155.13	177.90	3.54
1996	2 709.42	221.40	3.81
1997	3 196.71	258.60	4.05
1998	3 678.72	294.90	4.36
1999	4 047.50	321.80	4.51
2000	4 586.63	361.90	4.62
2001	5 025.93	393.80	4.58
2002	5 790.03	450.70	4.81
2003	6 584.10	509.50	4.85
2004	7 590.29	583.90	4.75
2005	8 659.91	662.30	4.68
2006	9 843.34	748.80	4.55
2007	11 573.97	875.96	4.35
2008	14 535.40	1 094.52	4.63
2009	17 541.92	1 314.26	5.15
2010	19 980.39	1 490.06	4.98
2011	24 345.91	1 806.95	5.15
2012	28 119.00	2 076.67	5.41
2013	31 668.95	2 327.37	5.57

资料来源：根据《中国统计年鉴》（2014）整理。

第三节　大陆药品市场发展的供给环境

大陆药品市场的供给能力和供给水平显著提升。本节将重点从药品产销量、区域间发展差异、产业结构、研发投入及对外开放水平等视角对大陆药品市场发展的供给环境进行分析。

一、药品产销量持续增长

近年来，大陆医药制造业迅速成长，产销规模均呈现出明显的递增态势。2000～2011 年期间，医药制造业当年价总产值从 2 046.86 亿元增至 14 942.00 亿元，年均名义增长率高达 19.81%；2000～2012 年期间，医药制造业主营业务收入从 1 924.39 亿元增至 17 337.70 亿元，年均名义增长率高达 22.12%，具体如图 3.4 所示。中国大陆已经成为备受全球关注的新兴医药市场。

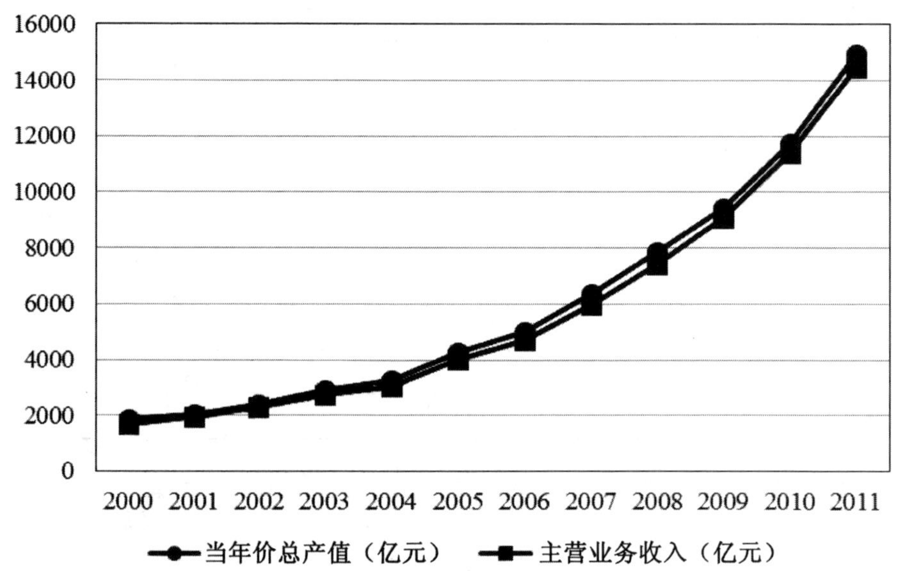

图 3.4　医药制造业总产值和主营业务收入状况

资料来源：根据《中国高技术产业统计年鉴》（2006、2008、2011）整理。

二、区域间发展差异显著

与大陆经济发展不均衡特征相类似，东部、中部、西部及东北地区的医药制造业也表现出显著的差异性。东部医药制造业发展水平最为领先，2010 年共有 3 357 家医药制造业，占总量的比重接近 50%，当年价总产值、主营业务收入和利润分别占总量的比重为 54.23%、54.72%和 57.73%。东北地区医药制造业占比最低，2010 年医药制造业企业数量、当年价总产值、主营业务收入和利润分别占总量的比重为 10.48%、10.33%、10.74%和 9.58%，具体如表 3.12 所示。

表 3.12　医药制造业企业数量和当年价总产值、主营业务收入及利润的区域分布

	2005 年				2010 年				2012 年			
	企业数量（家）	当年价总产值（亿元）	主营业务收入（亿元）	利润（亿元）	企业数量（家）	当年价总产值（亿元）	主营业务收入（亿元）	利润（亿元）	企业数量（家）	当年价总产值（亿元）	主营业务收入（亿元）	利润（亿元）
东部	2391.00	2508.22	2206.22	225.58	3357.00	6367.12	6247.86	768.45	2933.00	—	9305.20	1090.20
中部	1068.00	650.75	214.53	32.88	1657.00	2354.75	2293.76	231.87	1598.00	—	3655.60	330.30
西部	1011.00	688.35	39.37	49.26	1287.00	1806.04	1649.07	203.29	1176.00	—	2356.40	268.10
东北	501.00	403.12	369.79	30.48	738.00	1213.40	1226.62	127.49	680.00	—	2020.40	177.30
东部占比	48.10%	59.02%	77.96%	66.70%	47.70%	54.23%	54.72%	57.73%	45.92%	—	53.67%	58.43%
中部占比	21.48%	15.31%	7.58%	9.72%	23.54%	20.06%	20.09%	17.42%	25.02%	—	21.08%	17.70%
西部占比	20.34%	16.19%	1.39%	14.57%	18.28%	15.38%	14.44%	15.27%	18.41%	—	13.59%	14.37%
东北占比	10.08%	9.48%	13.07%	9.01%	10.48%	10.33%	10.75%	9.58%	10.65%	—	11.65%	9.50%

资料来源：根据《中国高技术产业统计年鉴》（2005～2012）相关数据整理。

三、产业结构不尽合理

药品生产领域存在“一小、二多、三低”的现象：“一小”指企业规模小；“二多”指企业数量多、产品重复多；“三低”指技术含量低、研发能力低、管理能力及经济效益低。同时，药品市场集中度低，存在“多、小、散、乱”的现象。2011 年，大陆有 5 863 家医药制造企业，其中大企业仅有 222 家，占比仅为 3.79%，小企业数量多达 4 523 家，占比高达 77.1%；同期，大型企业当年价总产值和主营业务收入占比仅为 32.97 亿元和 34.39%，如表 3.13 所示。

表 3.13　不同规模企业的数量和当年价总产值

	企业数量（家）				当年价总产值（亿元）				主营业务收入（亿元）			
	2000	2005	2010	2011	2000	2005	2010	2011	2000	2005	2010	2011
大型	172	38	90	222	1781.37	800.35	2 658.9	4 913.7	803.09	908.66	2 870.6	5 027.0
中型	463	713	1 035	1 118	774.45	1 904.05	4 289.0	4 297.3	265.91	1766.00	3997.7	3 986.1
小型	2 666	4 220	5 914	4 523	322.51	1 546.05	4 793.5	5 690.9	558.48	1345.17	4549.1	5 434.8
合计	3 301	4 971	7 039	5 863	2878.33	4 250.45	11 741.31	14 901.9	1 627.48	4 019.83	11 417.3	14 447.9
大型占比	5.20%	0.80%	1.30%	3.79%	43.50%	18.80%	22.60%	32.97%	49.30%	22.60%	25.20%	34.79%
中型占比	14.00%	14.30%	14.70%	19.11%	18.10%	44.80%	36.60%	28.84%	16.30%	43.90%	35.00%	27.59%
小型占比	80.80%	84.90%	84.00%	77.10%	38.40%	36.40%	40.80%	38.19%	34.40%	33.50%	39.80%	37.62%

资料来源：根据《中国高技术产业统计年鉴》（2009～2012）相关数据整理。

四、研发投入不断加大

近年来，医药制造业的技术创新力度不断增强，研发投入量持续增加。2001年，研究与发展（英文为 Resarch and Development，简称 R&D）人员折合全时当量为 1.21 万人年、研究与发展经费内部支出为 19.25 亿元；2012 年，研究与发展人员折合全时当量为 10.67 万人年、研究与发展经费内部支出为 283.31 亿元，如图 3.5 所示。

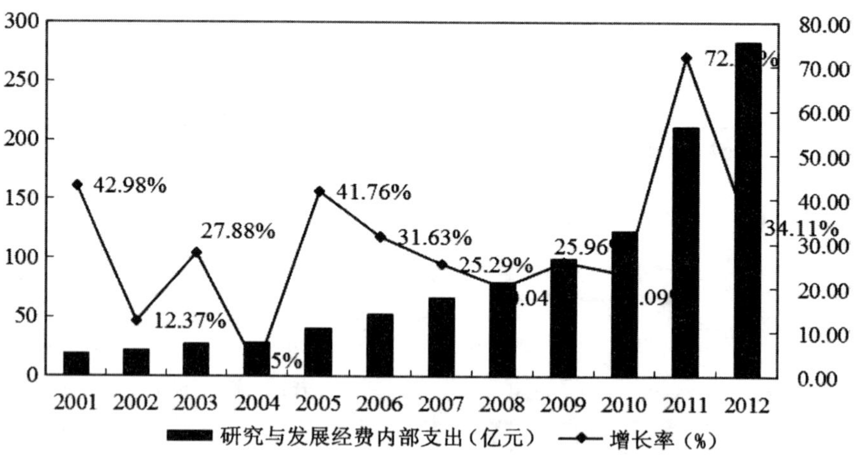

图 3.5　2001～2012 年大陆医药制造业研究与发展内部经费支出及增长率

资料来源：根据《中国高技术产业统计年鉴》（2002～2013）相关数据整理。

中国大陆医药制造业研发投入持续增加，但与发达经济体仍存在较大差距。如表 3.14 所示，2012 年中国大陆的医药制造业研究与发展经费占行业总产值的比例仅为 1.60 个百分点，而美国在 2009 年就已达到 23.63%，芬兰在 2007 年更是达到 28.45%。这表明中国大陆在由“大”向“强”的跨越过程中，增强研发力度、提升研发能力刻不容缓。

表 3.14　医药制造业研发强度的比较

经济体	研究与发展经费占工业总产值比重（%）	研究与发展经费占行业增加值比重（%）
中国大陆（2012，2007）	1.60	4.66
美　国（2009）	23.63	49.37
日　本（2008）	16.40	52.67
德　国（2007）	8.27	19.84
英　国（2006）	23.02	48.53
法　国（2006）	9.09	33.41
意大利（2007）	1.79	5.83
加拿大（2004）	11.73	30.48
西班牙（2007）	6.25	18.42
韩　国（2006）	2.48	6.29
瑞　典（2007）	13.44	26.57
丹　麦（2006）	19.63	45.52
挪　威（2007）	5.48	10.91
芬　兰（2007）	28.45	47.23

资料来源：根据《中国高技术产业统计年鉴》（2007～2012）相关数据整理。

注：中国大陆研究与发展经费占行业总产值比重为 2012 年值，根据规模以上工业企业计算；研究与发展经费占行业增加值比重为 2007 年值。

五、对外开放水平逐渐提升

从总体上看，医药制造业对外开放水平呈现逐渐提升的态势。医药出口持续快速增长，2012 年出口总额达到 1 164.9 亿，2001～2012 年均增速达到

18.28%，如图 3.6 所示。中国大陆作为世界最大化学原料药出口地的地位得到进一步巩固，抗生素、维生素、解热镇痛药物等传统优势品种市场份额进一步扩大，他汀类、普利类、沙坦类等特色原料药已成新的出口优势产品，具有国际市场主导权的品种日益增多[①]。

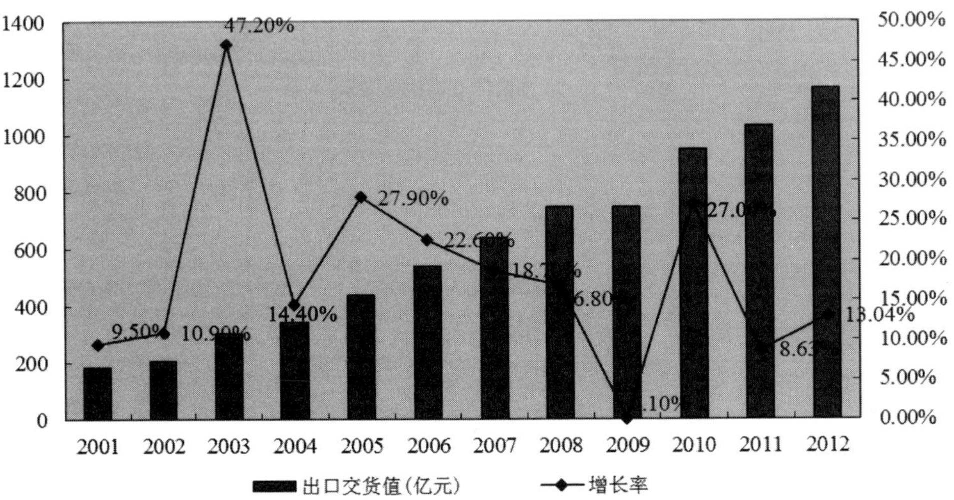

图 3.6　2001～2012 年中国大陆医药制造业出口交货值及增长率

资料来源：根据《中国高技术产业统计年鉴》(2006～2013)相关数据整理。

① 国家工业和信息化部. 医药工业“十二五”发展规划[EB/OL]. [2012-01-19] http://www.gov.cn/gzdt/2012-01/19/content_2049023.htm

第四章　大陆药品流通发展现状、问题及成因

药品流通作为连接药品生产和消费的中间环节，关系到城乡居民的药品供应和用药安全问题。由于处在经济转型的大环境中，社会、经济和制度都处于快速的变革中，大陆药品流通领域的体制问题、药价虚高问题、流通秩序混乱问题等纷至沓来。本章重点分析大陆药品流通的发展现状、存在的主要问题以及问题产生的根源。

第一节　大陆药品流通的现状

药品流通现状不仅与流通所联系的主体相关，还与流通体制、制度、机制等密切相关。大陆药品流通现状与特点较为复杂，既包括与国际接轨的先进形式，也保留着许多传统体制下的特点，它们共同构成了大陆药品流通的现状与特点。

一、医药零售市场规模快速扩大

在经济增长、社会消费水平提高、人口老龄化、城镇化以及消费结构升级等因素的驱动下，大陆整个医药市场持续扩容，2001～2013年，医药零售市场（含零售药店和医疗机构）实现了16.3%的复合增长，2013年达到12 645亿元，同比增长18.0%，如图4.1所示。

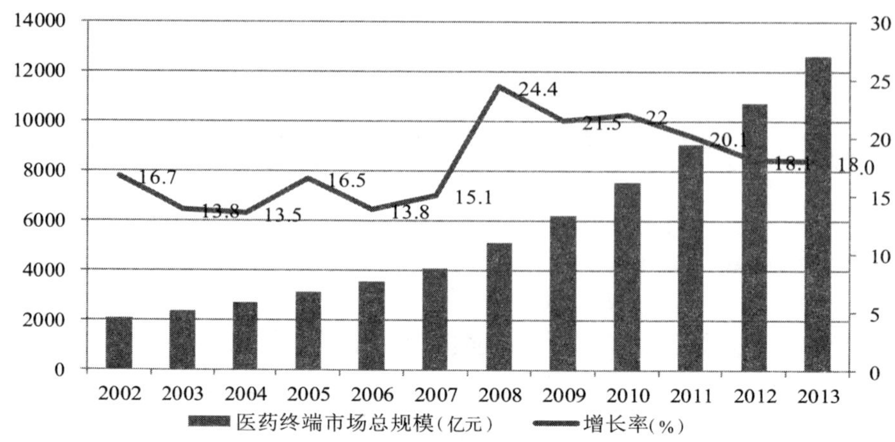

图 4.1　2002～2013 年大陆医药零售市场总规模增长情况

资料来源：国家食品药品监督管理总局南方医药经济研究所标点医药信息终端数据库。

二、大陆药品流通的渠道

（一）大陆药品流通的主要模式

大陆主要有六种药品生产流通模式：制药企业—批发企业—医疗机构—消费者模式；制药企业—批发企业—药店—消费者模式；制药企业—批发企业—其他终端—消费者模式；制药企业—医院、药店、其他终端—消费者模式；制药企业—消费者模式以及其他模式。前两种药品流通模式占主导地位，后四种流通模式占市场份额较小。我们主要对前两种模式进行阐述。

1. 制药企业—批发企业—医疗机构—消费者

制药企业一般在较大的区域内会选择一家大型批发企业，指定这家大型批发企业作为省级或地级的总经销或总代理（即独家分销）。这是目前药品最主要的流通模式，适用于所有处方药和非处方药（英文为 Over the Counter，简称 OTC）产品。这种销售模式之所以成为药品销售的主渠道，有以下三个原因。

（1）制药企业、批发企业、医疗机构各司其职，符合社会化分工的要求。制药企业负责生产，批发企业负责销售、配送，医疗机构开药，各自发挥比较优势，效率最高。

（2）地方行政法规的限制，维持了此流通模式的长期存在。一些地方政府出于地方财政、税收、监管、用药安全等方面的考虑，对药品实行比较严格的准入制度和营销管理制度，如规定本地医院不能从外地批发公司购进药品等，客观上要求制药企业必须通过当地批发商向医疗机构销售药品。

（3）药品销售本身的特性。由于医疗机构在药品销售中处于绝对优势地位，制药企业、批发企业间的竞争十分激烈，造成医院一般采用赊销的方式购买药品，药品回款存在一定困难。制药企业很难有足够的精力向各地的医院索要回款，也使得它们选择经过当地经销商销售药品。

2. 制药企业—批发企业—药店—消费者

在这种流通模式中，消费者是药品销售的最终决定者。由于零售药店尚不具备大规模销售药品的政策环境，目前通过零售药店销售的药品占药品市场总量的10%左右，且主要集中在非处方药产品上，但年销售额呈逐年上升的趋势。按照国家对医疗保险定点药店的要求，一些大城市的药店正逐步承担起为医院病人配药的任务。病人根据医生的处方，从定点药店购买药品也享受医保报销，这一举措大大增加了零售药店的客源。制药企业、批发公司、零售药店可以开展更加灵活多样的合作，进行技术创新、管理创新和制度创新。这种流通模式也是今后药品流通的一个重要发展方向。

（二）医院是药品的主要销售终端市场

从以上几种药品流通模式可以看出，大陆的药品主要通过两个渠道到达终端消费者：药店和医疗卫生机构。其中医疗卫生机构是药品的主要销售终端市场。2011 年，医院医药销售占医药市场销售总额的 72.1%，大大高于世界平均水平；而药店等零售销售主体的销售额则只占到了 27.9%。①但从趋势上来看，药店等零售终端的市场份额在逐年提升。

从医院销售渠道的内部结构看，城乡销售主体结构都较为集中。在城市，公立医院、社区卫生服务中心（站）是药品销售的主渠道，它们的销售额大概占医院渠道药品销售市场份额的 80%。但是，近年来随着民营医院数量的不断增长，其销售份额也在不断增长。在农村，村卫生室和诊所是药品销售的主要渠道，其销售额占农村销售额的 90%左右。

（三）对进入公立医院的药品实行集中招标采购

为了规范药品采购行为，降低药品采购成本，2010 年，大陆开始实行政府

---

① 国家发改委经济研究所. 中国医药产业发展概况及其趋势研究[J]. 经济研究参考，2014（32）：4～39

主导、以省（自治区、市辖市）为单位的药品集中采购制度。除了采购量较小、潜在投标人较少或者无投标的药品可以邀标采购，经多次集中采购价格已基本稳定的廉价常用药可以直接采购外，其他进入公立医疗机构的药品必须参加集中采购。

基本药物采购与非基本药物采购略有不同。根据国务院办公厅颁发的《建立和规范政府办基层医疗卫生机构基本药物采购机制的指导意见》，基本药物在以省为单位进行网上集中采购时，实行招采合一、量价挂钩、双信封制、集中支付、全程监控等政策。而对非基本药物招标采购，中标的生产流通企业，只是有了在招标省（自治区、市辖市）销售药品的资格和最高销售价格，至于药品能否进入医院，还需“公关”和二次议价，如表 4.1 所示。

表 4.1　基本药物与非基本药物集中招标采购的比较

	基本药物	非基本药物
投标主体	生产企业	生产企业、批发企业
招标与采购的关系	招采合一、量价挂钩	招标与采购分离，政府招标、医疗机构采购
投标方式	双信封制，企业同时投技术标和商务标	投标企业须按照相关要求提供资质证明文件和保证供应承诺函，在药品集中采购平台上如实申报相关信息；个别省（自治区、市辖市）采用双信封制
货款支付方式	医院验收药品后，采购机构集中支付	医院自行支付货款
监控	省级药监部门通过电子监管网和药物信息条形码统一标识，全程监控药品的生产、流通、库存和使用	定期统计分析本省（自治区、市辖市）医疗机构和药品生产经营企业网上药品采购、配送、回款情况，尚未实现有效监控

资料来源：郭春丽，《中国药品生产流通：体制现状、存在的问题及政策取向》，载于《经济学家》，2013（9）：24～33。

三、药品流通领域的市场集中度在不断提高

（一）药品批发行业集中度提升较快，零售市场集中度有待提升

2013 年，大陆药品流通行业销售总额达 13 036 亿元，[①] 同比增长 16.7%。

① 相关数据来自商务部《2013 年药品流通行业运行统计分析报告》

2013 年大陆药品批发企业达到 1.48 万家。[①] 其中，药品批发企业前 100 位的主营业务收入占同期市场规模的 64.28%，比 2012 年增长 0.3 个百分点。排名前 10 位的药品批发企业占市场总规模的 36.3%，比 2012 年增长 0.5 个百分点。排名前 3 位的药品批发企业占市场总规模的 29.7%,比 2012 年增长 0.9 个百分点。

2013 年，药品零售企业达到 27.80 万家。[②] 其中，药品零售企业前 100 位、50 位、8 位和 4 位的销售额占零售市场销售额的比重分别为 28.30%、24.22%、12.54%和 7.71%，均较 2012 年有不同程度的下降。如图 4.2 所示。这说明药品零售企业重组并购速度较慢，市场集中度有待进一步提升。药品零售市场集中度之所以较低，可能和当前大陆的医疗体制（如医药不分）、医保制度有关。

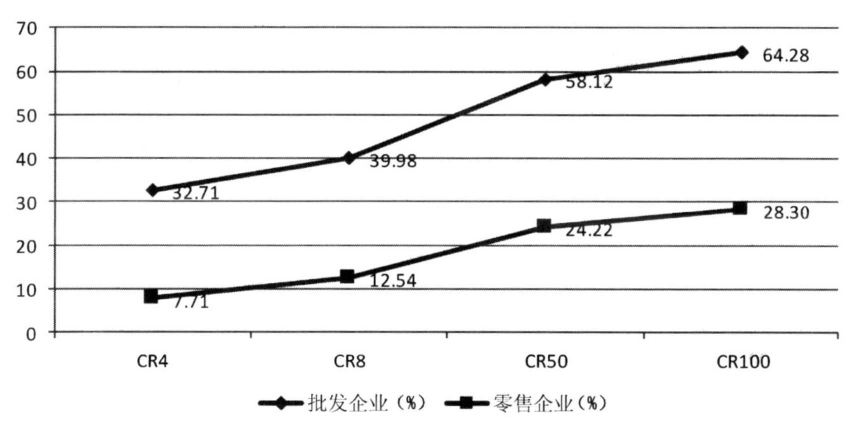

图 4.2　2013 年药品流通行业的行业集中度

资料来源：根据国家食品药品监督管理总局《2013 年度食品药品监管统计年报》整理。

（二）骨干企业增长迅速，销售过千亿规模的巨型企业正在形成

2011 年出台的《2010～2015 年全国医药流通行业发展规划》提出，“十二五”期间医药流通行业将重点鼓励药品流通企业兼并重组，鼓励用市场化的方式配置资源，形成 1～3 家年销售额过千亿的全国性大型医药商业集团；20 家年销售额过百亿的区域性药品流通企业；药品批发百强企业年销售额占药品批发总额的 85%以上。

2013 年药品流通企业中批发企业主营业务收入超过 100 亿元的有 12 家，

① 相关数据来自国家食品药品监督管理总局 2013 年度食品药品监管统计年报

② 相关数据来自国家食品药品监督管理总局 2013 年度食品药品监管统计年报

比 2012 年增加了 3 家；主营业务收入超过 50 亿元的有 23 家，比 2012 年增加 6 家；超过 20 亿元的有 50 家，比 2012 年增加了 5 家。其中前三位药品批发企业中国医药集团总公司、华润医药商业集团公司和上海医药集团股份有限公司 2013 年的主营业务收入分别为 1 866.04 亿元、735.44 亿元和 710.02 亿元，比 2012 年分别增长了 24.68%、15.22%和 15.12%。

大陆药品零售连锁企业通过并购、业务拓展，规模不断扩大，出现了国药控股国大药房、北京同仁堂、老百姓大药房、云南鸿翔一心堂、大参林、辽宁成大方圆、深圳海王星辰、益丰大药房等十几家大型的药品零售连锁企业。2013 年零售企业销售额超过 50 亿元的有 3 家，全部是新增企业；超过 30 亿元的有 7 家，比 2012 年少 1 家；超过 10 亿元的有 16 家，比 2012 年减少了 3 家。

同时，药品零售连锁企业的赢利能力有所增加，2012 年销售额前 100 位的药品零售连锁企业的平均利润率达到 4.4%，比 2008 年的平均利润率增加了 1.3 个百分点。

四、现代医药物流受到重视，第三方物流开始兴起

（一）政府推动医药物流发展

大陆医药商业的平均物流成本占销售额的比重可达 10%以上，[①] 为此，政府从宏观层面推动医药物流的发展。

2005 年 4 月国家食品药品监督管理总局第 160 号文发布《关于加强药品监督管理促进药品现代物流发展的意见》，明确提出了“专业分工”的设想，鼓励支持有实力的药品批发企业做大做强，“通过兼并、重组、联合发展，促进规范化、规模化发展”；鼓励中小药品经营企业剥离仓储部门，尝试企业物流功能外包；鼓励具有现代物流基础设施及技术的医药物流，为已持有许可证的药品批发企业开展跨地区的第三方药品物流配送服务，推进企业内部物流社会化。

国家商务部 2011 年公布的《全国药品流通行业发展规划纲要（2011～2015 年）》中明确指出要以信息化推动现代医药物流的发展，通过医药物流的发展提高药品流通效率。同年 6 月，商务部启动“医药物流服务延伸示范工程”。在该工程的引导下，41 家批发企业对 2 700 多家医院开展多种形式的物流延伸服务，找到新的增长点，提升了医院的药品管理水平。

① 曲晓丽. 现代医药物流服务体系正在形成[N]. 国际商报，2014-05-26（C02）

（二）大陆医药物流的主要模式

目前大陆医药物流主要有以下几种模式。

第一种是自营物流模式。药品流通企业的所有物流业务均由自己来完成。这是大陆最主要的药品物流模式。经营药品质量管理规范（GSP）要求药品经营企业负责药品的物流业务，这也导致"谁负责经销，谁负责物流"。大陆大型的药品流通企业基本都采用自营物流模式。大型的药品经营企业随着物流业务发展，一般会成立单独的第三方药品物流子公司，单独核算，自负盈亏。这些物流子公司除了为母公司提供药品物流服务外，会对外提供医药物流服务。如上海医药股份有限公司的子公司——上海药品物流中心，除了为上海医药提供物流服务外，还为上海罗氏制药有限公司、德国拜耳集团、唯美血液技术有限公司和上海三共制药有限公司提供物流服务。①

第二种模式是部分自营、部分外包的混合模式。这种模式只将物流业务中的某一部分或几部分外包出去，剩余的部分依然自己来做。其中外包出去的业务主要是运输和配送部分。如金象大药房将自己原有的运输车队解散，将运输业务外包给中铁物流公司。

第三种是纯粹的第三方物流服务模式。这种模式下，主要由以物流业务为核心的特殊药品经营企业承担药品的物流业务。这类企业一般是综合性的第三方物流企业，通过药品经营质量管理规范（英文为 Good Supply Practice，简称 GSP）认证后，进入药品物流领域。它们在药品监管部门那里仍然注册为药品经营企业，但它们一般都会对外承诺"不卖药，只运药"。比较典型的是杭州邦达物流公司，其与国药控股、浙医股份、海王集团等开展全面合作，承担专业的配送服务职能。2013 年在全国药品流通直报企业中，具有第三方医药物流资质的批发企业有 80 家;具有食品药品监管部门颁发的开展第三方药品物流业务确认文件的专业医药物流企业有 62 家。

（三）药品批发企业物流建设加速

从 2001 年起，北京医药、上海医药、广州医药、国药股份、九州通等大型企业相继建设了一系列现代医药物流中心，逐步建立起了全国性的医药物流分销配送网络，一批区域性龙头企业也同样拥有了区域物流中心枢纽及区域配送中心网络。如国药集团的子公司国药物流在 2013 年就在全国拥有二级分销子

① 史杨硕. 基于整合的药品第三方物流研究[D]. 北京交通大学，2012

公司51个，省级物流平台47个，三级子公司及地市级物流网点159个，已搭建起分拨物流网络与配送物流网络两大物流体系。①

医药物流的发展由最初引进部分境外设备与技术，发展到引进、消化、吸收、创新，再到信息化和业务模式的融合，逐步实现信息流、资金流与商流的三流合一。一些最新物联网技术和高位货架、电子标签拣货系统（英文为Picking to Light，简称PTL）、自动分拣系统等高科技成果得到广泛应用。

五、药品电子商务平台发展迅速

一些具有条件的公司借助电子商务平台整合业务渠道，向供应链客户提供更多的增值服务，以降低运营成本、提高交易效率，实现线上与线下业务经营的共同发展。2013年网上交易额超过千亿元，其中企业间交易额占比超过90%。国家食品药品监督管理总局统计显示，截至2014年年底，获得批准开展互联网药品交易服务的企业有372家，其中与其他企业进行药品交易（英文为Business-to-business，简称B2B）的有53家、向个人消费者提供药品（英文为Business-to-customer，简称B2C）的有138家，第三方平台11家，如图4.3所示。药品流通直报企业中，拥有互联网药品交易服务资格证书的有53家。

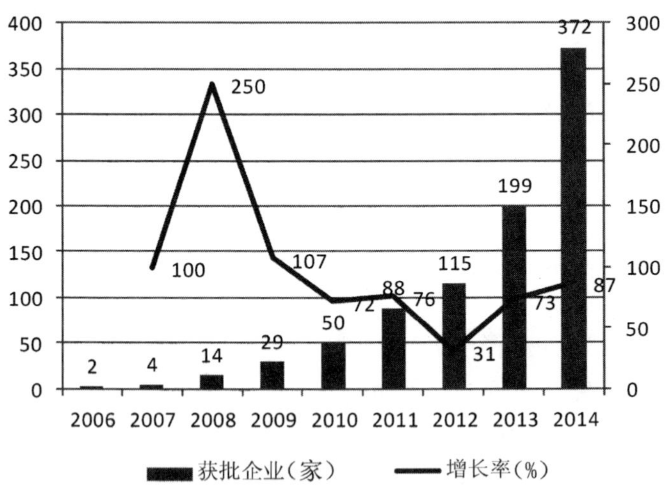

图4.3　2006～2013年互联网药品交易服务企业数量统计

资料来源：国家食品药品监督管理总局数据查询，http：//app1.sfda.gov.cn/datasearch/face3/dir.html。

① 李佳. 医药冷链标准将陆续出台[J].中国药品流通，2013（8）：45～47

大陆医药电商已形成了多种模式：一是网站所有者为医药商业企业，同时具备线下连锁药店以及药品配送能力，包括嘉事堂、国药股份、第一医药、上海医药、英特集团、九州通等在内的多家医药商业企业都建立了医药电子商务网站；二是医药生产企业建立的医药电商网站，它们主要是采用企业对企业的模式，在网上与其他企业或医疗机构开展药品交易，包括以岭药业、康恩贝、康美药业、同仁堂等在内的制药企业都已经进军医药电商；三是搭建第三方药品销售平台，网站所有者不直接参与药品买卖，撮合上网企业或企业与单位（医疗机构）或个人消费者开展药品交易，例如天猫商城、京东商城、1 号店的医药频道；四是以华润集团健一网、七乐康为代表的独立垂直电商等。[①]

六、药品流通企业兼并重组、外资进入加速

（一）药品流通企业兼并重组加速

《全国药品流通行业发展规划纲要（2011～2015）》提出通过兼并重组推动药品流通企业做大做强、提高行业集中度。为了推进药品流通企业重组，大陆各省市药品流通行业主管部门加大了政策协调力度。如，重庆市商业委员会通过统一规划主城区物流配送中心，引导中小药品批发企业纳入大企业统一配送网络，逐步实现大企业对中小企业的兼并重组；贵州省商务厅指导省医药商业协会拟定了《关于加快推动贵州省医药流通企业兼并重组的工作安排》，注重发挥行业协会在促进兼并重组中的作用；湖南省商务厅推动省政府将药品流通作为重点打造的 6 个现代流通千亿产业集群之一，挑选药品流通项目作为全省商务重点产业项目，带动行业兼并重组和集中度的提高。

一些医药流通企业也将兼并重组作为做大做强的重要战略手段。如，国药集团围绕“构建覆盖全国城乡健康产品的全品种、全业态的分销网络”的战略目标，将兼并重组作为企业发展的重要引擎，分阶段、分层次展开，通过并购来实现分销网络的全国布局。

据不完全统计，2011～2013 年，全国药品流通企业共实施兼并重组 329 起，涉及金额 101 亿元；15 家药品流通类上市公司共实施兼并重组 76 起。[②] 药品

① 叶梓．医药电商角逐 3000 亿网售药品市场[EB/OL]．[2015-03-31] http://tech.sina.com.cn/i/2015-03-31/doc-iavxeafs3593217.shtml

② 商务部市场秩序司.药品流通行业兼并重组经验交流大会在京召开[EB/OL]．[2013-11-05] http://finance.sina.com.cn/roll/20131105/234917230626.shtml

流通行业的兼并重组主要具有以下特点：一是以大型骨干企业收购中小企业为主导；二是股权收购等资本运作的比重逐步增大；三是以国药集团、华润医药等为代表的"第一集团军"加速全国布局，一些区域性公司也加强在本地布局，向基层延伸完善销售网络；四是兼并重组从业内向上下游拓展，医疗机构也开始成为一些药品流通企业的收购对象。

（二）境外资金进入中国大陆药品流通行业加速

随着中国大陆药品流通市场规模的扩大，国际流通巨头纷纷看中这个庞大的市场。近年来，国际医药巨头在中国大陆投资由医药制造环节逐渐向药品分销和零售终端等环节延伸。2008 年之后，包括美国辉瑞、美国卡地纳健康集团、日本铃谦株式会社等在内的跨国医药公司，通过投资入股的方式逐步加快与中国大陆传统医药流通企业的合作（如表 4.2 所示），而且这种趋势正在逐步强化。

表 4.2　2008～2011 年境外资金在中国大陆医药流通领域的主要投资事件

时间	投资方	投资事件
2008 年 2 月	英国联合博姿公司（欧洲最大的医药保健和美容集团）	联合美华与广州医药合资新建医药流通企业
2008 年 5 月	日本铃谦株式会社	上海医药与日本铃谦株式会社合资组建医药商业企业，双方各持有 50%的股份
2008 年 10 月	瑞典银瑞达集团（北欧最大的实业控股公司）	子公司殷拓亚洲有限公司投资 8000 多万美元入股湖南老百姓医药连锁
2008 年 11 月	美国美华公司	入股上海荣桓医药，控股 70%
2010 年底	美国卡地纳健康集团（美国第二大医药流通巨头）	投资 4.7 亿美元收购永裕医药
2011 年 3 月	英国联合博姿公司	与广州医药各增资 1.5 亿元投资于合资企业
2011 年 6 月	美国辉瑞公司	投资 5000 万美元，参股上海医药，以达成双方在产品生产、销售、分销和终端的全产业链合作
2011 年 7 月	英国联合博姿公司	与南京医药成立合资医药商业公司
2011 年 8 月	美国卡地纳健康集团	与四川一家医药商业企业合资成立四川和维医药咨询公司
2011 年 12 月	美国卡地纳健康集团	与无锡锡山药业公司成立合资企业，占股 80%

资料来源：国家发改委经济研究所课题组：《中国医药产业发展概况及其趋势研究》，载于《经济研究参考》，2014（32）：3~39。

七、药品批发配送模式转型

（一）区域共同配送联盟出现

在2009年实行省级集中招标采购制度后，集中采购变成生产企业投标，部分不具备配送能力的生产企业会自己选择具有配送资格的配送商。为了在产品配送权和价格上争得话语权，出现了区域共同联盟。由上海汇药通投资咨询公司发起，联合中国药科大学国际医药商学院作为研究机构，浙江省内多家区域龙头医药商业公司共同发起设立了“浙江社区医药服务共同体”。首先，联盟的设立，避免了共同体成员之间的同质化恶性竞争。其次，共同体的区域会员都是各个地级市的龙头商业，具有互补性，而浙江省对于基本药物的配送以地级市为单位选择配送商，这也保证了共同体能够成为各个区域的配送商；而这些区域会员拥有大医院的终端网络，也增加了共同体获得非基本药物一级配送权的可能。由于共同体这一模式的优势，“浙江共同体”被复制到了医药重点市场。

（二）药品批发配送模式向“端到端”转型

药品流通领域竞争的加剧，促使“端到端”这一新型药品流通模式出现。在这种新型药品流通模式下，药品批发企业既批发又零售，在药品流通的各环节进行紧密合作，具体包括：与药品生产企业有稳定的商业关系，在全国和各区域分别布局及建立药品分销网络、物流配送中心及相应的连锁药店；与此同时，与各区域的药品经销商及医疗机构建立稳定的商业往来关系。从药品分销网络处获取药品需求信息后传递给批发企业，再由批发企业向上游的药品生产企业订货，生产企业将所需药品发给区域物流中心，并配送给药店、医疗机构、个人消费者及养老院和护理院等终端需求客户；同时随着电商的发展，非处方药品可以直接配送给终端消费者。这种流通模式的代表企业是九州通集团。九州通集团以“端到端”的配送方式为主，并逐步向电商转型。

这种“端到端”的配送模式，能够使供需信息很好地传递，减少不必要的中间流通环节，缩短药品的流通过程。同时，在这种扁平化药品分销网络模式下，药品配送品种齐全，批发配送效率高、成本低，服务水平高。普通药物和非处方类药品主要以这种批发配送模式为主，而且主要的零售终端是中小型批发商、药店、县级或民营医疗机构。而面向大型公立医疗机构的“新特药”，并不适合以该种模式进行配送。因此，可以看出虽然这种扁平化、快批快送的模式在很多方面具有优势，但由于医疗机构的药品市场规模占比较高，在大陆的发展空间比较受限。

第二节　大陆药品流通领域存在的主要问题

近年来，在政策的推动下，大陆的医药行业发展迅速，取得了巨大的成就。但是，由于大陆正处于经济与社会发展的转型期，药品流通领域也还存在很多问题，突出表现为：药价虚高与虚低并存、药品流通市场秩序混乱、药品流通产业集中度偏低，在市场和政府之间行业协会的功能缺失，专业化的服务中介组织缺乏等。

一、药品价格虚高问题仍较严重

十多年以来，政府主管部门多次采取实施政府定价、强制降低药品价格、集中招标采购制度以及建立国家基本药物制度等措施降低药品价格，但是，药品价格并没有明显下降。中国医疗保险研究会对 30 多万名参保住院患者进行分析发现，2009～2012 年，住院医疗费用及药品费用以每年 20%的速度增长。①

（一）医院零售价格远高于出厂价

药品价格虚高的主要表现为药品的出厂价与零售价格差价过大。例如，2 毫升、0.3 克的克林霉素磷酸酯注射液出厂价为 0.6 元，但在北京的中标价格为 11 元，在医院的零售价格为 12.65 元。② 更极端的是央视曝光的湘雅医院“天价芦笋片”案例，该产品实际出厂价为 15.5 元，招标采购价为 185 元，实际零售价为 213 元，是出厂价的 13.7 倍。③ 药品零售价与药品的出厂价之所以存在很大的差额，主要是因为以高额折扣、回扣为主要推销手段的药品购销机制和药品价格逆调节机制仍然存在。

---

① 熊先军. 低价药放开期待：建立医保药品价格谈判机制[N]. 中国医药报，2014-9-28（A01）

② 国家食品和药品监督管理总局南方医药经济研究所. 盘点 2011 中国药店大事件[R]. 中国药品零售市场研究报告，2012（1）：2～3

③ 国家发改委经济研究所课题组. 应建立“医保支付价管理”为核心的我国药价新体制[J]. 宏观经济研究，2014（4）：3～9

（二）医疗机构药品价格远高于零售药店价格

医疗机构是药品销售的主渠道，超过 70%的药品通过医疗机构销售，只有不到 30%通过零售药店销售，其中农村地区基层医疗机构是药品流通的主体，药品价格高于其他零售药店的现象更为严重和普遍，如表 4.3 所示。医疗机构的垄断地位是医疗机构药价较高的重要原因。国家财政部给国务院的报告《我国药价虚高的原因及对策》中，以 2010 年北京市非基本药物集中采购结果为根据，列出了上百个医院售价高于药店售价 6 倍以上的非基本药物品种。

表 4.3　各药品流通主体吗丁啉价格对比表

药品流通主体	湖南康祥批发	湖南城南乡卫生院	贵州平溪镇社区卫生服务中心	山西旧县镇中心卫生院	山西东村村卫生室	陕西延安市人民医院	陕西新医诊所
生产厂家	西安杨森	西安杨森	西安杨森	西安杨森	西安杨森	西安杨森	西安杨森
规格（粒）	30	30	30	30	30	30	30
进货价格（元）	13.3	13	13	15	13	14	13.4
销售价格（元）	13.6	15.5	15	17.25	15	16.1	14.8

资料来源：陈文玲等：《药品现代流通报告：中国药品现代市场体系研究与设计》（中国经济出版社 2010 年版）。

二、集中招标采购导致药价“虚低”与“虚高”并存的困境

大陆对非营利性医疗机构实行两套并行的药价管理系统，一套是物价部门规定零售最高限价，另一套是卫生行政主管部门招标采购并以此为基础管制公立医院售药价格，如表 4.4 所示。

《药品价格管理办法》指出的药品集中采购的目标是：规范药品价格行为，保护消费者和经营者合法权益。但是目前，政府药价管理行为明显受到政绩目标驱动，各地招标标底的选择与最终取得的药价降幅已成为可资攀比的政绩，这种做法与市场经济规律背道而驰。

表 4.4　两套药品价格体系比较

管理对象	药品零售最高限价	医院集中采购价
管理主体	中央物价主管部门管处方药 地方物价主管部门管非处方药	卫生部门牵头的药品集中采购办公室
管理范围	中央、地方基本医保目录，约占药品销售额的 60%	公立医院使用的所有药品，占药品市场销售额的 80%
管理方式	成本定价	公开招标形成价格
药价名称	出厂价—批发价—零售最高限价	出厂价—招标参考价—中标价—医院零售价（中标价的 115%）
调价周期	医保目录调整周期为 4 年	每招标一次调价一次，各省招标周期 1~3 年不等

资料来源：国家发改委经济研究所课题组：《深化中国药品价格管理改革的对策建议》，载于《经济研究参考》2014（31）：27~51。

现行招标体系背后有两个假定，即假定药品有“虚高”定价、假定价格里面有大量回扣，不问企业规模、能力和投入，不问合理利润空间，一律在价格上先“砍一刀”（设定投标价上限）。由于部分省份竞相推行基本药物招标标底“三不高”原则（即“不得高于历史中标价”“不得高于相邻省市中标价”“不得高于本次招标最低价”），对投标企业而言，一般只能报最低价，否则将会被淘汰。这也导致部分基本药物实际中标价只相当于政府零售最高限价的几十分之一，使很多经典廉价药从市场上消失。

2011 年，蜀中制药公司以低于成本价的价格中标多省基本药物招标，之后，蜀中制药公司被发现涉嫌虚假投料，以降低生产成本。该事件暴露了基本药物招标唯低价论的弊端。①

三、非基本药物流通市场秩序混乱

为了解决医药流通领域中存在的突出问题，新一轮医改中强化了基本药物和国家基本药物制度的地位，政府针对基本药物的采购与管理出台了系列政策，

① 国家食品和药品监督管理总局南方医药经济研究所.盘点 2011 中国药店大事件[R].中国药品零售市场研究报告，2012(1)：2～3

要求基本药物必须落实招采合一、量价挂钩、双信封制、集中支付、全程监控等政策。而对非基本药物应采用的交易方式、价格机制、流通方式则没有非常明晰的思路。在公立医院的药品集中招投标采购中，中标的药品生产流通企业只是具有了在招标省销售药品的资格，而能否真正进入医院，则还需要药品生产流通企业对医院进行“公关”以及和医院进行二次议价。这也导致非基本药物的流通市场秩序处于混乱状态，主要表现在以下几方面。

第一，药品流通领域出现了大量隐性交易环节和隐性交易主体。可能的隐性交易者包括医药代表、医院药房、医生、医院院长、招标代理机构等。隐性交易者通过挂靠经营、承包经营、过票经营、过户销售、买卖税票、挂户销售等方式与手段参与药品流通。比较典型的是部分自然人药品代理凭借人脉关系，通过挂靠经营、买卖税票、走票等隐性交易手段，掌控着一些主要医院的药品经销权。这类交易方式和手段，将不具有法定资格的药品经营人员合法化，同时推高了药品市场价格，严重扰乱了药品流通市场的秩序。

第二，显性经营主体存在严重的投机行为。非基本药物是否能真正进入医院使用以及药品的销售量如何的决定权主要在医院和具有处方权的医生手中，这也使得医院可以依靠其在流通渠道的主导地位对非基本药物收取“药品进院费”并严重拖欠货款等；而医生则可以利用与处于信息弱势地位的患者之间的委托代理关系，通过开大处方、使用高价药来获取高额“回扣”；医药生产流通企业为了使药品进入医院，需要药品营销人员向医院的药事委员会、药房工作人员及临床医师推销药品，甚至通过公开行贿、过度组织学术会议来变相“俘获”有处方权的医生。这些做法均严重扰乱了药品流通市场的秩序。

第三，药品同质化竞争和产能严重过剩的局面并存。大陆药品生产经营的低水平重复建设问题一直没有得到根本解决。医药行业长期存在着“一小、二多、三低”问题，所谓“一小”是指多数生产经营企业规模小；“二多”是指企业数量多、产品重复多，比如，目前阿莫西林有 200 多家企业在生产，诺氟沙星有 800 多家企业在生产；[①]“三低”是指大部分生产企业的产品技术含量低、新药研发水平低、管理效率及经济效益低。这就导致了大陆医药市场中存在的竞争是一种低层次的同质化竞争，并且存在着严重的产能过剩。

① 陈文玲等. 药品现代流通研究报告：中国药品现代市场体系研究与设计[M] .北京：中国经济出版社，2010：115

四、药品生产流通基础设施建设落后

（一）药品供应保障体系不健全

全国性和区域性的公共型药品物流园区和配送中心不足，具有较强辐射带动作用的药品流通枢纽尚未合理布局。农村药品销售网点不足，部分乡镇尤其是一些边远地区的网点稀少。农村药品储存条件差，危及用药安全。冷藏药品的冷链设施、设备不足，影响药品最终的使用。以上几点现状均严重影响着药品的流通。

（二）医药物流信息技术与检测技术落后

大陆医药企业信息化程度较低，医药企业缺少医药物流管理、医药物流网络体系、医药物流的增值服务等软件，医药商品没有统一的药品标准编码。医药物流经营者不能对供应商、零售药店、医院药房进行有效的管理，配送效率不高，没有竞争力。信息技术应用及系统建设滞后，药品分类与编码、条形码、组织机构代码、企业和产品安全认证系统、管理编码等技术标准在药品生产流通行业内没有完全统一。药品企业信息管理系统建设滞后，公共型信息服务平台缺失，使得药品在生产、流通、使用过程中无法实现全程信息追溯。药品检验检测部门的技术装备落后，一些地区的药品检验检测机构场所简陋，设施老化，技术设备水平低、种类少、数量不足，人员素质偏低，难以保证日常监督检验工作的完成。第三方医药物流还没有发展起来，大多数物流企业提供的物流服务仍然以运输和仓储为主，服务内容简单，无法全面开展物流信息处理、库存管理、流通加工、物流成本控制等以信息技术为基础的物流信息服务，阻碍了流通现代化水平的提高。

（三）农村药品销售网点不足

在大陆 18 万个左右的药店中，处在农村地区的不到 30%。并且，农村的药品销售网点分布不均，主要集中在县级地区，而许多乡镇地区的网点极其稀少。农村药品供应长期严重不足使得广大农民基本的用药需求无法得到满足，健康权益无法保障。

（四）农村储存条件差，危及用药安全

农村卫生室大多没有避光通风及低温冷藏设备，无防尘防潮、防霉防污染以及防虫防鼠防鸟等设施，部分房屋简陋陈旧且缺少应有的货架柜橱，贮存摆放环境极差，造成药品质量不稳定、易积压变质或过期失效，危及用药安全。

五、药品流通产业结构仍不尽合理

（一）药品流通企业的市场集中度低

与发达国家和地区相比，中国大陆目前还缺乏现代化的市场流通主体，规模化和集约化程度都比较低。2013 年排名前三位的药品流通企业，即中国医药集团总公司、华润医药商业集团有限公司和上海医药集团股份公司，三者的销售额仅占全行业的 29.7%。而美国、日本和欧盟的前三位药品流通企业的销售份额占比分别达到 95%、80%和 65%。2013 年，前五十位药品流通企业销售额占总销售额的比例的平方和（即赫芬达尔—郝希曼指数，英文为 Herfindahl-Hirschman Index，简称 HHI）为 0.041，这表明药品流通行业属于分散竞争型行业。药品市场集中度低导致医院或零售药房为满足药品需求，需要与大量药品批发企业合作，增加了交易成本。

（二）零售药店连锁率低

2013 年，大陆零售药店连锁率为 36.57%，比上年提高 0.56 个百分点，如表 4.5 所示。《全国药品流通行业发展规划纲要（2011～2015 年）》规定，至 2015 年连锁药店占大陆零售门店的比重应提高到 2/3 以上，与这一目标比较，当前的药店连锁率明显较低，有很大提升空间。

表 4.5　大陆零售药店连锁率统计

	2009 年	2010 年	2011 年	2012 年	2013 年
零售连锁药店（家）	135 762	137 073	146 703	152 580	152 844
零售单体药店（家）	252 631	261 996	277 085	271 143	274 415
零售药店连锁率	34.95%	34.35%	34.62%	36.01%	36.57%

资料来源：根据历年食品药品监管统计年报整理. http：//www.sfda.gov.cn/WS01/CL0010/。

六、信用体系建设尚待健全

（一）与药品生产流通信用相关的法律法规不健全

大陆在药品生产流通信用管理方面的法律几乎空白，对于药品生产流通过程中信息披露、采集、使用、流传、安全行为的规范，以及失信行为的界定和惩戒，都没有相应的规定。

（二）信用数据共享度低，信用信息记录不完备

大陆尚未建立药品流通环节链中各环节的信用档案，同时大量药品生产流通信用信息分散在各个政府部门，政府部门之间的信用信息及数据的公开和交流程度都很低，导致信用信息记录不完备。信用服务企业由于难以获得信用信息，难以建立起一个完善的信用信息数据库。

（三）信用数据标准不统一

各地区、各部门在建立各自的信用数据库时，采用的信用评价指标极不统一，信用等级标准各不相同，缺乏统一的信用信息数据标准，不但影响到信用信息的共享，还增加了信用信息整合的难度。

（四）信用建设主体不明确，评价标准不统一

部分地区药品生产流通企业信用信息确认、信用级别评定的主体不明确，导致信用体系建设落后。难以形成全国统一的信用数据公共平台。

（五）失信惩戒机制不完善

《产品质量法》和《药品管理法》等法律中，对诚信的规定大多是没有处罚细则内容的原则性要求，无法起到有效的威慑作用。药品生产企业、分销企业、医院及其他零售终端、医药代表、医生等的不良记录公开制度还没有建立。

七、未形成统一、高效的药品市场监管体系

（一）药品流通安全监管法律法规不尽完善

与发达国家和地区相比较，中国大陆药品安全监管法律体系并不完善。目前尚缺乏一整套规范药品生产、流通、使用秩序方面的法律体系及与其配套的法规和规章；在已颁布的法规中，有些条款因表述含糊不清，降低了执法的可操作性，甚至在执法过程中出现“无法可依”的现象。

（二）监管体制存在弊端：多头管理、政出多门

在现行的医药流通体制中，药品流通管理的格局是多头共管：发改委负责药价的调控，卫计委分管医院的药品使用环节，药监局分管药品安全和质量监管，商务部负责药品流通。这种横向交叉的职权分配本身就决定了药品流通价值链被割裂，容易产生很多问题，如药品的定价与药品的准入分离、使用和生产的监管分离等，不但无法形成监管合力，还造成资源浪费和效率低下。

（三）药品监管信息系统不完善，降低了监管效率

现有的信息应用系统如药品生产企业许可证管理系统、产品生产质量管理

规范认证管理系统、药品注册管理系统、药品经营质量管理规范认证系统，基本各自独立。一些基础数据的多头采集与输入，不但增加了用户使用的不便，也导致数据不一致，不利于提高监管效率。

在监管信息系统开发中，对药品的生产、流通、使用没有建立可追溯的监管信息体系。国家食品药品监督管理总局与地方局各自投资开发、建设，无法实现有效的业务协同，也无法形成上下联动的业务监管格局。

第三节　大陆药品流通问题的深层原因

药品作为特殊商品，事关广大人民群众生命健康。药品生产流通问题不仅是民生问题、社会问题和经济问题，还是事关新医改成败的全局性、战略性和前瞻性的重大问题。本部分主要针对药品流通在环节、结构、体制、机制等诸多方面的问题，探求其形成的深层次原因。

一、“以药养医”体制造成药品价格的扭曲

公立医院的经费来源主要有三项：财政拨款、医疗服务收费和药品收入。在改革开放前，政府对医院进行财政补贴，医院看病越多，政府补贴越多。在改革开放后，医院虽然在名义上还是事业单位，但是属于国家鼓励创收的有创收能力的单位，[①] 财政部门对医院的财政补贴降低。但是，由于国家对医疗服务收费的价格进行比较严格的管控，医院逐渐转向依赖药品零售差价收入补偿的经营方式。国家制定了药品“顺加作价”的政策（即医院可以在药品进价基础上加价 15%），“以药养医”的补偿机制逐渐固化下来。

（一）顺加作价政策使医院有购销高价药的动力

按照经济学的基本经济规律，商品价格越高，购买量越小。但是，公立医院的药品采购却存在相反的规律，价格越高的药品，采购量越高。一些疗效可靠的廉价药品被医院拒之门外，致使生产厂家不得不停止此类药品生产。

其中的原因就是，在“以药养医”体制下，顺加作价的政策使得医院购进

① 包胜勇.药费为什么这么高——当前我国城市药品流通的社会学分析[M].北京：社会科学文献出版社，2008：194～200

批发价越高的药品，医院的批零加价收益越大。如同一治疗领域的两种药品，一种药品的批发价格为 20 元，按 15%差价补偿，医院能获得的加价收益只有 3 元；而另一种药品的批发价格为 50 元，医药的加价收益可以达到 7.5 元。显而易见，医院倾向于采购批发价为 50 元的药品。

（二）在药品购销环节的“双垄断”地位，为医院赚取药品差价提供了可能

医院在药品购销环节的“双垄断”地位是指：医院一方面作为患者的代理人，扮演着药品需求者的角色，同时由于公立医院控制了药品销售 60%～70%的市场份额，事实上处于药品市场上买方垄断地位；另一方面，医院为患者提供服务，指导患者用药，又扮演着药品销售者的角色。这种双垄断地位，为医院顺利并大额赚取药品差价提供了可能。

由于医院处于药品买方市场的垄断地位，医药生产企业丧失了讨价还价的能力，只能满足医院的种种要求，甚至放弃药店销售市场，这也造成了一些药品的购买渠道只有医院。医院处于卖方垄断地位，控制着大多数处方药的开方权、销售权以及公费医疗和定点医保资格，到医院就诊的患者只能选择从医院买药。①

在以药养医体制下，药品销售收入是医院的重要收入来源。研究表明，一些医院 50%～60%的收入来自药品，部分医院甚至达到 70%～80%。②

（三）医生的收益与高药价一体化，促成了“多开药、开贵药”

为了经济利益，有的医院通过把医师创收的情况跟个人收入挂钩，鼓励医生开大处方、多开药、开贵药。一方面，从医生的角度看，“多开药、开贵药”可以提高医院和科室的可分配收入，从而在整体上提高自己的收入。为了使药品顺利进入医院，药厂或医药公司会组织医药代表向医院的药事委员会、药房工作人员及临床医师推销药品，并进行返利、给予回扣。医师在开药时为了直接获得额外收入，也倾向于多开药，尤其是多开回扣高的药。另一方面，医院药品消费中存在“诱导需求”问题。药品消费需要很强的专业知识，而患者缺乏这方面的知识，医生对患者的用药偏好和行为有很大影响，药品需求的价格弹性将变得比较小，这也为医生“多开药、开贵药”提供了理论上的可能。

---

① 朱恒鹏.解决“药价虚高”关键在于打破公立医院药品零售垄断地位[J].医院领导决策参考，2010（11）：1～5

② 陈文玲等.药品现代流通研究报告：中国药品现代市场体系研究与设计[M].北京：中国经济出版社，2010：140

（四）公立医院药品采购利益链推高了药价

对于非基本药物，大部分医院的药品采购流程为：临床科医生提需求—药剂科主任统筹—药事委员会讨论—相关分管院长审批—药剂科负责人具体经办。药厂或医药公司为了使药品顺利进入医院，并写入医生的处方，需要对相关人员返利、给予回扣。除了上述与药品采购直接相关的人员外，通常所涉及的药房、采购、库管、财务等部门的相关人员也需要给予回扣。

在这一过程中，通常药厂会通过代理商来促进销售，医院也希望通过代理商使以药养医合理化。为了套现、给医生与医院提取现金回扣，代理商会通过多种隐性方式，提高市场价与成本价之间的差额、增加流通环节利润，这也使得挂靠经营、承包经营、过票经营、过户销售、买卖税票、挂户销售等隐性交易者以各种方式和手段参与药品流通。这些隐性交易者和隐性交易环节的存在，极大地抬高了药品的价格，加剧了市场的不公平竞争。一般药品从出厂到卖给患者，两个环节的差价在 10 倍以上。一般生产环节毛利在 15%～30%之间，药品批发企业毛利在 10%～15%之间，医院和零售商的毛利在 20%～30%之间，这些环节所有的毛利和费用加起来，至多占药品出厂价的 80%，其余的巨额利润被隐性交易者瓜分，如图 4.4 所示。

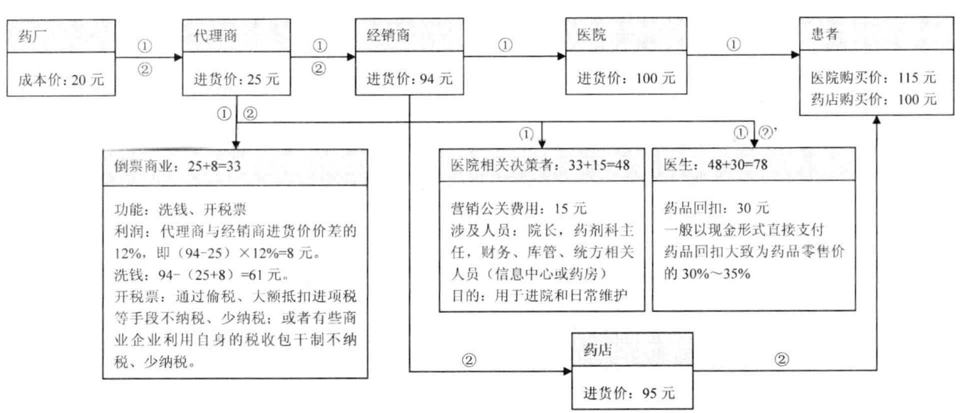

图 4.4　药品采购相关利益主体和药品加价过程

注：①表示由医院售出药品的流通过程；②表示由药店售出药品的流通过程，其中②'表示由药店售出药品流程中有可能发生的过程，即药店售出的药品可能也涉及医生回扣，如处方药。

二、药品定价机制不合理，监管不力

尽管药品价格政策经过了多次改革和完善，但是，体现客观性、公平性的合理价格机制尚未形成。2009 年实施新医改后，大部分药品已实行政府定价。政府定价是指价格主管部门对药品定价范围内的药品制定最高零售价格，药品零售单位的零售价格不能超过最高零售价格。药品政府定价的主管部门主要是国家发改委和省（市）物价局。政府对药品定价采用成本加成方式，按社会平均成本定价。应该说药品定价制度在一定程度上发挥了积极作用，但是其缺陷也越来越明显。

（一）药品定价的目标与实际效果之间存在比较大的反差

药品政府定价的目标是降低药品价格、减轻患者负担。但是，成本加成法的一些缺陷导致这一目标难以达成。

首先，成本加成定价未体现“优质优价”原则。成本加成法采用社会平均成本法来制定药品销售价格,其中蕴含的假定的同种药品的临床价值是一样的；但实际上，同种药品由于不同企业采用的原料质量、加工工艺、生产技术以及过程控制不同，产品的临床价值会有很大的差别，尤其是中药材，差别更大。对同种药品采用相同的定价未体现“优质优价”的原则，不利于引导企业对药品质量进行控制。

其次，成本加成定价不利于引导企业主动降低成本。药品定价所依据的社会平均成本难以准确认定。因此，社会平均成本数据通常来源于企业向政府部门申报的成本，政府部门则主要核准企业上报的成本的真实性。而政府部门对企业成本的合理性以及是否具有降低的可能性基本不加以考察，这就导致出现“高成本高定价，低成本低定价”的现象，挫伤了企业主动降低成本的积极性。

（二）政府部门难以获得药品生产企业真实的成本

成本加成定价的基础是获得企业真实的成本，但是在实际中，对每家企业进行成本收集，其难度和工作量都太大，所以政府实行企业申报成本信息的制度。但由于未建立企业生产成本监测体系，药品价格管制部门难以对生产企业虚列成本及多计费用实行有效甄别，难以保证企业申报成本的真实性。如，药品流通环节过度加价的主体是生产企业给予各类人员的回扣及在流通环节的不合理甚至不合法转手费用，但是，生产企业通过合同或手续使得该费用列支表面合理化，这些费用通过企业申报都成为其生产成本的一部分，从而成为政府定价的基础。

（三）价格管制、新药审批、单独定价等制度协同性差

首先，药品审批与药品定价缺少衔接。大陆的新药审批政策过于宽松，使得药品制造企业很容易通过开发新药品来规避政府的降价措施。一些药品制造商便通过改名申请创新药和单独定价来获得更高定格。

其次，企业通过单独定价制度来规避药品降价。单独药品定价制度的目的是通过实行“优质优价”，鼓励制药企业提高药品的质量、安全性、有效性。但在实施过程中，它却成为生产企业规避药品降价的一种手段。

第三，药品流通的管制过程中涉及多头管理，效能在相互制衡中弱化。各级政府物价主管部门负责制定和颁布与药价相关的政策、制度，监督、检查和指导药价监管工作。药监部门负责新药资质的审批，卫生部门负责医疗单位准入审批，工商部门负责药品销售企业的准入审批，这些部门的工作会直接影响药品价格的调控，但是又无法主动参与到药价监督、调控和管理的过程中，多头管理的格局造成效率低下。

（四）省际价格缺乏协调

药品属于全国范围内流通的商品，省际药品价格缺乏协调成为药品价格管理中的一大问题。根据药品价格管理政策，《国家基本医疗保险药品目录》中的甲类药品由国家制定全国统一价，乙类药品由国家制定指导价，各省级价格主管部门可以在 5% 的浮动范围内制定本辖区内的销售价格。但是，同一时期劳动和社会保障部规定省级社保部门可以对《国家基本医疗保险药品目录》进行上下不超过 15%的品种调节。这有可能造成同一类药品在不同省份分别属于甲类和乙类药品，从而造成同一种药品在有的省市实行政府定价，在另外一些省市却可以采用市场调节价，这样同一种药品在全国会出现不同的价格，这不仅给企业带来极大麻烦，也可能导致政府采集到的价格监测数据严重失真。

（五）地方保护主义导致药品容易通过产地省份提价传导至其他省份

由于地方保护主义的存在，药品生产企业的以成本提高等名义对药品进行涨价的申请在产地省份容易获得批准。其他省份由于很难核查药品生产企业的成本，通常会参考产地省份的价格。这样，产地省份的价格就得以传导到其他省份，而后国家发改委采集各省价格时，就会得到已经提升的药品价格。

三、专业化的中介组织缺乏

在药品现代流通体系中，专业化的市场中介组织日益重要。中介组织是社会分工细化以及市场竞争日益激烈的产物。发达国家和地区如美国、日本在药品招投标、医生处方审核、企业信用服务等领域都形成了比较成熟的药品流通中介服务市场。

目前的药品流通中介组织的主要问题有两个方面。第一，现有社会中介组织功能缺失。如社会中介组织的典型代表——行业协会，可以推进行业自律、制定进入和退出规则，促进行业内部关系协调，维护市场有序竞争，变通或影响政府公共政策界定和促进本部门公共利益，提供能够影响交易行为和效果的各类信息等，通过这些行为发挥行业自我组织、自我协调、自我监督、自我保护的功能。但大陆的行业协会带有明显的行政管制特征，难以在行业标准制定、行业自律、维护市场竞争秩序和制定行业发展规划等方面发挥作用。第二，专业化社会组织缺失。目前真正代表广大患者利益的社会福利组织、审核医生处方的社会组织、药品集中招标采购的监督组织等严重缺失。比如，发达国家和地区大多都有“药品采购联盟”（英文为 Goods Procurement Orgnization，简称 GPO），依靠自身的规模优势和信息优势整合药品供需资源。

四、一些政策障碍阻碍了药品零售连锁企业的发展壮大

《全国药品流通行业发展规划纲要（2011~2015 年）》提出“十二五”期间“药品零售连锁百强企业年销售额占药品零售企业销售总额达 60%以上”的发展目标，但没有提出明确的具体支持措施，导致连锁药店发展速度相对缓慢，2013 年年末，零售药店连锁率为 36.01%，[①] 与 2015 年规划要达到的目标存在较大的差距。

药品零售连锁企业发展壮大面临的主要政策障碍包括以下几个方面。

第一，收购后企业与门店经营证照的办理。大陆采取药品经营准入制度，门店须经所在地县级以上药监部门批准并发给药品经营许可证，作为工商管理部门办理登记注册的前置审批手续。门店在运行一段时间（一般为一个月）后再由药监部门组织审核完成药品经营质量管理规范认证后方可正式经营。药品

① 根据商务部 2013 年药品流通行业运行统计分析报告

零售连锁企业实施并购重组后，被收购的企业证照按照新设企业对待，需要注销再重新申办，申办时间超过一个月，这期间要停业等待新的证照，而停业会给门店和公司带来巨大的损失。同时，由于地方保护主义的存在，在证照办理过程中，外地企业可能受到药监、工商、税务、医保等多方面的歧视和限制，严重影响药品零售连锁企业跨区域、集约化、规模化发展。

第二，部分医保政策不利于连锁药店发展。零售药店是否具有医保资格对于其经营业绩有着重要影响，根据各地方医保管理部门的规定，一般零售药店需要在正常经营若干时间后才可以提出申请，并在经过严格审核后才可取得医保资格。由于大陆将被收购药店按照新设企业对待，药店原有医保资格不能承继，由收购方按照新设门店重新申报。这给被收购药店医保定点资格的取得带来很大的不确定性。此外，有的地方规定了需要重新开业两年以上才可以申请医保定点药店以及制定了控制医保定点药店总数的政策，使得并购后的连锁药店无法承继原药店的医保定点资格。

第三，医院处方外流限制。近年来，各级医院全面推进数字化建设。受利益的驱动，医院电子信息系统成为处方的电子壁垒，使得处方难以外流。随着对处方药品监管要求的逐渐严格和医院对处方控制的加强，零售药店的处方药品销售受到较大影响，出现逐年下降的趋势。

五、地方保护主义限制了药品流通资源的有效整合

地方保护主义阻碍了统一市场的形成，限制了公平竞争，制约了药品批发配送业务的适度集中和高效化。

自 2000 年实施医疗机构药品集中招标采购制度以来，部分地方政府实行地方保护主义政策，要求包括民营医疗机构在内的本地所有医疗机构的药品采购和配送业务必须由本地药品批发企业承担，不允许使用外地药品批发企业。部分省市在招标选择配送商时制定若干条款限制外地企业进入，同时还根据省辖市来划定配送范围，最终选择的配送商数量多达几十家甚至上百家。

目前药品集中招标采购中一些典型的地方保护主义做法包括：（1）部分省市给医院采购本省药企药品打分；（2）在药品招标采购中，规定外地企业必须提供所在地省级药品监管部门出具的 3 年内没卖过假劣药品的证明；（3）在药品招标采购中，规定外地企业必须出具省级药检机关出具的所有相关药品合格证（市级药检所证明无效），但是，由于各地药品质量检测实际上是由所在地市

级药检所执行，导致药品合格证难以取得；（4）核查对外地企业被授权人缴纳“四险一金”的社保证明，而对本地企业没有此规定；（5）给外省企业在付款上设置障碍，付款期需要3个月，甚至半年以后还拖欠不付，而对本地企业随时付款；（6）核查外地企业质量受权人制度、注射剂类生产企业还要核查工艺处方。[①] （7）要求参与投标的配送企业必须在本地注册、本地纳税等。

① 刘腾.药品招标地方保护是一种短视[N].中国经营报, 2013-08-17(A11)

第五章　台湾药品市场发展状况与趋势

药品市场的供给与需求之间的相互作用，共同影响和决定着该地区的药品市场规模大小。本章将从台湾制药产业的产值水平、产业链、市场集中程度以及医药服务人员的数量等方面分析台湾药品市场的供给水平；同时结合台湾药品市场的总体规模、净出口、台湾医疗保险的消费、民众消费以及行业的人员需求等方面分析其药品市场的需求水平；最终在供需分析基础上，总结归纳台湾药品市场的发展现状以及未来的发展趋势。

第一节　台湾药品市场的供给分析

台湾制药产业的产值、产业链、市场集中度、药品生产与流通企业的数量与分布、医药服务人员的数量与分布等集中体现了台湾药品市场供给的总体情况，通过对这些指标的分析，可以了解药品市场的总体供给现状。

一、台湾制药产业的产值

根据图 5.1 所示，截止到 2011 年，台湾制药业总产值约为 47 亿美元，且 2008 年至 2011 年期间年均增长率为 9.2%,[①] 药品市场总体发展势头较为迅猛。但相关研究表明，虽然台湾每人药物消耗量不断上升，然而自 2000 年开始台湾对健保药价[②]实施每两年调降的措施，使得药品价格不断下降，同时积极鼓励使用仿制药来代替原研药，使得高价的原研药市场遭受较大的冲击，这些措施都使得药品市场总产值的增长率减缓，预计 2014 年至 2015 年增长率将减缓至

① 资诚联合会计师事务所（2012）所发布的台湾医疗产业概况报告

② 健保药近似于大陆的医保药品

每年 5.1%。因此台湾制药产业的未来发展将面临更大的竞争与挑战。

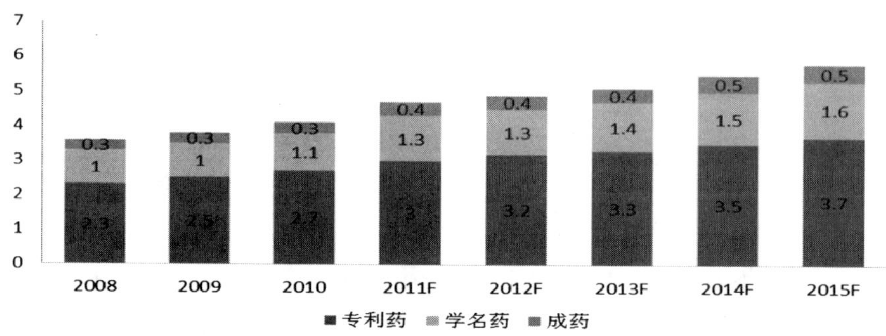

图 5.1 2008～2015 年台湾制药业营业额（单位：十亿美元）

注：2011～2015 年为预测值。

数据来源：根据美国商业资讯（英文为 Business Monitor International，简称 BMI）2011 年资料整理。

2013 年台湾制药业总产值约为 815.5 亿元（本章中如无特别说明，所有涉及金额均指新台币），较 2012 年增长 8.5%，整体增长速度较快。但结合表 5.1 从制药行业的内部来看，西药制剂的生产仍然占据优势地位，2013 年西药制药产值为 435 亿元，较 2012 年增长 5.7%，但总产值占比却从 2009 年的 71%下降到 2013 年的 53%，其原因在于生产的西药制剂主要用于台湾本地内销，价格很大程度上受到健保药价下调的影响，使得整体产值的增长速度放缓以及总产值占比下降；相反，原料药近年来发展势头较快，2013 年原料药产值达到 301.3 亿元，同时原料药的总体产值占比也从 2009 年的 24%提高到 2013 年的 37%，这主要是与原料药的需求主要来自岛外的地区、价格受到健保政策调整影响较小且近几年来出口订单不断增长等有关，而这些因素也拉动原料药市场的进一步发展。总体来看，台湾药品市场内部的发展存在较大的差异，但整个行业仍然是不断发展的。

表 5.1 2008～2013 年台湾制药产值统计 （单位：亿元新台币）

产品 \ 年份	2007	2008	2009	2010	2011	2012	2013	
							产值	增长率
原料药	93.1	101.8	122.1	159.0	263.6	261.6	301.3	15.2%
西药制剂	413.9	414.1	447.2	430.5	401.5	411.6	435.0	5.7%
中药制剂	55.7	57.7	57.9	67.7	74.7	77.9	79.2	1.7%
合计	562.7	573.5	627.3	657.2	739.8	751.4	815.5	8.5%

数据来源：在台湾产销存统计数据库（2014）基础上整理。

二、台湾制药产业的产业链

目前台湾制药产业主要包括西药制剂、原料药与中药制剂 3 大类，其中西药制剂是制药产业产值最大的领域，因此本研究以西药制剂为重点探索台湾制药产业的产业链。

结合图 5.2 所示，台湾制药产业的产业链主要包括上、中、下游三个层面，其中上游包括原材料以及原料药的加工业。生产西药的原材料主要包括天然物和一般的化学品，制造方法主要有化学法和半合成法。上游原料药在有机化学研究成果的基础上，根据原料的不同形成多样化的原料制剂；中游为制剂业，主要是将相关的食药添加剂等制剂辅料加入原料药中，将其加工成方便使用的药剂；下游主要为药品流通渠道与消费者。制药厂商生产的处方药、指示药及成药流通渠道主要是通过医院、诊所及药店供应给消费者，然后由健保机构支付部分药品费用。

目前台湾制药产业的产业链的拓展主要受到以下因素影响：第一，从整个制药产业的内外部环境来看，受健保政策的实施、医疗给付方式的改变、土地成本的高涨、环保标准的日渐严格以及加入世界贸易组织带来的药品进出口开放等因素综合作用，台湾药品的生产与流通面临更为严格的约束与限制，整个产业链的流通渠道及市场占有率均受到影响；第二，从台湾制药产业内部参与主体来看，本地企业以中小型厂商或企业为主，新药的研发能力欠缺且获利不佳，整体仍然处于产业链的中低端环节；第三，从台湾的医药政策来看，医药分离政策的实施，使得药店在居民健保的范围内参与药品的调配以及直接出售价格相对较高处方药的比例降低，从而使得流通渠道中药店的数量不断下降，从 1997 年的 1.6 万家锐减至后来的 1 万家左右。

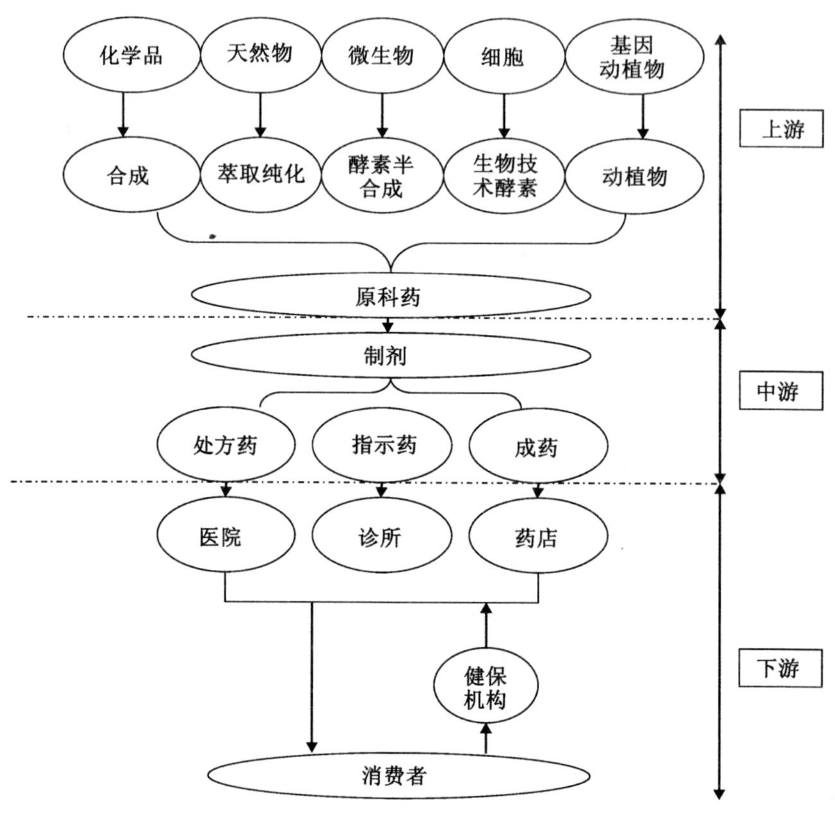

图 5.2　台湾制药产业链构成

资料来源：根据台湾生物技术研究机构技术知识服务计划资料（2005）整理。

上述因素在一定程度上制约了台湾制药产业的产业链拓展，但同时也推动了台湾制药产业的转型升级。首先，从面对境内外环境的改变来看，台湾制药产业通过规模经济来降低成本，大力发展低价的仿制药，对市场上的由境外资本开办的药厂生产的高价专利药产生较大冲击；同时台湾本地厂商通过低价的仿制药积极拓展外部市场，从而缓解台湾内部药品市场的激烈竞争。其次，从向产业链上游延伸来看，也有厂商积极探索西药制剂产业的新的发展途径，通过开发新药或特色药来建立技术门槛，增强自身的竞争优势。最后，从应对医药分离政策来看，为了应对流通渠道中药店数量的减少而导致的产品销售下降，本地制药厂商开始直接或间接地参与药品物流；仍然依靠药店流通的厂商则纷纷转型至非处方药生产，并积极拓展营养品和健康食品等多元化营销渠道，实现将经营向产业下游延伸，掌握市场的主动权以及依靠多元化的产品策略提高企业竞争力。

三、台湾制药产业的市场集中度

近年来，台湾药品市场的集中度逐年提高，2008 年台湾药品销售排名前十位厂商的占有率为 46%，2010 年该比例为 51%，2012 年该比例上升为 52.3%。根据表 5.2 所示，2012 年前十位的厂商全部为国际大型药厂①，占据台湾药品销售市场 52.3%的市场份额。在前二十大药厂中，本地药厂只有三家，总体占比只有约 6%，而所有本地药厂在台湾药品市场的占有率总和也仅为 22%。因此台湾药品市场整体集中度较高，但主要集中在大型的外资药厂手中，实力较弱。

表 5.2　2012 年台湾药品市场销售额前十大药厂

排名	公司名称	药品销售额（亿元新台币）	增长率（%）	市场占有率（%）
1	辉瑞	125.46	−7.3	9.9
2	诺华	90.22	−0.4	7.1
3	默沙东	77.86	−4.1	6.1
4	罗氏	77.42	2.2	6.1
5	赛诺菲—安万特	73.58	−7.8	5.8
6	阿斯利康	57.37	−0.2	4.5
7	葛兰素史克	53.02	−2.9	4.2
8	拜耳先灵	39.38	−2.5	3.1
9	礼来	38.08	0.5	3.0
10	百时美施贵宝	31.50	6.6	2.5
合计		663.89	−0.9	52.3
处方药品市场		1267.60	−0.9	100

数据来源：根据艾美仕台湾健康统计（2013）资料整理。

① 廖美智，罗淑慧，陈丽敏，亚洲药品市场的商机探讨[R]. 台湾生物技术研究机构，2012

台湾药品市场中，外资厂商高度集中，一方面是因为台湾本地药厂以生产专利过期的仿制药为主，而外资药厂则多生产享有专利保护的专利药品，后者的药价较高，且本地药厂的产品同质化程度过高，市场竞争激烈，加上健保药价不断下调以及台湾医生倾向外资药或境外生产的药品的用药习惯，造成了本地药厂在药品市场的占有率提升缓慢；另一方面，从药品的流通渠道来看，本地药厂的流通渠道主要以小型的诊所为主，而在医院流通渠道方面，本地厂商的市场占有率始终偏低，大型医疗机构和医院等流通渠道基本被外资药厂所把控。因此，从台湾药品供应量来看，本地药厂供应了药品市场60%的使用量，但销售额却只占台湾药品市场销售额的22%，量多价低是其主要特征。

四、台湾药品生产与流通企业的数量与分布

台湾医药企业的总量呈现不断上升趋势，各类医疗机构数量也保持增长。药店的数量出现了两个明显的波谷且空间分布不均衡，连锁药店在激烈的竞争中开始逐步转型。

（一）台湾医药生产与流通企业的总量

台湾的主要药品生产流通企业包括医药制造商、医药经销商和药店三大类。根据卫生相关部门的调查资料，可以发现1996～2012年台湾上述三类药品生产与流通企业的总量呈现不断上升趋势，其中大部分年份可以实现大约增长1%，但受国际金融危机等外部环境冲击，2008年和2009年的总量增长呈现出一定的下降趋势。整体来看各类医药企业的总量是稳步上升的，如图5.3所示。

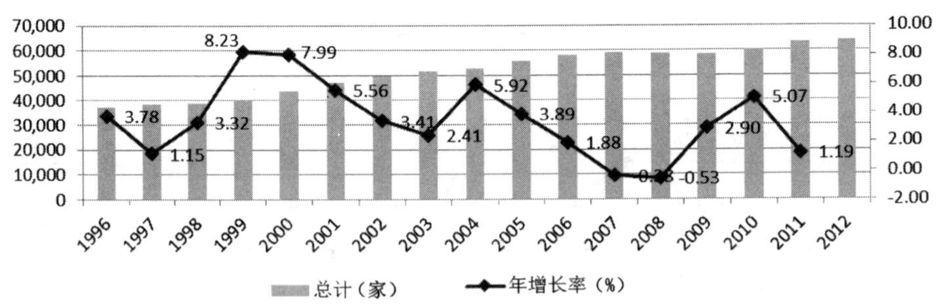

图5.3　台湾各类医药企业数量的总值与增长率情况

数据来源：台湾卫生相关部门调查报告（2013）。

（二）不同类型医药生产与流通企业的情况

药品生产的企业与产业有不同的分类。台湾的药品生产企业分为药物制造企业和器械制造企业两大类，而药物制造业又包括中药制造业、西药制造业、原料药制造业以及生物药制造业四大类，而其中中药制造业与西药制造业构成整个药物制造业的主要部分，因此从总体来看，医药生产企业主要是由中药制造业、西药制造业以及医疗器械制造业所组成。西药制造业 1996～1999 年缓慢增长，1999～2006 年整体呈现出负增长趋势，后期受技术革新和健保政策改革的影响，企业总量又出现回升。而中药制造业总体呈现出持续下降的趋势，只在个别年份有所增长。相反，医药器械生产业却实现飞速发展，保持平均每年 10%的增长速度，极大地带动了整个台湾医药生产行业的发展，如表 5.3 所示。

表 5.3　台湾药物制造业调查一览表

年份	药物制造：西药制造业		药物制造：中药制造业		药物制造：医疗器械制造业	
	原始值（家）	年增率(%)	原始值（家）	年增率(%)	原始值（家）	年增率(%)
1996	242	—	238	—	162	—
1997	243	0.41	218	-8.40	174	7.41
1998	243	0	217	-0.46	188	8.05
1999	244	0.41	208	-4.15	208	10.64
2000	243	-0.41	207	-0.48	258	24.04
2001	257	5.76	202	-2.42	283	9.69
2002	244	-5.06	200	-0.99	322	13.78
2003	243	-0.41	171	-14.50	378	17.39
2004	244	0.41	171	0	440	16.40
2005	241	-1.23	150	-12.28	540	22.73
2006	238	-1.24	129	-14.00	632	17.04
2007	244	2.52	121	-6.20	682	7.91
2008	245	0.41	111	-8.26	749	9.82
2009	280	14.29	134	20.72	846	12.95
2010	292	4.29	130	-2.99	953	12.65
2011	293	0.34	126	-3.08	1,066	11.86
2012	298	1.71	120	-4.76	1,143	7.22

数据来源：台湾食品药品管理相关部门年报（2013）。

台湾医药生产的流通企业主要包括医药销售企业和相关医疗机构。由医院、诊所和药店所构成的医疗机构是台湾药品流通的重要参与者，而药店又是对医药流通产生影响最大的一部分。1996～2012 年，台湾药店的数量出现了两个明显的波谷：一是在 1998～1999 年之间，台湾药店数量从 6 700 多家减少到 6 300 多家，药店数量出现了负增长；二是 2006～2008 年间台湾药店数量从 7 600 家降至 7 200 家。此后药店数量逐步增加，至 2012 年恢复至 7 600 家。药店数量的变化与台湾的居民健保制度的实施以及医药分业等重要的制度性因素有着密切联系①，如图 5.4 所示。

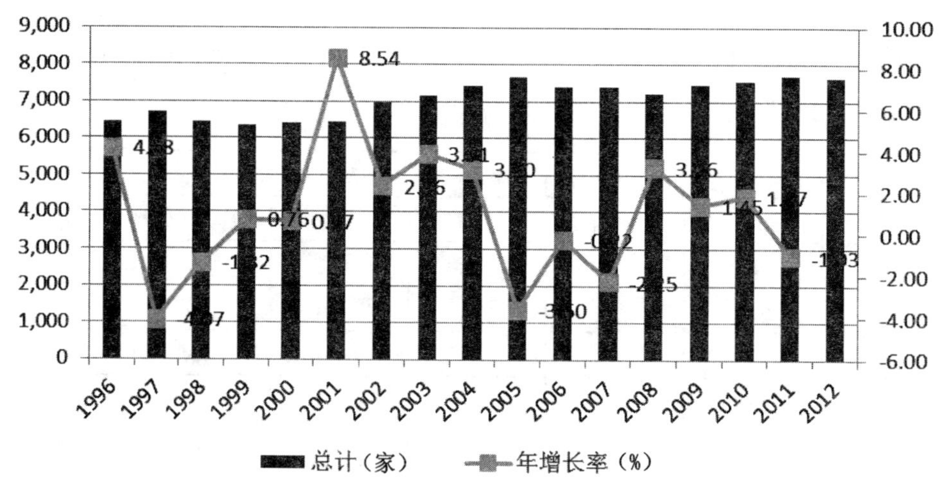

图 5.4　台湾药店的数量与年增长率

数据来源：根据台湾卫生相关部门 2013 年统计报告整理。

此外，台湾药物销售企业主要立足于药品的流通领域，且总体增长速度较快。截至 2012 年，总量已经达到 5.4 万家，相比于 1996 年的总量增长了 2.4 万家。具体来看，西药销售企业的总量从 1996 年的 7 000 家左右减少至 2012 年的 4 000 家，其中 2000～2006 年实现了较快的正向增长，而在其他年份则出现了负增长。中药销售业在 1998～2002 年间实现了较快增长，而在其他年份都是负增长，但中药销售业企业总量从 1996 年的 9 585 家增加至 2012 年的 11 000 家。医疗器械销售业从 1996 年的 1.3 万家增加至 2012 年的 3.8 万家，在整个医

① 这方面情况将在后文有详细说明

药销售行业中始终保持持续快速的增长，如表 5.4 所示。

表 5.4　台湾药物销售业调查表

年份	药物销业：西药销售业		药物销售：中药销售业		药物销售：医疗器械销售业	
	原始值（家）	年增率(%)	原始值（家）	年增率(%)	原始值（家）	年增率(%)
1996	7 563	—	9 585	—	12 948	—
1997	7 020	−7.18	9 123	−4.82	15 098	16.60
1998	6 466	−7.89	9 217	1.03	16 262	7.71
1999	6 457	−0.14	9 229	0.13	17 627	8.39
2000	6 359	−1.52	11 161	20.93	19 016	7.88
2001	6 524	2.59	12 864	15.26	20 560	8.12
2002	6 526	0.03	13 202	2.63	22 268	8.31
2003	6 751	3.45	12 799	−3.05	23 950	7.55
2004	6 759	0.12	12 712	−0.68	24 924	4.07
2005	6 875	1.72	12 682	−0.24	27 641	10.90
2006	6 941	0.96	12 577	−0.83	30 058	8.74
2007	6 848	−1.34	12 505	−0.57	31 280	4.07
2008	6 630	−3.18	12 234	−2.17	31 650	1.18
2009	5 370	−19.00	11 481	−6.15	32 963	4.15
2010	5 388	0.34	11 308	−1.51	34 593	4.94
2011	5 352	−0.67	11 286	−0.19	37 452	8.26
2012	4 062	−24.10	11 018	−2.37	38 661	3.23

资料来源：台湾食品药物管理相关部门年报（2013）。

（三）台湾医药流通企业的空间分布

台湾医药流通企业的空间分布主要体现为西药销售企业以及药店的地区分布情况。在统计范围内的 25 个县市共有药店 7 674 家，从空间分布来看，它们主要集中于新北市（原台北县）（1 036 家）、台北市（754 家）、桃源县（704 家）、高雄市（613 家），而金门县和连江县都没有药店。而西药销售企业主要集中于台北市（1 889）、新北市（729）、彰化县（584），金门县有 15 家，连江县为零。药店与西药销售业企业共计 1.45 万家，其中数量超过 1 000 家的地区主要是经济较为发达、医疗水平较高的台北市、新北市、高雄市，而在其他各县市中彰化县又以 997 家处于较为领先的位置，如图 5.5 所示。

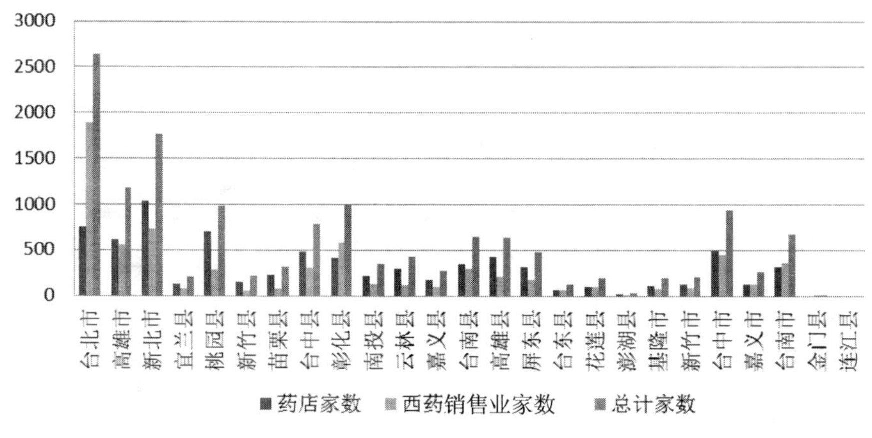

图 5.5　台湾各地药店数量的分布[①]

数据来源：台湾卫生相关部门数据（2012）。

（四）台湾医药生产企业的空间分布

台湾医药生产企业的空间分布主要受到药物生产企业的空间分布影响，其中药物生产企业又进一步分为传统的中药生产、西药生产以及原料药生产企业以及现代的生物科技医药生产企业。其中生物制药生产企业主要分布在北部地区，其次是南部及中部地区。若从县市分布来看，台北市和新北市的企业数量占台湾生物制药一半以上，其次是台南县市以及台中县市。如表 5.6 所示。

表 5.5　台湾生物制药厂的空间分布

地区	县市	厂商数（家）	总占比（%）	总计（%）
北部地区	台北、新北	66	60.56	69.73
	桃园	2	1.83	
	新竹	6	5.50	
	基隆、宜兰	2	1.83	

① 药店：依药事相关规定，由药师或药剂生亲自主持，依法执行药品调剂、供应及兼营药品零售业务。西药销售业：销售业药商许可执照，管制药品管理人之药师或药剂生证书及其执业执照。西药销售业统计数据中包括 1978 年 12 月 31 日前设立并符合药事相关规定的家数

续表

地区	县市	厂商数（家）	总占比（%）	总计（%）
中部地区	苗栗	1	0.92	11.01
	台中	8	7.34	
	彰化	1	0.92	
	南投	0	0	
	云林	2	1.83	
南部地区	嘉义	1	0.92	17.43
	台南	11	10.09	
	高雄	6	5.50	
	屏东	1	0.92	
东部地区	花莲	2	1.83	1.83
	台东	0	0	

资料来源：台湾医药产业报告书（2007）。

台湾的传统的医药生产企业包括西药制造业、中药制造业、原料药制造业。从空间分布来看，有将近一半分布在台湾的北部地区，占总量的 41.73%；其次是台湾的南部地区以及中部地区，东部地区没有制药生产企业。而从县市分布来看，位于台北市、新北市的厂商总数比例最高，占比达到 24.12%，之后为台南市以及桃园县。如表 5.6 所示。

表 5.6　台湾传统医药制造的空间分布

地区	县市	厂商数（家）	总占比（%）	总计（%）
北部地区	台北、新北	89	24.12	41.73
	桃园	44	11.92	
	新竹	17	4.61	
	基隆、宜兰	4	1.08	
中部地区	苗栗	3	0.81	24.39
	台中	39	10.57	
	彰化	27	7.32	
	南投	10	2.71	
	云林	11	2.98	

续表

地区	县市	厂商数（家）	总占比（%）	总计（%）
南部地区	嘉义	16	4.34	33.88
	台南	62	16.80	
	高雄	30	8.13	
	屏东	17	4.61	
东部地区	花莲	0	0	0
	台东	0	0	

资料来源：台湾医药产业报告书（2007）。

五、台湾医药服务人员的数量与分布

台湾执业医师和药剂人员的总量规模呈不断扩大的态势，但无论在机构层面还是在区域层面，分布都较为不均衡。

（一）台湾执业医师和药事人员的数量

执业医师是医疗服务的重要供给者，台湾执业医师的规模呈不断扩大的态势。从台湾医药市场从业人员的配备来看，1995 年执业医师人员数约为 9.7 万人，2012 年增长为 21.7 万人，每万人执业医师人员数由 1995 年的 45.54 人增加为 2012 年的 93.4 人，增长将近一倍。从医师（指非中医医师，即一般医师）和中医师两种执业人员的具体情况来看：1994 年执业医师为 2.4 万人左右，2012 年增加为 4.1 万人，年均增长约为 5%；1994 年中医师为 2 838 人，2012 年增加为 5 729 人，年均增长为 2%～3%。从这两种基本类型来看，医师的增长规模要远远大于中医师的增长规模，如表 5.7 所示。

表 5.7　1995～2012 年台湾执业医师的基本情况

年份	合计				医师				中医师			
	执业医师人员数		每万人口执业医务人员数		执业医师人员数		每万人口执业医师人员数		执业医师人员数		每万人口执业医师人员数	
	原始值（人）	年增率（%）	原始值（人）	年增率（%）	原始值（人）	年增率（%）	原始值（人）	年增率（%）	原始值（人）	年增率（%）	原始值（人）	年增率（%）
1995	97 257	...	45.54	...	24 449	...	11.45	...	2 838	...	1.33	...
1996	102 102	4.98	47.39	4.07	24 745	1.21	11.5	0.41	2 839	0.04	1.32	-0.75

续表

年份	合计				医师				中医师			
	执业医师人员数		每万人口执业医务人员数		执业医师人员数		每万人口执业医师人员数		执业医师人员数		每万人口执业医师人员数	
	原始值（人）	年增率（%）	原始值（人）	年增率（%）	原始值（人）	年增率（%）	原始值（人）	年增率（%）	原始值（人）	年增率（%）	原始值（人）	年增率（%）
1997	114 989	12.62	52.89	11.59	25 676	3.76	11.81	2.72	3 143	10.71	1.45	9.6
1998	121 517	5.68	55.41	4.78	27 071	5.43	12.35	4.54	3 340	6.27	1.52	5.37
1999	129 571	6.63	58.65	5.84	28 149	3.98	12.74	3.21	3 430	2.69	1.55	1.93
2000	136 199	5.12	61.14	4.24	29 522	4.88	13.25	4.01	3 647	6.33	1.64	5.45
2001	141 942	4.22	63.35	3.62	30 534	3.43	13.63	2.83	3 897	6.85	1.74	6.24
2002	150 288	5.88	66.73	5.34	31 511	3.20	13.99	2.67	4 040	3.67	1.79	3.14
2003	157 388	4.72	69.63	4.34	32 365	2.71	14.32	2.33	4 247	5.12	1.88	4.73
2004	165 177	4.95	72.80	4.56	33 329	2.98	14.69	2.59	4 570	7.61	2.01	7.20
2005	170 810	3.41	75.01	3.04	34 061	2.2	14.96	1.84	4 596	0.57	2.02	0.29
2006	176 257	3.19	77.05	2.72	34 864	2.36	15.24	1.87	4 727	2.85	2.07	2.48
2007	182 601	3.60	79.54	3.23	35 815	2.73	15.60	2.36	4 848	2.56	2.11	1.93
2008	190 102	4.11	82.52	3.75	37 099	3.59	16.10	3.21	5 099	5.18	2.21	4.74
2009	198 056	4.18	85.67	3.82	37 841	2.00	16.37	1.68	5 277	3.49	2.28	3.17
2010	204 745	3.38	88.40	3.19	38 849	2.66	16.77	2.44	5 341	1.21	2.31	1.32
2011	211 339	3.22	91.00	2.94	39 960	2.86	17.21	2.62	5 556	4.03	2.39	3.46
2012	217 781	3.05	93.40	2.64	40 897	2.34	17.54	1.92	5 729	3.11	2.46	2.93

数据来源：台湾卫生相关部门数据（2013）。

目前台湾的医疗体系中，药剂师是专业化医疗服务的重要一环，1996 年每万人口药剂师为 2 人，到 2010 年这一数值提高到 5 人左右；同时药剂生也承担着一定的医疗服务工作，其数量从 1996 年的每万人 0.24 人提高到 1 人；此外，其他药事人员也是医疗服务的重要组成部分，其中医事检验师从每万人 1.77 人增长到 3 人；医事检验生、医事放射师、医事放射生等总量从不足每万人 1(0.79）人增长到 2（2.07）人；且伴随着台湾人口老龄化进程的加快，护理师的数量增长很快，从每万人 13.43 人增长到 39.6 人。整个医药行业的从业人员数量呈现出稳步增长的趋势。如表 5.8 所示。

表 5.8　1996～2010 年台湾执业药事人员的基本情况

<table>
<tr><th colspan="9">每万人口执业医事人员数</th></tr>
<tr><th>年份</th><th>药剂师</th><th>药剂生</th><th>医事检验师</th><th>医事检验生</th><th>医事放射师</th><th>医事放射生</th><th>护理师</th></tr>
<tr><td>1996</td><td>2.01</td><td>0.24</td><td>1.77</td><td>0.12</td><td colspan="2">0.67</td><td>13.43</td></tr>
<tr><td>1997</td><td>2.54</td><td>0.51</td><td>1.96</td><td>0.12</td><td colspan="2">1.04</td><td>15.06</td></tr>
<tr><td>1998</td><td>3.25</td><td>1.00</td><td>2.02</td><td>0.11</td><td colspan="2">1.11</td><td>16.31</td></tr>
<tr><td>1999</td><td>3.60</td><td>1.16</td><td>2.23</td><td>0.11</td><td colspan="2">1.13</td><td>18.91</td></tr>
<tr><td>2000</td><td>3.84</td><td>1.20</td><td>2.29</td><td>0.11</td><td>1.16</td><td>0.08</td><td>19.14</td></tr>
<tr><td>2001</td><td>4.03</td><td>1.19</td><td>2.35</td><td>0.09</td><td>1.25</td><td>0.09</td><td>21.99</td></tr>
<tr><td>2002</td><td>4.09</td><td>1.05</td><td>2.43</td><td>0.08</td><td>1.35</td><td>0.08</td><td>23.58</td></tr>
<tr><td>2003</td><td>4.23</td><td>1.03</td><td>2.53</td><td>0.10</td><td>1.41</td><td>0.08</td><td>25.56</td></tr>
<tr><td>2004</td><td>4.32</td><td>1.00</td><td>2.54</td><td>0.10</td><td>1.47</td><td>0.08</td><td>27.88</td></tr>
<tr><td>2005</td><td>4.42</td><td>0.98</td><td>2.62</td><td>0.08</td><td>1.55</td><td>0.07</td><td>29.99</td></tr>
<tr><td>2006</td><td>4.59</td><td>1.01</td><td>2.65</td><td>0.08</td><td>1.62</td><td>0.07</td><td>32.15</td></tr>
<tr><td>2007</td><td>4.79</td><td>1.02</td><td>2.72</td><td>0.07</td><td>1.69</td><td>0.05</td><td>33.90</td></tr>
<tr><td>2008</td><td>5.02</td><td>1.04</td><td>2.81</td><td>0.06</td><td>1.78</td><td>0.05</td><td>35.77</td></tr>
<tr><td>2009</td><td>5.20</td><td>1.03</td><td>2.92</td><td>0.07</td><td>1.87</td><td>0.05</td><td>37.79</td></tr>
<tr><td>2010</td><td>5.38</td><td>1.01</td><td>2.98</td><td>0.05</td><td>1.98</td><td>0.04</td><td>39.60</td></tr>
</table>

数据来源：根据台湾卫生相关部门历年资料整理。

（二）台湾医药服务人员的分布情况

台湾医药服务人员主要由药师（含中药药师与一般药师）与药剂师组成，两者分布在不同的地区和机构内。从空间上来看，药师主要分布在台北市，其次是台南市以及高雄市。而药师分布的机构分别是药店（29.5%）、医院（27.8%）、诊所（24%）、西药销售业（15%）、西药制造业（1.2%）、中药销售业（0.5%）、中药制造业（0.4%）、化妆品制造业（0.6%）、其他（0.4%）。且这些机构在空间上分布表现为：药店主要分布在新北市、台中市、台北市、高雄市、桃源县等地；医院主要分布在台北市、高雄市、新北市、桃源县等地；诊所主要分布在高雄市、台中市、新北市和台北市。因此从整体来看，药师分布机构和地区主要集中在人口稠密的地区和医疗服务需求密集的地区，如表 5.9 所示。

表 5.9　2012 年中医师和药师分布表　　（单位：人）

地区	总计	中药药师		药师								
		中药销售业	中药制造业	药店	西药销售业	西药制造业	中药销售业	中药制造业	化妆品制造业	医疗机械（医院）	医疗机械（诊所）	其他
新北市	4 425			1 232	468	45	10	6	35	671	834	15
台北市	5 447	11		939	1 329	4	43	2	10	1 568	815	18
台中市	4 356			957	491	47	18	5	34	900	1 025	8
台南市	2 721			746	324	43	15	35	18	483	706	8
高雄市	4 332			931	395	22	34	16	24	961	1 115	8
宜兰县	450			153	26	5	2	3	8	142	33	3
桃园县	2 487			694	212	73	6	17	20	576	304	10
新竹县	494			113	56	32			1	65	63	1
苗栗县	573			115	45	6			1	103	37	2
彰化县	1 620			377	117	18	2	13	4	377	281	9
南投县	650			128	39	5	2	2		126	120	5
云林县	843			262	46	7	2	1	3	160	117	6
嘉义县	533			146	33	6		3	7	145	86	5
屏东县	1 084			270	73	6	4	8	4	220	272	3
台东县	207			56	21					60	25	8
花莲县	394			100	29	2				153	27	9
澎湖县	71			14	4					16	12	2
基隆市	446			98	40	2	1			115	59	2
新竹市	575			129	62	7	2	1	7	122	83	1
嘉义市	622			129	56	4	1		3	185	164	2
金门县	29			5	6					12		
连江县	9									5	4	
总计	32 368	11		7 594	3 872	334	142	112	179	7 165	6 182	125

数据来源：台湾卫生相关部门数据库（2013）。

从机构分布来看，药剂师主要分布在药店、诊所等机构和西药销售业中，其中药店的占比为 41.3%，诊所占 33.7%，西药销售业占 24%，且主要分布在新北市、台中市、台北市以及高雄市。从空间分布来看也主要集中在台湾北部地区，其次是南部地区以及中部地区。总之，台湾的医药服务人员在地区分布上呈现明显的不均衡情况，主要聚集在经济相对发达的城市地区，在其他地区则相对稀少；而从机构分布来看，也主要集中在药店和医院等专业化的大型医疗机构，如表 5.10 所示。

表 5.10　台湾药剂师分布表　　（单位：人）

地区	药剂师				
	药店	西药销售业	中药销售业	医疗机械（医院）	医疗机械（诊所）
新北市	487	237		7	378
台北市	209	268	7	8	216
台中市	339	211		2	319
台南市	89	103		1	150
高雄市	242	210	2	6	366
宜兰县	44	23			8
桃园县	309	96		4	166
新竹县	75	25		2	61
苗栗县	160	23		5	76
彰化县	184	103		5	130
南投县	110	35		1	77
云林县	142	50			47
嘉义县	54	23			25
屏东县	95	57		1	71
台东县	18	10		1	8
花莲县	36	27		2	9
澎湖县	13	5		1	4
基隆市	53	33		1	42
新竹市	60	28		3	70

续表

地区	药剂师				
	药店	西药销售业	中药销售业	医疗机械（医院）	医疗机械（诊所）
嘉义市	28	27		2	21
金门县	1	2		3	
连江县					
总计	2 748	1 596	9	55	2 244

数据来源：台湾卫生相关部门数据（2013）。

第二节　台湾药品市场的需求分析

台湾药品市场的总体规模与对药品及其相关产业的需求有关，旺盛的需求能够极大地促进台湾药品市场规模的扩大，带动药品市场相关产业的发展。本节将从药品市场的进出口需求、台湾健保机构与医疗保险的消费需求、药品市场的一般性消费需求、药品市场对从业人员的需求角度，分析台湾药品市场的需求。

一、台湾药品市场的总体需求现状与特点

市场需求是市场规模扩大的重要推动力，而市场规模又是市场需求的主要测量目标，两者相互依赖。结合图 5.6 所示，从 2000 年到 2012 年台湾药品市场的规模总值是稳步提升的，12 年的时间里市场规模总值上涨了近 72.9%。但整体的上升比例逐渐趋向平稳，2009 年台湾药品市场规模为 1 242 亿元，2012 年市场规模达 1 364 亿元，[①] 较 2010 年仅增长 3.37%，亦低于 4%～6%的全球平均水平。台湾药品市场的规模总值增长略低于全球水平，一个重要的原因就是健保政策对药价的调降，2009 年 9 月第 6 次药价调整使得药价平均调降幅高达 22%，其中糖尿病、高血压、高血脂等“三高”用药及专利过期的旧药（尤

① 资料来源：艾美仕健康统计的相关资料

其是刚过专利期的药品）降幅较大。因此虽然药品需求的数量总体呈现出快速的上升趋势，但药品需求数量的增长却被价格大幅下降所抵消，从而整体药品市场的规模价值呈现出增长减缓的趋势。2012 年台湾药品市场规模总值的增长低于 5%，且 2005～2010 年台湾药品的复合年增长率仅 3.8%，远低于 6.2%的全球平均水平①，如图 5.6 所示。

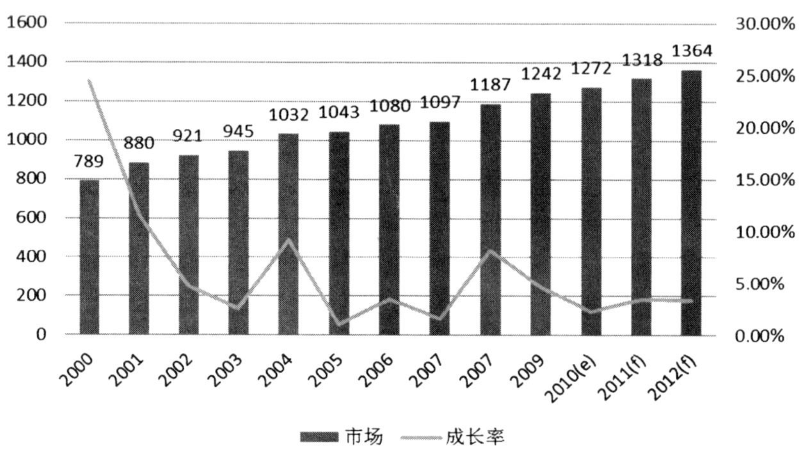

图 5.6　2000～2012 年台湾药品市场及增长率（单位：亿元新台币）

数据来源：艾美仕台湾健康调研计划（2010）。

台湾药品市场需求呈现出以下三大特点。

一是，从市场需求的来源来看，健保药品需求仍然是药品市场上最大的需求方，占台湾药品市场需求总量的 90%以上，而需求中又以处方类的西药制剂为主，因此台湾生产的西药制剂更多是满足本地区的需求。至于非处方药市场，主要销售指示用药或成药，并以药店、药妆店为主要销售渠道，然而整体市场规模相对微小，无法与健保市场的处方药市场相比。

二是，台湾医疗服务的需求庞大且呈现上涨的态势。在 2000 年到 2010 年的十年间，台湾医疗服务的需求不断上涨，住院病人人数由 2000 年的 260 万人增长至 2010 年的 310 万人，每年增长约 2%，门诊病人人数每年增加约 1%，而平均住院天数在同期内，从 8.7 天增长为 10.3 天。

三是，生物医药需求市场增长较快但规模不足。台湾的生物医药产业包含

① 廖美智，罗淑慧，陈丽敏，亚洲药品市场商机探讨[R]. 台湾生物技术研究机构，2012

各式生物制药以及生物科技产品，其与新药开发以及相关医疗服务关系密切，从而在近年来其需求快速上升。截至2011年，中国台湾生物医药产业总值达到73亿美元，超过泰国、印尼、新加坡等经济体，但远低于日本和中国大陆；同期内中国台湾生物医药产业的销售总值为26亿美元，2008～2011年，年平均年增长率为12.2%。因此随着人们对生物医药需求的不断增加，生物医药行业必然会迎来新的发展契机。

二、台湾地区医药市场的进出口需求

台湾地区的医药市场主要包括药品市场和医疗器械市场，其中药品市场主要有原料药、西药制剂和中药等产品，且这些药品的进出口变化趋势存在较大差异，而医疗器材的出口和进口增长率呈现递减的趋势。

（一）药品市场的进出口需求

1. 台湾地区药品市场的进口需求

台湾地区药品市场的原料药、西药制剂和中药等不同类型药品的进出口情况呈现不同的发展趋势。结合表5.11所显示的台湾地区主要药品的进口值变动可以得知，其中原料药的增长速度最快，2011年增长速度为18.1%，虽然2012年前两季度增速有所回落，但总体仍然是一种向上的增长态势；西药制剂的进口增长率较为稳定，约为9.8%；中药的增长率波动较大，2011年全年和2012年第一季度出现负增长，到2012年第二季度开始逆转颓势，增长率猛增为423.5%。从总量上看，西药制剂是药品传统的进口大类。2012年预期进口值为638.1亿元，实际进口值为708亿元。

表5.11　2011～2012年台湾地区药品进口值　（单位：亿元新台币；%）

类别	2011年全年		2012年Q1		2012年Q2		2012年Q3(e)	
	金额	增长率	金额	增长率	金额	增长率	金额	增长率
原材料	57.30	18.10	13.30	7.00	15.20	7.70	18.00	25.40
西药制剂	643.70	5.90	156.20	6.30	168.20	7.60	180.10	9.10
中药	0.60	−11.00	0.04	−75.70	0.15	423.50	0.08	−31.10
合计	701.60	6.70	169.60	6.00	183.50	7.70	198.20	10.00

注：e为估计值。

资料来源：台湾当局主管部门资料（2012）。

台湾地区所进口的药品中，西药制剂是最主要组成部分，据统计，截至 2012 年台湾地区西药制剂进口值为 708 亿元，较 2011 年增长 5.86%。结合表 5.12 所示，台湾地区西药制剂进口地主要为具有新药开发能力或有强大的跨国制药公司的国家和地区，这些出口地在台湾地区主要销售附加值较高的专利药，且产品主要进入台湾地区健保药品市场，进口药品在台湾地区健保市场的占有率高达 70%以上。具体来看，美国（占进口总量的 16%）是台湾地区西药制剂最大进口地，进口金额达到 124.4 亿元，较 2011 年增长 14.18%。其次为德国(14%)，进口金额达 90.27 亿元，增长率为 13.60%。另外，瑞士、英国及法国等亦为台湾地区西药制剂主要进口地。

表 5.12　2011～2012 年中国台湾西药制剂前十大进出口交易对象（单位：亿元新台币；%）

排名	出口				进口			
	交易对象	2011 年	2012 年	增长率	交易对象	2011 年	2012 年	增长率
1	澳大利亚	5.71	19.9	248.51	美国	108.95	124.4	14.18
2	中国大陆	14.65	16.3	11.26	德国	79.46	90.27	13.6
3	美国	12.41	14.45	16.44	瑞士	59.14	62.82	6.22
4	日本	7.65	8.18	6.93	英国	51.87	53.83	3.83
5	越南	6.55	6.13	-6.85	法国	59.44	51.62	-13.16
6	香港	4.14	4.52	9.18	意大利	49.73	49.82	0.18
7	马来西亚	2.85	3.73	30.88	爱尔兰	39.93	48.2	20.71
8	韩国	2.41	3.65	51.45	日本	42.57	42.63	0.14
9	新加坡	2.7	2.75	1.85	波多黎各	24.07	31.49	30.83
10	泰国	1.85	2.6	40.54	澳大利亚	28.63	25.25	-11.81

数据来源：台湾医药工业技术发展研究机构资料（2013）。

其次，原料药也是台湾地区进口药品的重要组成部分。2009 年台湾地区原料药的进口值为 44 亿元，如图 5.7 所示。

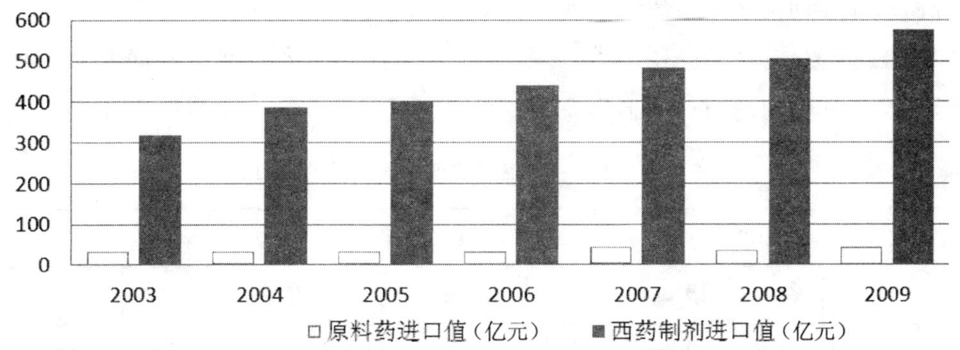

图 5.7　台湾地区原料药和西药制剂进口情况

数据来源：根据台湾生物科技产业研究机构数据整理（2010）。

2. 台湾地区药品市场的出口需求

近年来，在台湾地区健保政策变化以及欧美国家鼓励使用仿制药等的背景下，本地西药制剂厂商逐渐将发展重心转向外部市场，希望能够通过外销市场的开拓，维持企业的增长与获利，目前已经初见成效。根据表 5.13 所示，2012 年台湾地区西药制剂出口金额达到 101 亿元，较 2011 年大幅增长 43.26%。其中出口澳大利亚的金额更是从 2011 年的 5.71 亿元，快速增加至 2012 年的 19.9 亿元，大幅增长 248.51%。这种大幅增长的原因是岛外厂商将药品生产委托给在台湾地区的子公司生产，然后出口至澳大利亚，使得出口金额大幅增加，并成为台湾地区西药制剂最大出口地。

除澳大利亚外，中国台湾向中国大陆输出药品金额达到 16.30 亿元，输出到美国的药品金额为 14.45 亿元，分别占药品出口金额的第 2 位与第 3 位。从增长率来看，台湾地区西药制剂出口至韩国、泰国和马来西亚的金额分别是 3.65 亿元、2.6 亿元和 3.73 亿元，增长率却仅次于澳大利亚，分别为 51.54%、40.54%、30.88% 。这说明台湾地区厂商已与这些全球性厂商在当地建立了合作销售渠道，以便顺利地将药品外销到韩国、泰国与马来西亚市场。例如，生达制药公司降血糖的药品麦若糖，已向韩国提出药证申请，未来可能通过更密切的内外合作，扩大药品出口金额。

2009 年台湾地区原料药及西药制剂的出口值分别为 54 亿元和 48 亿元。其中，原料药主要出口对象为美国（31.7%）、阿根廷（10.3%）和印度（8.3%）

等，2011 年前由于原料药外销订单不断增加，使得产值与出口值均大幅增长，但 2011 年原料药出口却出现负增长，出口乏力现象开始出现。根据表 5.13 所示，2011 年原料药出口值下降为 59.7 亿元，低于西药制剂和中药的出口产值。

表 5.13　2011～2012 年台湾地区药品的出口值

类别	2011 年全年		2012 年 Q1		2012 年 Q2		2012 年 Q3(e)	
	金额	增长率	金额	增长率	金额	增长率	金额	增长率
原料药	59.7	−0.9%	16.6	22.7%	14.1	−11.1%	20.5	29.7%
西药制剂	63.7	20.0%	19.7	50.4%	27.6	69.1%	26.4	65.0%
中药	4.9	22.6%	1.01	−2.1%	1.42	28.8%	1.07	−11.4%
合计	128.2	9.3%	37.3	34.9%	43.1	29.6%	48.0	45.3%

资料来源：根据台湾技术知识服务计划数据整理（2012）。

其次，西药制剂也逐渐开始成为中国台湾重要的出口药品，主要销售到中国大陆（22%）以及日本（16%）和澳大利亚（13.6%）等地。2011 年西药制剂的出口值比原料药出口值高 4 亿元。此外西药制剂的增长速度快于原料药，因此两种药品出口价值的差距有进一步拉大的趋势，未来西药制剂将进一步成为台湾地区主要的出口药品。

（二）台湾地区医药市场医疗器械进出口

医疗器械是台湾地区医药市场的重要组成部分，根据图 5.8 所示，2006～2009 年台湾地区医疗器材进出口总量不断上升，但增长速度缓慢回落。从医疗器械的出口来看，其出口总值由 2006 年的 264 亿元上升到 2009 年的 323 亿元，但增长速度却从 2006 年的 10.3%下降到 2009 年 5%左右。其次，台湾地区医疗器材的进口由 2006 年的 383 亿元增长到 2009 年的 324 亿元，但是增长幅度由 2006 年的 10.6%下滑到 2009 年的 5.3%。因此，从整体上看，医疗器材的进口总值呈现出缓慢上升的趋势，但增长速度却呈现出下降的趋势。

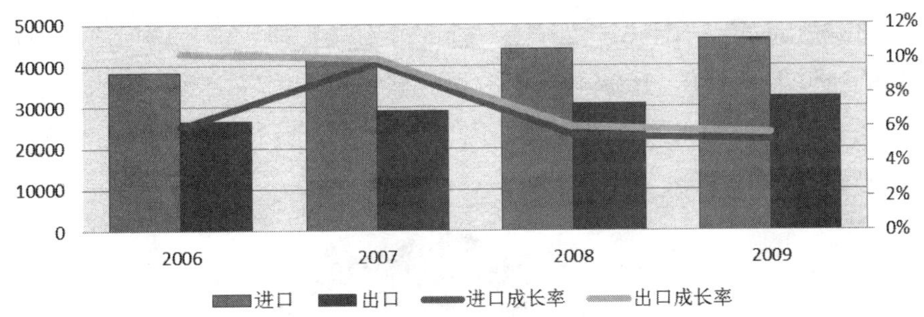

图 5.8　台湾地区医疗器械产业进出口分析（单位：百万元新台币）

数据来源：根据台湾地区进出口相关部门、台湾生物科技产业研究机构资料整理（2010）。

台湾地区医疗器械的进口地主要有美国（34.9%）、日本（14.7%）以及德国（11.6%）。总体进口比例随时间变动幅度不大。台湾地区医疗器械进口的一个重要特点就是具有较高的集中度。根据图 5.9 所示，2009 年美、日、德三大进口地的进口值占全部进口值的 62%，如果再算上中国大陆、爱尔兰，则占整个中国台湾进口值的 74%。近年来，许多国际厂商及台商纷纷前往中国大陆设厂布局，因此中国大陆销往中国台湾的医疗器械产品也逐步增加，但由于产品标准的差异以及相关政策措施的阻碍，两岸的医疗器械进口总值占比仍然较低。

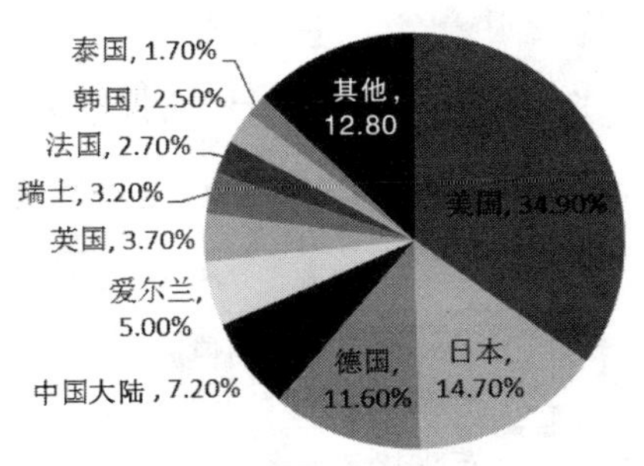

图 5.9　2009 年中国台湾医疗器械出口地分析

资料来源：艾美仕台湾健康调研计划（2010）。

台湾地区的医疗器械产品主要出口到经济发达的国家和地区，其中美国（32%）是台湾地区医疗器械产品的最大的出口地，其次是日本（11%）以及德国（8%），如图 5.10 所示。同医疗器械产品的进口一样，医疗器械产品出口的集中度也较高，其中 2009 年对前五个主要出口地的出口值占整个台湾地区医疗器械出口总值的 60%以上。此外，受 2008 年金融危机影响，两岸之间医疗器械贸易的地位不断上升，2009 年中国台湾销售到中国大陆的医疗器械总值高达 17.3 亿元，较 2008 年上涨 12.5%，而出口到美国等地区的总产值却出现下滑，且增长速度进一步放缓，2009 年仅增长 4.9%。

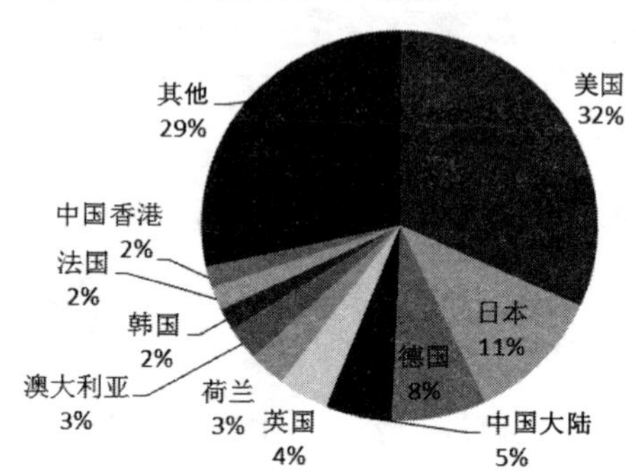

图 5.10　2009 年中国台湾医疗器械出口地分析

资料来源：艾美仕台湾健康调研计划（2010）。

台湾地区医疗器械上市厂商在岛外布局超过 80%，同时中小型公司多是通过成立办事处或委托代理商的方式来实现岛外布局，这些措施加快了台湾地区医疗器械产品的进出口速度，使得相关产品可以更好地融入国际市场。如表 5.14 所示。其中，血糖监测与隐形眼镜产品是台湾地区出口的前两大品项和医疗器械产业的主要推动力，相比 2011 年的同期出口增长约为 26.4%和 35.6%。

表 5.14　中国台湾排名前十位的医疗器械

排名	2007 年			2008 年			2009 年		
	进口产品	进口值（亿元）	比例	进口产品	进口值（亿元）	比例	进口产品	进口值（亿元）	比例
1	其他第 9018 节所属的货品	4 897	12%	其他第 9018 节所属货品	5 603	13%	其他第 9018 节所属货品	6 692	15%
2	其他诊断或实验有底衬的试剂以及诊断或实验用的配制试剂，不论是否有底衬，不包括第 3002 节或第 3006 节所 列的	3 568	8%	其他诊断或实验用有底衬的试剂以及诊断或实验用的配制试剂，不论是否有底衬，不包括第 3002 节或第 3006 节所列的	3 538	8%	其他诊断或实验用有底衬的试剂以及诊断或实验用的配制试剂，不论是否有底衬，不包括第 3002 节或第 3006 节所列的	3 994	9%

续表

排名	2007 年			2008 年			2009 年		
	进口产品	进口值（亿元）	比例	进口产品	进口值（亿元）	比例	进口产品	进口值（亿元）	比例
3	其他导管、套管以及类似产品	2 940	7%	其他导管、套管以及类似产品	2 976	7%	其他第 9018 节所属货品的零件及其附件	3 019	7%
4	其他第 9018 节所属货品的零件及其附件	2 906	7%	其他第 9018 节所属货品的零件及其附件	2 819	6%	人工肾（透析）装置	2 384	5%
5	人工肾（透析）装置	2 394	6%	人工肾（透析）装置	2 647		激光，激光二极体除外	1 499	3%
6	隐形眼镜	1 739	4%	隐形眼镜	1 562	4%	隐形眼镜	1 409	3%
7	其他理疗按摩器具	1 221	3%	激光，激光二极体除外	1 266	3%	其他理疗按摩器具	1 321	3%
8	其他层析及电泳仪器	992	2%	其他理疗按摩器具			人工骨头、骨球、骨板、骨钉、螺丝、骨水泥	1 222	3%
9	其他塑胶制实验室、卫生及医疗用品	842	2%	其他塑胶制实验室、卫生及医疗用品	915	2%	高能粒子治疗设备、附有 X 光定位之高振波碎石装置	1 145	3%
10	人工骨头、骨球、骨板、骨钉、螺丝、骨水泥	840	2%	人工骨头、骨球、骨板、骨钉、螺丝、骨水泥	887	2%	其他塑胶制实验室、卫生及医疗用品	1 044	2%
	其他		47%	其他		47%	其他		47%

资料来源：艾美仕台湾健康调研计划（2010）。

三、健康保险机构与医疗保险消费需求

（一）台湾居民健康保险制度的发展演变

台湾的居民健康保险制度经过半个多世纪的发展，覆盖面已达到当地人口的 99%。它属于强制保险，是由当局统一经营的单一保险人制度。如图 5.11 所示，健康保险（以下简称“健保”）的资金来源主要是保险费，由被保险人、雇主、当局共同承担，辅以相应的捐赠等收入作为补充性财源。在就医的实际支付中所有居民享有同等的给付范围，自费部分自行负担，给付项目包括疾病、伤害、生育事故。台湾的健保制度的最大特点是本地所有居民基本都在覆盖范

围之内，通过将居民的个人收入进行再分配，使得少数人的高额医疗费用可以由多数人共同承担，同时实现了将一部分高收入群体的收入向部分低收入群体转移，将健康群体的部分收入转移到患病者那里，避免居民无钱治病和因治病而穷困，符合社会共济的大数法则。

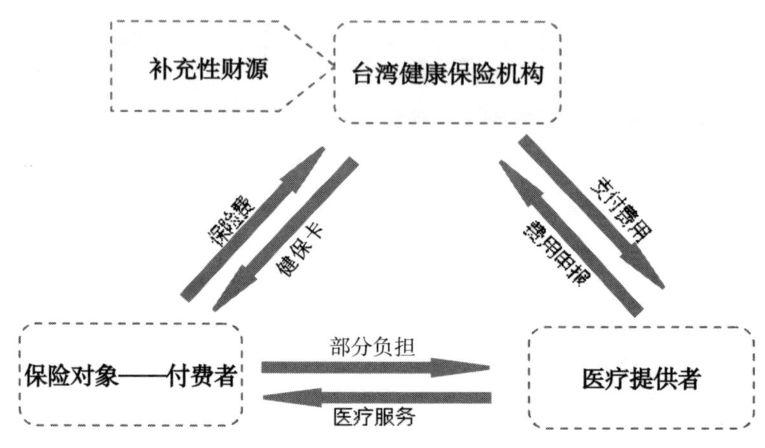

图 5.11　台湾健保机构的基本情况

资料来源：台湾健康保险机构服务宣传册（2012）。

台湾的健保机构是居民健保体系的重要组成部分，该机构于 2001 年规划开发医疗咨询系统，2004 年全面上线，主要处理每月医疗费用申报资料的收载、检核、抽样、专业审查、核算及核付，并依照各时期业务拓展需要，收载医疗专案试办计划书等相关资料以及健保卡每日上传的就医资料，定期结算各部门金额；同时健保机构向保险对象收取保险费、发放健保卡，与医疗提供者确认费用申报，并基于此向其支付费用。因此，健保机构的财务状况以及收支情况能够反映台湾居民的医疗保险需求。根据图 5.12 所示，1995～2011 年期间台湾健保机构的保险收入和支出都呈现出不断波动上涨的趋势，同期内保险收入上涨了约 105%，而保险支出却上涨了约 107%。此外，2009 年以后保险收入的增长速度出现转折性上升，而保险成本的增长速度却出现放缓，这主要与二代健保政策的实施与逐渐稳定有关。

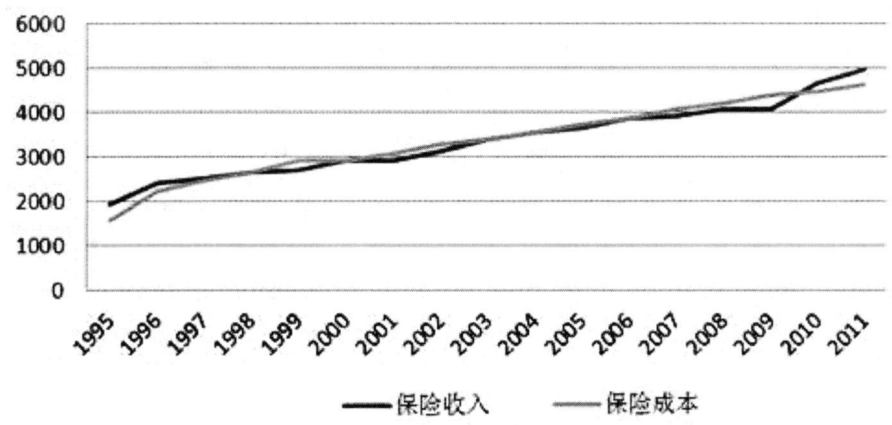

图 5.12 台湾健保机构收支情况（单位：亿元新台币）

数据来源：台湾健保机构资料统计数据库（2012）。

根据台湾健保机构的收支分析，可以看出传统健保政策整体上是基本实现了收支平衡及大范围覆盖的，但是随着人口老龄化日益严重、经济发展带来的物价上涨，以及被保险人的不断增加，居民健保自身存在的问题也不断凸显。财务失衡和现有分类下的被保险人分类方式的负担比例不符所造成的不公平问题以及健保费用费基僵化、收支不联动、支付方式存在问题等实际情况，开始渐渐成为医疗品质的隐忧，此外，台湾当局的不当干预，也对居民健保的持续经营造成威胁。为了更好地应对和解决这一系列问题，台湾当局迅速开展对于居民健保的改革，二代健保政策便应运而生。

二代健保的思路是：（1）取消一代健保保险对象六类十四目的分类方法和自行负担与补助比例因职业而不同的规定，实行以其家庭收入所得计算应负担的健保费，以所得作为保险费计征的基准，同时为了能够简化流程手续，提升保险对象负担保费的公平性，由保险对象代表一起决定应负担的保险费（义务）和给付范围（权利），这符合健保财务权责相符原则；（2）扩大居民的参与，通过设计一种自然人和法人团体都能参与政策的模式，来让一般民众对居民健保更加了解或者参与居民健保政策的制定[①]；（3）改善医疗服务专业审查制度，通过组织任务的重整和流程再造，来提高医疗服务案件的审议效率，通过实施

① 肖林榕,张胜利. 2000～2010 年台湾地区居民健康保险改革[J].福建中医药大学学报, 2011(6)：64～66

总额支付制度，来检讨医疗服务审查流程和相关组织的功能和规范效果，审视现行健保制度下医疗品质管理的内涵，为民众提供医疗品质相关信息，提升医疗服务提供者的教育辅导功能；（4）调整医疗资源配置的先后顺序，对现行健保给付项目进行审查，针对新颖的医疗科技建立医疗和财务的评估机制；（5）构建财务平衡和权责相符的健康保险组织体制，通过设计出能让提供者实现财务与品质共担的责任机制，来促进有效的、良性的竞争，达到各方参与、专业自主、持续经营和权责相符的目标。[①]

2004 年 3 月起，二代健保规划开始完善，并提出了“迈向权责相符的居民健康保险制度”的目标。而提升医疗品质的途径是强化咨询，具体举措有：（1）相关的部门设计出民众能够参与政策的渠道，并且提供医疗品质咨询和就医指引；（2）品质提升机制和医疗品质指标的制定需要医疗专业的参与，才可以建立双向信息反馈机制；（3）健保机构首倡的保险对象手册随着二代健保改革措施和思路的逐渐明朗而完善。

表 5.15　台湾一代健保的基本情况与方式

<table>
<tr><th colspan="3" rowspan="2">保险对象类别</th><th colspan="3">负担比例（%）</th></tr>
<tr><th>被保险人</th><th>投保单位</th><th>补贴</th></tr>
<tr><td rowspan="4">第一类</td><td>公务人员、志愿役军人、公职人员</td><td rowspan="6">本人及家属</td><td>30</td><td>70</td><td>0</td></tr>
<tr><td>私立学校教职员</td><td>30</td><td>35</td><td>35</td></tr>
<tr><td>公民营事业、机构等有一定雇主的受雇者</td><td>30</td><td>60</td><td>10</td></tr>
<tr><td>雇主、自营业主、专门职业及技术人员自行执业者（私营部门的技术人员）</td><td>100</td><td>0</td><td>0</td></tr>
<tr><td>第二类</td><td>职业工会会员、外雇船员</td><td>60</td><td>0</td><td>40</td></tr>
<tr><td>第三类</td><td>农民、渔民、水利会会员</td><td>30</td><td>0</td><td>70</td></tr>
<tr><td>第四类</td><td>义务役军人、民兵预备役人员、军校军费生、烈士遗属、服刑人员</td><td>本人</td><td>0</td><td>0</td><td>100</td></tr>
<tr><td>第五类</td><td>低收入户</td><td>家庭成员</td><td>0</td><td>0</td><td>100</td></tr>
<tr><td rowspan="3">第六类</td><td rowspan="2">退伍老兵、老兵遗属代表</td><td>本人</td><td>0</td><td>0</td><td>100</td></tr>
<tr><td>家属</td><td>30</td><td>0</td><td>70</td></tr>
<tr><td>其他地区人口</td><td>本人及家属</td><td>60</td><td>0</td><td>40</td></tr>
</table>

数据来源：台湾健保机构宣传册（2012）。

① 肖林榕，张胜利. 2000～2010 年台湾地区居民健康保险改革[J]. 福建中医药大学学报，2011(6)：64～66

应缴纳的保费按照如下公式进行计算：一般保险费投保薪资×一般费率×负担比例×（1+家属人数）。2006 年 1 月底，二代健保修正方案获得通过，健保机构开始处理二代健保的各项事务，并且公布了与一代健保按个人薪资所得计算方法不同的二代健保保费计算公式。其计算方法变为按家庭总所得计算，费率设定为 3.14%。据估算每人每个月最少缴纳保费 300 元，多则可达 3000 元。根据最新的健保方案，大约有超过 50%的民众会受到影响，其中家属人口多和中等收入家庭的保费则会降低，而高薪和单身者的保费将增加，并且当局将提供一部分保费补助金给低收入、身心障碍者等弱势群体。二代健保政策保费计算方式相对于现行薪资计算具有更公平的特性，例如，将投保的分类从六类十四目改成两大类，在投保期间内民众不会因为薪资调整、工作转换而需要重新办理投保的转入、转出或投保金额的变更等手续。健保费用方面采取三方共担机制，被保险人、当局、企业共同分担，其中当局和企业在保险经费的负担上采取“固定责任制”，按照一定比例计提，但会随着台湾总体的经济情况的变化进行调整，剩余的保险费用由被保险人自行担负。

（二）台湾健保市场医药需求的现状

从 1995 年 3 月居民健保制度建立到现在，其已经取得了高覆盖率和高满意度两项骄人的成绩。截止到 2000 年 12 月，已纳入居民健保体系的保险人口占比约为 96.16%，并且有 76.4%被保险成年人在 2000 年的民意调查中对居民健保体系的评价是“尚可”或“满意”。但是居民健保制度也存在一些不容忽视的问题。

首先，居民的人均投保费用支出不断提高。如图 5.13 所示，1995～2011 年台湾民众支付的人均年投保金额由 1995 年的 20 000 元逐年上升到 2011 年的 34 000 元，医疗保健支出近五年以来，每年以 6.32%的速度增长，平均每位居民的医疗保健支出达到了 23 683 元，且每年的增长率为 2.84%，较 1994 年未实施居民健保以前增长 56.64%，其增长幅度较同期的经济增长率 49.5%还高。伴随着保费的提高，民众的经济负担增加，进而使得居民健保制度的持续性受到影响，同时过高的保费和部分负担制度也开始让民众对健保制度表现出不满。

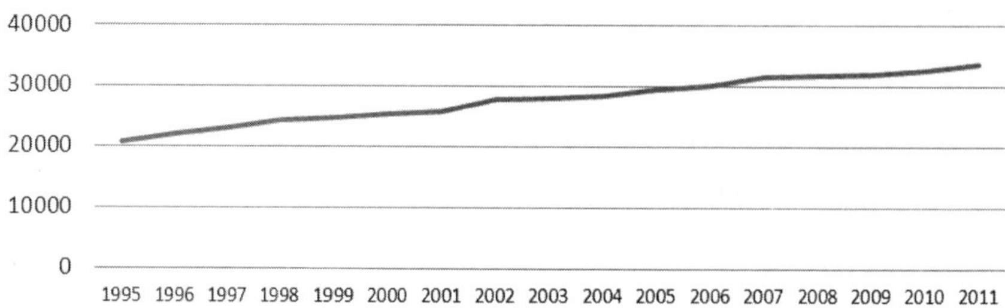

图 5.13 被保险人平均年投保金额（单位：元新台币）

资料来源：台湾健保机构资料（2012）。

其次，健保机构自身收不抵支的问题加剧。1998 年健保机构财务开始出现收支现金缺口，且这一缺口有进一步扩大的趋势。台湾居民健保制度的主要特点是先由居民根据个人收入水平向健保机构上缴保险费，再由健保机构把上缴来的保费按照医疗机构申报的数量发放，从而实现收入再分配，以提高低收入者福利水平，改变民众医疗消费的方式。因此健保费用的收入主要来自居民主动上缴以及当局的补助。根据上面的内容，可以看出居民上缴费用总额是不断上升的，因此健保机构的收入不断提高，但支出上升速度却高于收入的增加速度。台湾健保机构的支出主要来自医疗费用申报，结合图 5.14 所示，以医疗费用申报年增长率作为分析的尺度，最显著的就是从 1997 年到 2011 年医疗费用申报年增长率均大于零，即每年台湾医疗市场的整体费用都在不断上涨，健保机构的费用支出不断提高。

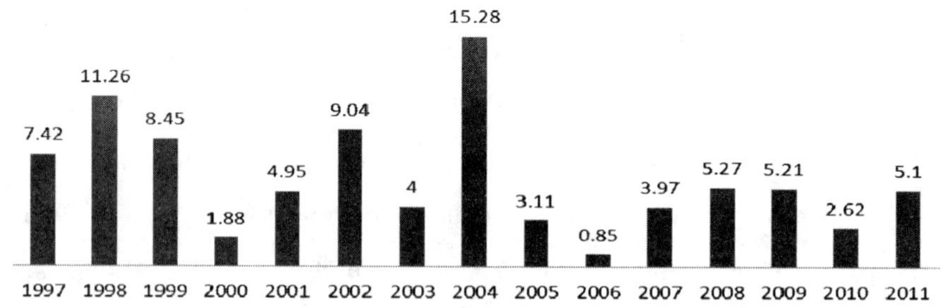

图 5.14 医疗费用申报年增长率（单位：%）

资料来源：台湾健保机构资料（2012）。

台湾的居民健保制度基本上覆盖了99%的当地居民，而居民又是医疗的最终消费者，因此居民健保制度能够反映台湾药品市场的总体需求情况，同时健保制度下的药品需求是整个台湾医疗市场需求的重要组成部分。健保制度实现了医疗消费者和医疗供给者之间的财务转移，所以健保机构的财务收支情况在很大程度上能够体现居民对医疗的需求。此外，还有很多影响台湾健保市场医疗需求的因素，包括健保政策的转变、参保人数、保险费率以及支付制度等。但同时我们还要看到的是，健保制度会减轻居民就医压力，对居民增加就医产生潜在激励，同时医疗单位计量论酬也会加大对医生增开药物的潜在激励。因此在实践中为了规范这种行为，台湾居民健保制度在药品费用上实行“医药分开”，居民可以凭自己的健保卡找特约医生就医，也可以到特约药店持医师处方取药，避免了由于医生的诱导而引起对药物的过度需求，有效减少了浪费。但是，正是这种“医药分离”制度或者说对医生推荐给患者的药品缺乏监管，容易产生医疗资源过度使用、健保费用虚高等问题。总之，对控制医疗费用的效果更为显著的是节制医疗提供者的医院合理门诊量，而不是节制消费者的部分负担，因为这样无法从根本上调节台湾医药市场的有效需求。

四、台湾居民的医药消费需求

居民的需求是医药市场的最终需求，居民健保制度是居民药品消费的重要支付方式，同时也反映着台湾居民对药品和医疗的消费情况。居民医药消费需求强烈与否，主要体现为医疗消费支出水平的高低，且随着“老龄化”进程的加快，医疗护理服务的需求呈现出不断上升的趋势。

（一）居民的医疗服务支出现状

居民医疗消费支出是指台湾居民在医疗上的消费数量、结构与水平。如图5.15所示，1996～2011年台湾居民消费支出比重（消费支出比重=消费支出/家庭可支配收入）的平均水平大约为0.8488，这表明台湾居民的消费支出占其可支配收入的很大一部分，具有很强的消费能力，且消费支出的比重呈现出波动上升的趋势。

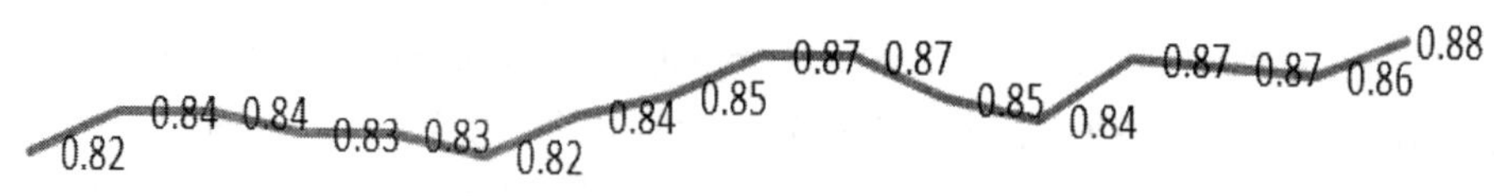

图 5.15　台湾居民平均消费支出比重

数据来源：台湾普华永道医药生物产业资讯（2012）。

2011 年，台湾家庭可支配所得为 93 627.82 亿元，根据 2011 年 3 月的兑换比例“1 元新台币=0.2215 元人民币”来计算的话，2011 年台湾家庭可支配收入为 20 738.562 1 亿元人民币，结合图 5.15 中显示的 2011 年台湾居民消费支出比重 0.88，可知 2011 年台湾居民实际消费支出为 18 249.934 7 亿元人民币，而 1981～2011 年台湾医疗保健占居民消费的比例呈现不断上升的趋势，截止到 2011 年已占居民消费支出的 9.65%，由此估算出台湾民众医疗消费支出大约为 1 753 亿元人民币。可见居民是台湾医疗市场需求的重要组成部分，推动了整个需求市场的发展。

（二）医疗护理服务的需求

伴随着人口老龄化趋势的日益显著，需要接受专业医疗护理的人数不断上升。2010 年底，台湾需长期护理者总计 47.5 万人，比 2000 年增加了 13.7 万人，其中老年人口增加了 12.8 万人，占增长人数的 93.8%。[①]不仅如此，台湾的人口增长率逐年放缓（已由 2000 年的 0.8%下降至 2011 年的 0.2%），这也使得长期护理需求提升，并成为未来医疗领域的一个重要议题。专家预测台湾 65 岁以上的人口比例将于 2028 年达到 22.5%，而这一数字在 2010 年还仅为 10.7%。目前台湾医疗体系提供的长期护理服务主要是针对慢性病的治疗，例如慢性病医院、护理之家、居家照顾以及日间护理等，这些机构一般都受到有关部门的监管，可以为居民提供更加全面的护理服务。

① 根据当地 2011 年人口及住宅调查总报告统计结果提要分析。

五、台湾药品市场对从业人员的需求

台湾药品市场的发展需要更多的从业人员，而这从另一个侧面反映出药品市场的整体需求状况。2011 年台湾医疗保健的生产总额为 6.7 亿元，相比 2006 年增加了 8000 万元，该产业产值占台湾主要产业产值的 1.38%，较 2006 年增加了 13.66%，同时从各大类行业 5 年间从业员工增加人数来看，增幅较高的前 4 大类行业依次为不动产业（32.61%）、支持服务业（29.23%）、住宿及餐饮业（28.08%）和医疗保健与社会服务业（15%）。可见医疗服务业的从业人员需求不断上升，而其中医疗保健从业员工需求增长最为明显，2011 年人数占比为 11.58%，相比 2006 年增加 15%，如表 5.16 所示。因此，整个台湾的药品市场需求活力较大，市场发展速度较快。

表 5.16 2011 年按行业分类的生产总额与从业员工人数变动

	生产总额(百万元)	较 2006 年增减金额(百万元)	结构比(%)	较 2006 年增减率(%)	从业员工人数(人)	较 2006 年增减人数(人)	结构比(%)	较 2006 年增减率(%)
总计	**29 864 542**	**5 854 816**	**100.00**	**24.39**	**8 005 651**	**455 739**	**100.00**	**6.04**
工业部门	**19 519 789**	**4 030 482**	**68.84**	**26.02**	**3 358 473**	**118 207**	**25.94**	**3.65**
矿业及土石采取业	28 100	7 082	0.12	33.70	4 411	- 558	-0.12	-11.23
制造业	17 352 332	3 489 198	59.60	25.17	2 788 764	92 780	20.36	3.44
民生工业	1 956 221	367 304	6.27	23.12	490 192	304	0.07	0.06
化学工业	4 944 890	1 228 435	20.98	33.05	478 018	- 2 667	-0.59	-0.55
金属机电工业	5 149 895	1 036 669	17.71	25.20	1 029 302	43 380	9.52	4.40
信息电子工业	5 301 326	856 790	14.63	19.28	791 252	51 763	11.36	7.00
电力及燃气供应业	597 632	170 460	2.91	39.90	32 469	322	0.07	1.00
用水供应及污染整治业	120 503	32 584	0.56	37.06	29 410	1 601	0.35	5.76
营造业	1 421 222	331 158	5.66	30.38	503 419	24 062	5.28	5.02
服务业部门	**10 344 753**	**1 824 334**	**31.16**	**21.41**	**4 647 178**	**337 532**	**74.06**	**7.83**
批发及零售业	2 999 906	449 458	7.68	17.62	1 909 777	19 853	4.36	1.05
运输及仓储业	1 327 046	225 921	3.86	20.52	360 405	-735	-0.16	-0.20

续表

	生产总额(百万元)	较2006年增减金额(百万元)	结构比(%)	较2006年增减率(%)	从业员工人数(人)	较2006年增减人数(人)	结构比(%)	较2006年增减率(%)
住宿及餐饮业	542 526	162 751	2.78	42.85	414 571	90 879	19.94	28.08
信息及通信传播业	839 446	86 647	1.48	11.51	190 229	10 907	2.39	6.08
金融及保险业	2 370 184	388 647	6.64	19.61	385 271	4 031	0.88	1.06
不动产业	429 744	170 697	2.92	65.89	111 306	27 374	6.01	32.61
专业、科学技术服务业	496 879	123 839	2.12	33.20	212 735	33 154	7.27	18.46
支持服务业	294 918	72 714	1.24	32.72	338 003	76 443	16.77	29.23
教育服务业	80 289	22 831	0.39	39.73	90 629	8 996	1.97	11.02
医疗保健与社会工作服务业	**670 898**	**80 613**	**1.38**	**13.66**	**402 738**	**52 782**	**11.58**	**15.08**
艺术、娱乐休闲服务业	95 351	9 504	0.16	11.07	72 096	3 483	0.76	5.08
其他服务业	197 567	30 713	0.52	18.41	159 418	10 365	2.27	6.95

注：金融保险业含强制性安全保险的从业者。

数据来源：台湾统计资讯网的台湾产业统计（2012）。

第三节　台湾药品市场发展的总体趋势

台湾药品市场发展趋势集中体现为传统的制药市场、生物制药市场以及医疗器械市场的发展，且受到健保市场发展的影响。根据前文的供需分析，可以看出台湾传统制药市场发展将更加规范化，生物制药的发展更加充分化，医疗器械的发展更加全面化，且台湾的健保政策将在改革中进一步完善，医药流通渠道将更多地通过专业化的外包形式实现。整个医药市场的未来呈现出更加专业化、科学化的发展趋势。

一、传统医药市场发展趋向规范化

台湾社会“老龄化”加剧，居民对于医疗与药品的需求持续增加，且就医次数也不断上升，这些都极大地促进了传统药品市场的发展。但台湾目前的大部分传统制药企业，主要生产现有的学名药，缺乏创新活力，企业间的恶性低价竞争激烈，极大地削弱了整个行业的赢利能力和发展潜力。但随着健保制度改革的深入，部分本地大型传统制药企业开始加大科技研发力度，生产高附加值的原研药。此外，台湾传统制药药品专利也更加规范，药品生产研发活力进一步被激发。2009 年，美国贸易代表处将台湾地区从其知识产权观察名单中除名。同时两岸也签署了知识产权保护协议，双方互相承认彼此专利与商标的优先权，这一举措将帮助台湾的制药业者更好地进入大陆庞大的市场。

台湾不断完善医药制度，提升药物质量，鼓励药厂依照国际医药品稽查协约组织的规定营运，遵守药品优良制造规范。如此一来，不仅有助于提高药品的质量，而且有利于传统制药产品开拓外部市场。2010 年 1 月 1 日，台湾成立食品药物管理相关部门，加快与国际药品市场审核制度接轨，其中药品生产管理规范和药品经营管理规范是两个重要的管理规范，尤其是药品生产管理规范认证是药品、原料药、辅料、医疗器械等产品生产企业的市场准入条件，一般由各地的药监部门进行认证。岛内有实力的制药企业先后执行该标准，以便更好地参与市场竞争。

台湾传统制药市场的规范化,另一个重要方面就是药品流通的渠道规范化，它可以保证药品的时效性和高品质。药品经营管理规范准则是台湾传统制药流通中最主要的规范化标准。药品经营管理规范是质量管理的组成部分，可以保证药品的储存、运输、管理等经营环节符合上市质量的要求。

药品运销过程中，储存、运输的环境与条件，储存、运输的设备状态，流通企业、销售商的质量系统与作业人员能力等，都将持续影响药品质量。药品经营管理规范所要求的管理重点包括以下几项。

（1）质量管理系统：成立药品运销质量管理系统，其中应包括不良品、退回品、回收品的处理原则，并且在规定期限内执行内部的稽核，达到可靠的质量目标。

（2）储存的设备与环境：储存区的空间规划、温湿度以及维护都需要适合其执行的作业，以防止混淆和避免对药品质量造成不良的影响。

（3）运输条件：运输条件应该得到诸如气候、运输工具、包装形式等方面的保障，并且运输过程中应监控运输条件和记录。

（4）人员：由具备相关知识和一定经验的人员进行相关作业，并指定专门负责人。这些人员应接受相关的训练并且留有相关记录。

（5）接收、处理与配送作业：制定标准作业程序和制作适当的产品标识，遵守“先进先出”的规则。

自 2010 年以来，台湾食品药物管理相关部门推动实施药品经营管理规范标准计划，到 2012 年已经初见成效。通过对执行该标准的 55 家制药企业的药品物流的辅导性访查，可见从整体发展趋势来看，大部分传统制药企业的药品物流更加规范化和高效化，进一步提高了其自身在医药市场中的竞争力。如表 5.17 所示，2012 年台湾食品药物管理相关部门对执行该标准表现优异的企业进行了奖励，以此进一步推动该项制度的实施推广。

表 5.17　2012 年药品经营管理规范标准计划获奖厂商（排名不分先后）

1	久裕企业股份有限公司
2	友华生技医药股份有限公司
3	台湾大昌华嘉股份有限公司
4	永日化学工业股份有限公司
5	永信药品工业股份有限公司—台中幼狮厂
6	禾颉物流有限公司—中区营运所
7	生达化学制药股份有限公司—二厂
8	禾利行股份有限公司
9	禾颉物流有限公司—北区营运所
10	生泰合成工业股份有限公司
11	禾颉物流有限公司—南区营运所
12	昱升药业有限公司
13	科懋生物科技股份有限公司
14	美吾华股份有限公司
15	意华实业股份有限公司
16	裕利股份有限公司

数据来源：台湾食品药物管理相关部门（2013）。

二、生物医药市场发展更加充分化

生物技术产业涵盖众多领域，台湾经济主管部门下属的生物技术与医药工业发展小组，将生物技术定义为一套有力的工具，即利用活生物体或部分活生物体来制造或改造产品、改良动植物，或针对特定用途开发微生物。目前台湾约有生物技术公司 400 家，员工超过 11 000 名。主要研究领域包括食品生物技术、医疗诊断、特殊生物医学及农业生物技术。目前台湾生物技术产业十分零散，多为尚处于开发初期或临床实验后期的小型业者，开发出来的技术，多授权给大型的药厂或生物技术公司，由它们将产品引进市场。

生物医药产业是生物技术产业的核心增长部分，因此台湾当局大力支持生物医药市场的发展。2007 年年底，台湾推出生技新药产业发展办法，实施投资抵减、奖励人才培训及高等专业人才参与等措施，鼓励台湾生物医药的厂商增加对创新研发的投入。2009 年台湾进一步推动生物医药产业的“钻石行动方案”，加大研发基金积极投入，加强产业化、完善整合培育机制、设置生物技术产业创新投资基金以及成立专门的食品药物管理相关部门，并预估其后五年将生物医疗市场提升至 70 亿美元。此外，随着大部分生物制药技术专利即将到期和相似药制造的规定逐渐明确，台湾的各类药厂将进行激烈的市场竞争。截至 2013 年 2 月，台湾厂商有 21 项生物医药药品进入人体临床试验领域，其中 5 项属临床三期，从适应证来看，以抗肿瘤占大宗，其次为抗感染以及自然免疫、中枢神经、血液等，如图 5.16 所示。部分生物医药新药的开发逐步进入临床试验的阶段，相关生物科技成果甚至可能在国际上获得青睐；加上台湾生物医药厂商在人类疫苗、动物性疫苗方面的产品陆续进入量产阶段，台湾联电、竹北生物医学园区、瑞华药业、台耀等厂商积极投入生物医药产业，预计 2017 年将有 6 项生物相似性药品问世。可以预见，台湾生物医药市场将获得蓬勃的发展，整个市场发展将更加充分。

生物医药技术发展的另一个重要趋势就是，海峡两岸在生物医药产业上进行了紧密的合作。两岸在 2010 年成功地签署了《海峡两岸医药卫生合作协议》，范围涵盖药物开发、临床试验互相认证审核、疾病合作研究以及医院相关投资解禁。其中部分提议，是在医药品安全管理公认标准的原则下，推动双方技术标准及规范的协调性。这些协议进一步缩短了若干台湾生物技术药物在大陆上市的时间，有利于台湾企业更好地融入庞大的大陆市场。

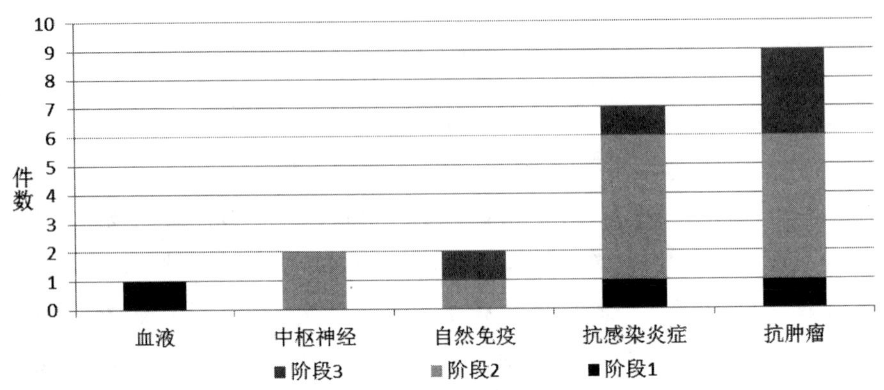

图 5.16　在全球范围内进行临床阶段的台湾生物技术药品概览

注 1：资料统计至 2013 年 2 月。

注 2：新药临床试验进程按全球最新临床阶段进行分类。

数据来源：台湾财经知识库（2013）。

三、医疗器械市场发展更加全面化

全球老龄化的加剧、高收入的人口的上升带动人们对于诊断、器材、医疗、保健市场的需求快速成长，因此各地均在积极发展医疗器材产业。美国及中国大陆均已积极推动医疗制度改革，对包括医疗器材业在内的所有医疗相关产业，产生了深远的影响。美国计划自国外购买质量高但价格实惠的医疗器材，以削减医疗支出；中国大陆则以扩充医疗基础设施为其改革目标。而中国台湾相信自身的电子业的优势可应用于制造新一代的高阶医疗器材，因此为医疗器械行业发展提供了大量的协助，期望提升产业的附加价值。其中发展的首要目标，即为改善自身医疗器材业的整体技术、提高产品研发能力、同时扩大出口产能。

近年来，台湾方面陆续推动各项计划，开发高阶医疗器材产品，包括牙科产品、远距手术、呼吸护理、体外诊断，以及数字 X 光机与核磁共振扫描仪等高阶影像系统，且位于南部的科学工业园区集聚了 30 多家医疗器材生产者，可为前来采购的国际企业提供全产业链“一条龙”服务。此外，台湾许多传统制造业者，近年来也加强了产业整合，开始进入医疗器材业。此举有助于提升技术研发能力、降低整体生产成本，同时改善台湾医疗器材业整体的竞争力。预计未来会有更多资金与技术投入，促进产业发展。台湾卫生主管部门也致力于改善台湾医疗器材登记流程的效率。台湾食品药物管理部门目前设立单一窗口机制，以缩短处理时间、提升效率，也让整个过程更为公开透明。但医疗器械行业发展也受到健保政策的很大影响，目前健保机构对于医疗器材的给付额偏低，制约了医疗器械行业的进一步壮大。许多企业，尤其是国际大型生产企业，均认为这项制度并未承认新式医疗器材需要额外的医师训练及技术支持以发挥效益及体现新科技带给消费者的益处。总之，从整体来看，未来台湾医疗器械行业发展速度会随着需求的增长进一步加快。

四、医药市场流通渠道更加多样化

现有的台湾医药市场流通渠道包括六种基本模式：一是供应商通过物流企业的总仓储存以及物流企业自备物流进行配送，进入专业药物零售渠道；二是供应商自己存储药品，通过货运业物流进行配送，进入无品牌合作联营店；三是在总代理商仓库储存，并由专业货运物流进行配送，接着进入品牌连锁加盟店；四是在物流企业总仓储存后，通过连锁点流通渠道总仓、由连锁点流通渠道自备物流进行配送，进入连锁超市；五是将专业货运配送、连锁店渠道储存与配送相结合，进入连锁超市；六是由专业货运业进行物流配送，送至消费者手中，如图 5.17 所示。

在上述的模式中，委托专业的医药物流公司进行药品的流通配送是一种主要趋势。其优势主要体现在：流通环节较少，可以使药品减少在运输环节中的损耗，保证药品的质量，同时可以降低企业运输的成本，提高企业的经营利润。德国柏林工业大学研究院的研究结果表明，通过专业化的流通渠道进行物流运输的主要效应包括共同获利效应、市场扩充、提高灵活性、降低成本、系统提供等。这些效应有助于提高药品生产企业的经营效率和降低企业的经营成本，拓宽企业在医药市场的流通渠道，服务更多的下游药品销售终端。因此，在多样化的流通服务的辅助下，台湾的医药市场流通渠道的发展趋势会更多倾向于专业化、快速化的物流外包服务。

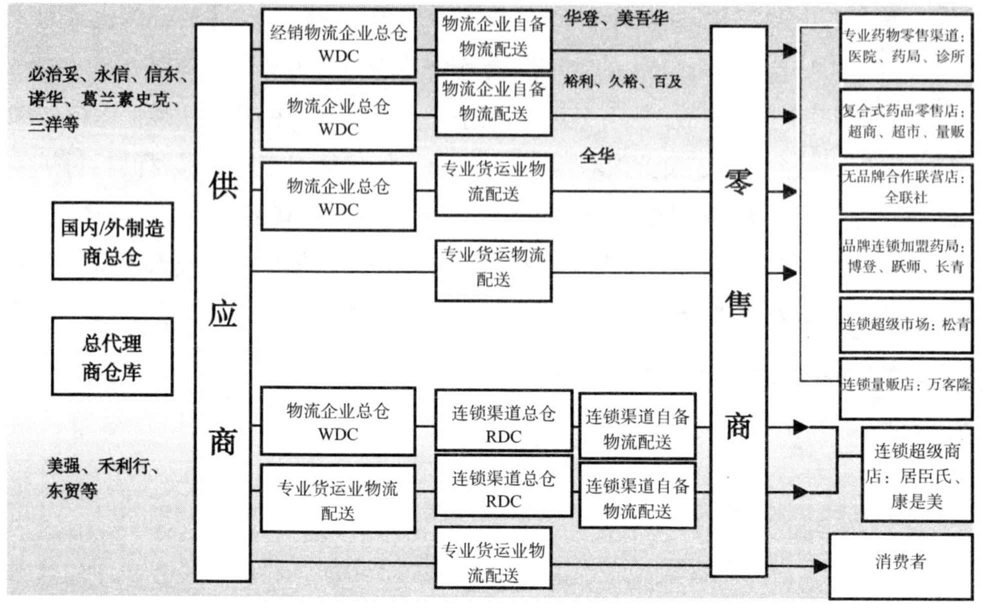

图 5.17　药品物流供应链模式

资料来源：台湾“资策会”电子商务推广应用中心。

五、健保市场发展更加完善化

结合图 5.18 所示，台湾居民健保制度的整体医疗费用增长率与药费年增长率在波动中上升，截止到 2009 年，药费支出金额已经超过 1995 年制度开始实施时的两倍，但药费支出的增长总体还在合理的范围内。根据图 5.19 所示，目前台湾地区药品费用支出低于多数先进国家和地区，居民健保制度的医疗市场还存在一定的潜力。随着健保制度的改革，健保市场发展将更加完善化。

结合表 5.18 所示，台湾地区的人均年药费支出金额和药费占生产总值的百分比低于全部的主要先进国家和地区，但其药费占整体医疗费用的比例却比它们高，导致此现象的原因可能是：一方面，亚洲地区的医疗服务尤其偏重于药品使用，加之台湾地区实施健保政策使得药品价差较大，诱发药品使用的需求不断增加；另一方面，药品之外的专业医疗服务支付价格相对较低，引起药品费用占比相对较高。

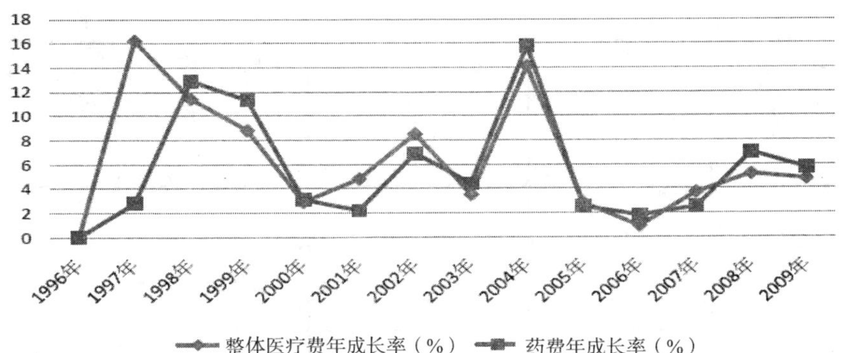

图 5.18 居民健保历年医疗与药品费用年增长率曲线

资料来源：台湾健康保险机构统计报告（2010）。

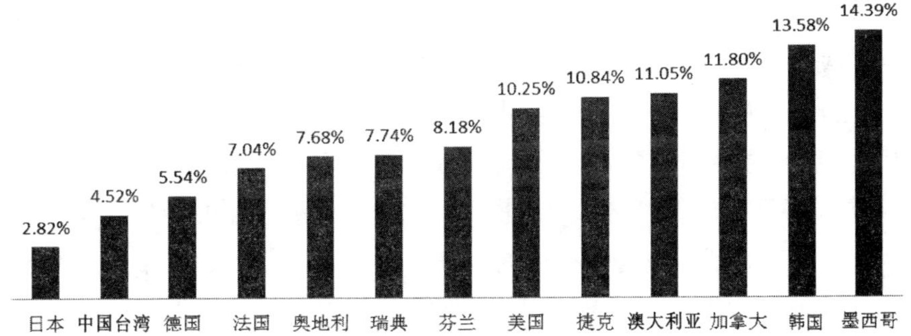

图 5.19 中国台湾与世界各主要先进国家和地区药费支出年平均增长率比较

数据来源：世界卫生组织报告（2010）。

表 5.18 中国台湾与经合组织十大先进成员医疗及药品费用比较

比较对象（资料年份）	医疗费用占生产总值比例（%）	每人每年平均药费支出（美元）	药费占医疗费用比例（%）	药品费用占生产总值比例（%）
澳大利亚（2007）	8.5	480	14.3	1.2
比利时（2008）	10.2	604	16.4	1.7
加拿大（2008）	10.4	754（2009 年）	17.1（2009 年）	1.8
法国（2008）	11.2	607	16.4	1.8
德国（2008）	10.5	563	15.1	1.6
日本（2007）	8.1	548	20.1	1.6

续表

比较对象（资料年份）	医疗费用占生产总值比例（%）	每人每年平均药费支出（美元）	药费占医疗费用比例（%）	药品费用占生产总值比例（%）
瑞典（2008）	9.4	457	13.2	1.2
瑞士（2008）	10.7	461（2007年）	10.3（2007年）	1.1
英国（2008）	8.7	368	11.8	1
美国（2008）	16	897	11.9	1.9
中国台湾（2008）	6.4	257	23.6	1.5

数据来源：世界卫生组织报告（2010）。

结合表5.19，可以发现自居民健保制度实施以来，药品和整体医疗费用逐年不断上升，其中每年药费支出约占总费用支出的四分之一以上，药费支出的高占比使得健保主管部门不得不调降药品价格，但其后果是带来更大的药品价差，且并未从根本改变“支出大于收入”的健保财务恶化的趋势，反而造成更多的医疗浪费。为了解决健保机构的财务问题（即达成收支平衡），在费率调涨不易的情况下，改善健保财务状况的根本之道是减少医疗浪费。这就需要更好地实施医药分业制度，避免药品价差对医疗机构形成利润诱因，以及由此造成的不合理处方使用，最终达到改善健保财务状况以及减少医疗浪费的目标，实现健保制度的可持续发展。因此，居民健保制度的改革和完善，将更加有力地推动整个台湾医药市场的发展和完善。

表5.19　台湾健保费用与药品费用增长情况

年度	健保总费用（亿元）	年增长率(%)	药品费用（亿元）	年增长率(%)	药费占比(%)
1996	2 248	—	622	—	27.6
1997	2 612	16.2	640	2.8	24.5
1998	2 909	11.4	723	12.9	24.8
1999	3 166	8.8	804	11.3	25.4
2000	3 260	2.9	829	3.1	25.4
2001	3 417	4.8	847	2.2	24.8

续表

年度	健保总费用（亿元）	年增长率(%)	药品费用（亿元）	年增长率(%)	药费占比(%)
2002	3 709	8.5	906	6.9	24.4
2003	3 839	3.5	945	4.4	24.6
2004	4 393	14.4	1 094	15.8	24.9
2005	4 520	2.8	1 121	2.5	24.8
2006	4 564	0.9	1 141	1.8	25
2007	4 736	3.7	1 170	2.5	24.7
2008	4 984	5.2	1 251	7	25.1
2009	5 225	4.8	1 322	5.7	25.3

数据来源：台湾卫生福利相关部门报告（2009）。

第六章　台湾药品的流通发展现状

台湾药品流通市场的出现是医药供需市场繁荣的必然结果，而药品流通又是整个医药行业的关键环节。台湾药品流通渠道经历从传统单一渠道到多元化渠道并存的发展历程，但台湾药品流通中仍然存在很多问题，而造成这些问题的深层次原因也是十分复杂的。只有不断提高医药流通市场的整体绩效，才能更好地促进整个台湾医药行业实现跨越式发展。

第一节　台湾医药流通的历史沿革

台湾药品流通的历史沿革是多种因素综合作用的结果，但台湾内部药品市场供需变化是最重要的影响因素；另一重要的影响因素是流通环节企业的市场行为和相关医疗健康政策的转变。目前台湾药品流通市场已经从传统的单一流通模式发展为更加多元化的渠道流通模式，“医药分离”制度实施后，药店成为流通渠道的关键环节。

一、台湾药品流通的模式沿革

（一）台湾医药流通的传统模式

台湾传统的药品流通模式，主要是以配销为出发点进行分类，其任务在于将药品从生产者转移到消费者，以缩短产品或服务使用者的时间和空间距离。从流通的流程来看，中间商扮演着重要的角色，其承担了两项重要的功能，即促成交易的实现（研究、推广、接触、配合商谈）和完成交易（实体配送、资金支持、风险分摊）。一般来说，一家制药商会在整个台湾设有几十家办事处，每家办事处又要管理若干业务员，再由业务员负责联系本地区范围内的大部分客户（医院、诊所、药店），从而形成一个庞大的销售网络。

传统的药品流通方式如图 6.1 所示，整个药品流通过程中没有一个成员对其他成员具有足够的控制力，且每个成员都是企业个体。因此药品无论是否在岛内制造，在到达末端销售环节之前，其中间过程是都相当复杂的，而且通常经过代理商、经销商等各种中间商的层层剥削。

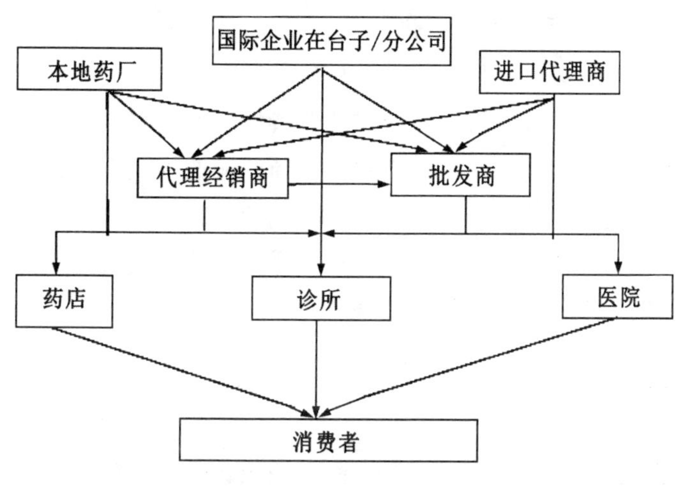

图 6.1　台湾药品销售渠道

资料来源：毕文琪：《台湾药品流通模式研究》（东吴大学学位论文，2004）。

传统的药品配送方式与一般商品的配送方式一样，都是先由零售点向中间批发商下订单之后，再由业务员带着商品，对每家零售店进行配送。这种方式在整体上缺乏时效性和经济性，而且由于药品到达零售点的时间不确定，因此零售点通常需要囤积一定的药品以备不时之需。这对经营面积较大的医院和诊所来说没有什么问题，但是对于经营面积很小、没有大量空间存放药品的药店来说，就存在较大的问题。

在台湾药品市场中，由于消费者必须经由医师开立处方才可以取得处方药，因此药厂的业务人员推销处方药的对象主要是医院或者医师，而不是消费者。即使公立医院采用招标的方式采购药物，中标的制药企业也仅仅在这个阶段完成了进药程序，在医师开立处方前，药品销售仍然没有完成，所以大型的制药厂会派专门的业务人员进驻医院，这样就导致医师和制药厂家容易产生直接的销售关系。根据美国的凯撒家庭基金会（George Kaiser Family Foundation）的调查，2003 年美国制药企业对医师的直接销售支出就达到了 220 亿美元，其中大部分花在业务代表拜访医生上。与此类例，台湾地区的传统药品流通方式也存在很多不合理的地方，如在医院采购时，若能够避免药厂和医师的直接接触，不仅可以减少药厂的人力负荷，而且能避免医师受到药品回扣的影响，影响病人的用药安全。

（二）台湾医药流通模式的变化

居民健保政策的实施，引起了传统的医药流通模式的变化。如图 6.2 所示，健保机构开始成为医院、诊所、药店和消费者之间的中间人，改变了以前消费者个体和药品流通机构进行交易的模式。在新的流通模式下健保机构的作用被强化，其实际上成为药品流通机构的买方和消费者的卖方，从而调节这二者之间的关系，药品流通的产业链进一步延伸，令整个流通模式更加科学化和高效化，更好地实现了流通过程中的供需调节。

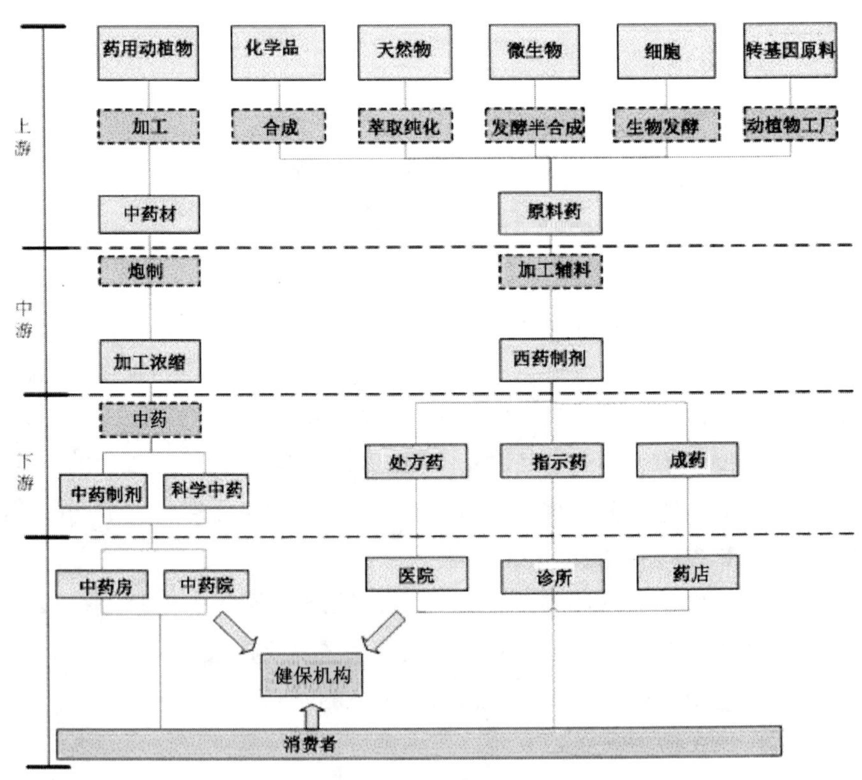

图 6.2　台湾药品流通情况

资料来源：台湾生物技术产业报告书（2003）。

伴随着居民健保制度的实施，台湾的医药流通模式发生转变，其中药品流通终端的各个主体的变化集中体现了这一趋势。从药店和零售药房等主体的角度来看，居民健保制度实施之前，台湾的零售药店与药房的药品市场价值达到140亿元（本章中如无特别说明，所有涉及金额均指新台币），约占整个药品市场总值的30%。随着台湾居民健保制度的实施推进及医药分离制度的执行，药品市场总值翻了一番，但零售药品市场上竞争更加激烈，企业的优胜劣汰进一步加剧。伴随着大型连锁药店的扩张与兼并，传统型小规模药店面临更加艰难的发展境遇，其相应的市场占有率也已经降至14%。究其原因，一方面是激烈竞争和兼并使药房和零售药店数量进一步减少，近2 000家药店陆续歇业或停业，且台湾的大多数中小型药店经营者的经营理念仍然无法适应居民对新的生活状态的要求。与此同时，那些具有核心竞争力的知名连锁药店，在经营中充分利用计算机技术和互联网功能，构建包括了增值网络、嵌入式操作系统、销售终端等在内的便利和快捷的信息管理系统，在巩固传统专业化经营的同时形成了新的经营特色，更好地满足了消费者的消费需求，同时形成了更加便利的销售服务网络，提升了自身的竞争力。

结合图6.3所示，从医院主体的角度来分析，健保政策实施后，由于大量的医药需求转移到医院，因此医院的药品物流也发生了转变。医院药品流通的方式大致经历了从传统的流通模式到即时供货再到现在的零库存管理的几种变化。在传统流通模式下，各家药厂必须自己寻找物流厂商配送到指定医院，由于物流厂商无法实现对各家医院的药品配送的整合，所以配送次数相对较少。同时，因为医院内部各部门之间存在繁杂的手续，药品从医院库房运送到医院各部门的过程中，容易发生药品丢失的问题，同时由于医院内外部物流不顺畅，使得药品存货较易堆积。健保政策实施后，医院为了减少库存堆积，仅订购满足几天需要的药品，这样虽然减少了药品库存，但药品运输过程中仍然容易出现丢失问题。随着信息技术的进一步发展，大部分医院采用零库存流通模式，通过物流企业整合流通过程中经销商的存货，由药品的供应商来规划药品补充方案，随时掌握药品经销商的存货水平，因此医院可以完全取消存货，将所有的存货责任交给物流企业，由物流企业直接管理整个流通过程，不仅可以提高药品配送的频率，而且实现了药品到医院“零中介”的配送模式，避免了药品的丢失现象，也提高了药品流通的效率。

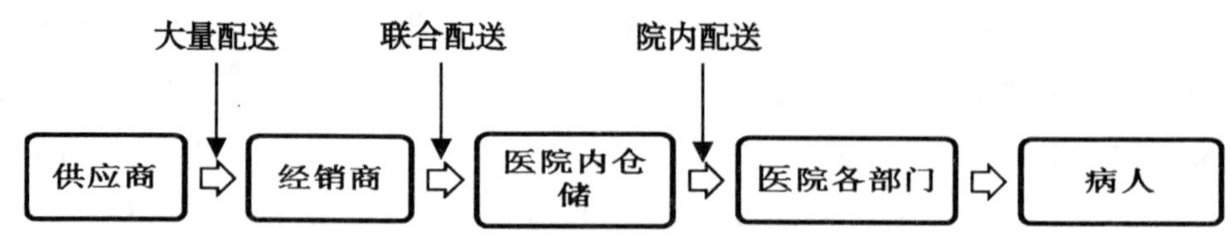

图 6.3 医院的传统流通模式

资料来源：根据相关资料绘制。

二、台湾药品流通中药店和药房的历史沿革

药店是台湾药品流通市场的重要组成部分，其发展的历史脉络可以在一定程度上反映出整个医药流通的变化。以 1945 年以后台湾开始出现的整体药品市场作为分析的基本背景，再以 1960 年后台湾药店发展史作为切入点，可将健保政策实施前台湾药品流通的历史分为两个阶段：第一阶段是制药厂商与药店等不同主体的自发联合阶段，同时也是台湾药品代理经销商的辉煌时期；第二阶段是药品连锁模式的萌芽发展与快速推进时期。[①]

（一）自发联合阶段（1960～1986 年）

这一阶段中，处于价值链下游的药店、药房[②]开始出现从零散发展到自发联合，其大致经历了三个时期。

第一个时期为药房、药店与制药厂商的联合发展（1960～1975 年）时期，早期主要表现为以“连锁会员”[③]的体系架构出售药品。最有名的是日本田边药厂与兴南企业共同成立的“田边良药会”（以下简称“良药会”），该组织拥有 2 500 余家药店或药房的流通网络，每家良药会会员店悬挂独有的标志，且通过密集的电视与平面广告、定期促销活动等手段吸引顾客上门购物。此时的连锁店模式采用每年承诺销售目标制度，以确保药厂、药商、药店与连锁店药品的市场占有率和增长率，并严格实施“不二价”政策维持利润。在组织形式上良药会采用会员制形式，从而巩固自身的药品销售渠道，使药商或药厂刚开发或

① 方世杰，方世荣.从交易成本与代理理论探讨医药行销通路[J].中山管理评论.2009(3)：1~24

② 由台湾卫生相关部门核发给药店、药房的药事专业证照有药店执照、药商许可执照两种

③ 台湾称为“浅店会员”（Chain Store）

刚上市的新药品只供会员享有，将非会员药店和药房排除在销售渠道之外。[①] 但这一时期，良药会主要采用会员制的经营管理及营销方式，虽然在一定程度上保证了会员的决策权和知情权，但随着会员数的增加也产生了运营成本过高、决策效率低下、管理手段匮乏等问题，使其难以满足现代药品流通的要求。随着医药市场的发展，部分药厂和代理商认识到会员制存在的问题，因此在后期转为采用连锁加盟的制度。[②]

第二个时期为药店、药房建立药品合作社时期。与前一时期的会员制相比，二者在组织形式上有很大的差别。良药会由制药企业发起，主要在供应药品品类与新药销售上形成共同利益。药品联合供应合作社是药师自发形成的药品市场下游环节的联合，主要基于采购需求中降低成本的需求，从而使药店、药房在下游形成联盟组织，对上游供应商提出联合采购要求，以经济规模的采购优势，达到降低采购成本的目的。就是在这样的背景下，1976 年，在药师公会的号召下，台湾主要药店、药房的药师筹建了药品联合供应合作社，吸引了超过 500 位执业药师成为其创始会员。

第三个时期是药店和药房建立“采购互助群”的新形式的时期。“采购互助群”会员通常数量约在 10～20 家，且主要以自行进口或采购有着共同需求的妇婴消费品为主，或以批量采购为谈判筹码，组成买方市场，从而向供应厂商争取较低的进货成本或较好的折扣、赠品或促销活动的赞助等。这种以互助形式组成的药店群对药厂总公司或采购任务小组的约束力和与之的关联性比较薄弱，仅限于采购互助，同时由于约束力较弱，使得组织的流动率很高。总体来说，这种以自愿加盟为特点的互助形式，其组织内部较为松散，约束力较弱，成员可以成为多个不同群体的成员。

（二）药品连锁经营阶段（1987～1995 年）

连锁店的急剧发展与经营模式的创新，对各个产业均造成极大影响。药店行业的发展也受到不同产业间的竞争与合作模式的影响，从单店模式向连锁经营模式转变。从台湾药店经营转型的过程来看，人均收入的提高和消费者行为的转变是推动零售药店多元化发展的两个非常重要的因素。与人均收入变化相对应的是消费者在不同收入阶段表现出的差异化的消费特性，其决定了药店经

① 林坤璋.药品服务品质与顾客满意度研究——以台北市连锁药店为例[D].中华大学，1999

② 郭佩雯.连锁药局关键成功因素的探讨[D]. 台湾大学，2004

营过程中的差异化定位和品类管理的思路。[①] 在 1975 年以前，台湾整体人均收入低于 1 000 美元 / 年，市场上的药店以传统的商店为主，其经营内容主要是进行药剂的配制和贩卖，目的在于满足居民的基本生理要求。1987 年以后，台湾人均收入达到 4 000 美元 / 年，与此相应，药店的经营形式也发生了转变，通过建立示范药店和便利商店的形式，在提升药品内在质量的同时，更加注重商品销售过程的便利性和舒适度。1989 年，台湾人均收入达到 6 000 美元 / 年，开始步入高收入行列，居民对商品的需要更加多样化，为了适应这种变化，药店大多开始采取综合型的经营方式。20 世纪末期，伴随台湾经济的腾飞，台湾人均收入达到 10 000 美元 / 年左右，此时为了满足消费者多功能购物的需求，药店也开始转为复合式的药妆店，且大多以更加现代化的购物中心的形态呈现出来。

这一阶段药店和药房的发展大致经过了两个时期。

第一个时期是以屈臣氏为代表的直营体系入驻的初步发展阶段（1987～1990 年）。1987 年，屈臣氏个人商品店进入台湾，开设复合式连锁商店，拉开了连锁经营的序幕。屈臣氏的经营特点是采用直营体制和多元化的经营方式，满足顾客的多种需求，将药品和一般用品的流通完美结合起来，提升自身的竞争力。在这种背景下，台湾药剂师公会在 1998 年推行“药师示范店计划”，实现药店服务品质和社会形象的提升，以应对市场发展的新趋势。但实际操作阶段，由于公会自身和外在阻力的双重因素作用没有达到预期的目的。因此，部分药师转向新型的连锁直营模式，1989 年台湾第一家本地连锁直营药店“跃狮”连锁店公司成立，巩固了本地药店和药房的经营发展。

该连锁店采取自愿加盟的方式，并且限定只能由台北市药师亲自开设并执业的药店才有资格申请加盟，使其成为纯台湾本地的第一家连锁药店体系，在经营商品的结构上，药品和医疗保健用品仍然是主要的商品，但也经营一般日用品，经营商品更加丰富和多元化。1950 年，台湾约有独立药店 6.5 万家，连锁药店约 7 000 家。到 1988 年，独立药店只剩 3.4 万家，连锁药店却享有全部营业额的 62.1%。在这样的大环境下，其他形式的加盟体系陆续出现。例如，由药师与药剂生组成的九洋加盟体系、由高雄药师所组成的同心会加盟体系等。但这些加盟体系如同早期的药联一样，仅止于策略联盟、联合采购，所以总部

① 龚荣茂.台湾复合式药店的发展轨迹和经营模式[EB/OL]. [2011-07-12] http://disease.39.net/news/interview/110712/1746608.html

与加盟者的关联性非常薄弱，如表 6.1 所示。

表 6.1　台湾药品连锁经营初步发展阶段情况

名称	成立时间	成员数	连锁体系	执业者	经营体制	分布区域	特点
药联	1976 年	823	自愿加盟	药师	早期药师公会组成	全部地区	全省发展最资深、最大
屈臣氏	1987 年	58	直营	药师	仿照香港店	全部地区	药品比例低
万宁	1989 年	60	直营	药师	仿照香港店	全部地区	典型直营体系
跃狮	1989 年	直营 11 家，加盟 22 家	直营与特许加盟	药师	本地发展的连锁体系	全部地区，以北部为主	自愿加盟为开端，转为直营特许加盟
华特	1989 年	直营 10 家，加盟 22 家	直营与特许加盟	药师	由顾问公司发展的修正体系	全部地区	为加盟体系中提供服务最完整的，走药品物流连锁体系
日康	1989 年	2	直营	药师	百货专柜	台北	由百货专柜发展的体系
开心 369	1990 年	2	直营	药师	药厂直售	台北	唯一制药厂直营体系
九洋	1990 年	100	自愿加盟	药师	药师与药剂生各半	台北、台中	典型自愿加盟体系

资料来源：龚士惟：《连锁药店展店策略之研究》（朝阳科技大学学位论文，2011）。

第二个时期（1991～1995 年），大量新型的连锁形式被运用，连锁规模也不断扩大，跨国连锁也被逐渐引入。1991 年，美吾华企业与美国美信医药（Medicine Shoppe）签订技术授权契约，引进美信医药连锁加盟药店的商标、经营技术，成立了博登药店。在经营中跨国公司主要为加盟药店提供品牌管理体系的系统规划、商品陈列、促销规划等技术，同时协助加盟药店进行有效的经营管理，扮演类似企业顾问的角色来管理公司。在公司的商品构成中，药品占 70%以上，医疗器械、保健用品占 30%。1993 年，长青药店成立，采取“专业、亲切、便捷”的经营理念，企业发展定位为“健康设计师”，通过为直营药店及股东药店提供整套可行的连锁药店经营技术、物流及零售支持服务，实现更加成熟的连锁经营方式，如表 6.2 所示。

表 6.2　台湾药品连锁经营快速发展阶段情况

名称	成立时间	成员数	连锁体系	执业者	经营体制	分布区域	特点
博登	1991 年	101	特许加盟	药师	完全借鉴美信医药	全部地区，北部 50% 以上	唯一由境外引进的新型连锁加盟体制
中美	1994 年	直营 2 家、加盟 52 家	直营与自愿加盟	药师	由中美兄弟制药股份有限公司成立	全部地区	拥有强大的垂直整合能力
长青	1994 年	直营 4 家、加盟 147 家	直营与特许加盟	药师、药剂生	典型本地发展连锁体系	全部地区，以北部为主	自愿加盟为开端，转型为直营加特许加盟
悦善	1995 年	加盟 275 家	自愿加盟	药师、药剂生	由药商强大物流支持	全部地区	信用卡式的会员制落实自愿加盟
康是美	1995 年	8	直营	药师、药剂生	由统一生活事业部转投资设立	以北部为主	拥有统一集团雄厚的资金与技术支持
统一	1995 年	750	自愿加盟	药师	由统一超商投资成立的公司	全部地区	拥有统一集团雄厚的资金与技术支持
易而善	1995 年	近 300	自愿加盟	药师、药剂生	由药品公司扩大成立	全部地区，中南部较多	唯一使用电视广告招募加盟

资料来源：龚士惟：《连锁药店展店策略之研究》（朝阳科技大学学位论文，2011）。

这一时期连锁药店的发展与经营方式出现两个明显的特点，一是连锁药店规模不断扩大。二是原有连锁药店进行了深度转型。例如跃狮连锁药店作为台湾本地的连锁药店，1994 年开始转变药店连锁加盟模式，从传统的自愿加盟制变化为更加专业化的特许加盟制，使总部与加盟者之间的关系进一步巩固，完善了整体性经营和管理能力，巩固了在台湾本地连锁药店中的地位。此外，华特健康广场通过调整商品构成，形成了更加多元化的商品结构，其中，50%为药品，15%为健康食品，5%为居家卫材（主要指日化产品），30%为其他产品。同时，华特健康广场加快完善药品物流渠道，并于1995年4月斥资2亿建造了自己的物流中心，成为台湾第一家拥有自有药品物流的连锁药店体系，从而成功实现了深度转型。

第二节　台湾医药流通的现状与特点

伴随着台湾居民健保制度的实施，台湾医药流通企业也发生了较大的变化。结合医药流通行业的发展现状来看，国际化和专业化的流通模式成为重要的方式，流通企业提供的服务更加全面化和多元化。总体来看，现阶段台湾医药流通行业发展呈现出新的特点，其中大型医院的流通优势地位进一步巩固，药品流通模式更加专业化，流通过程实现了与信息化的高度融合，从而使整个药品流通行业的绩效不断提高。

一、台湾医药流通的发展现状

（一）国际医药商业流通行业的发展情况

国际医药流通行业在标准化、制度化方面已经相当成熟，以美国、日本、西欧本为代表的发达国家和地区，药品流通市场发展已经形成规模化、专业化的趋势。目前发达国家和药品流通企业集聚度较高，行业内整合程度较高，药品商业流通市场增长速度较快。例如，美国医药流通行业中的代表性的麦克森、卡地纳健康、美源伯根三家医药商业流通企业，占据了全美药品流通90%以上的市场，整个流通行业实现了较高的整合度，同时保持着较好的增长态势。日本是亚洲地区药品市场最发达的地区，凭借完善的交通基础设施，药品流通行业整体发展速度很快，药品市场销售额占比不断提高。从整个药品流通行业来看，日本现阶段有147家医药商业流通企业，其中莫迪西欧（Mediceo）、铃谦（Suzuken）和阿鲁来沙（Alfresa）三家企业占据67%以上的市场份额。综上所述，世界医药流通行业的发展呈现出高集中度和高增长速度的态势，因此药品流通行业整体的发展潜力较大，发展活力较强，发展成熟度较高。

（二）台湾医药商业流通行业的发展情况

目前，台湾药品流通渠道主要有自营和专业物流公司经营两种方式，而专业化的物流公司又是流通行业中发展相对较快的类型。台湾的制药企业市场集中度较高，排名前 4 的厂商辉瑞、赛诺菲、葛兰素史克与诺华的市场占有率之和达到 24.5%，如果再加上排名第 5 的阿斯特，则前 5 家制药厂商共占据近 30% 的市场份额。与之相对应，台湾药品经销及物流主要是由药品流通企业来完成的，这部分企业占整体药品市场总值的 60%左右，其三家主要企业分别是：裕利（市场占比 31.3%）、久裕（市场占比 16.1%）、大昌华嘉（市场占比 12.6%），因此台湾药品流通企业也是高度集中的，同时结合表 6.3，可以看出台湾主要医药商业流通企业都已经通过了本地区和国际上的相关标准（如国际药品监查合作计划之生产质量管理规范，简称为 PIC/S GMP），专业化水平高且服务能力强。

表 6.3　截至 2014 年 4 月通过 PIC/S GMP 的医药物流厂

001	泛泰医疗产品有限公司	2013 年 3 月	002	集康国际股份有限公司	2013 年 5 月
003	台湾大昌华嘉股份有限公司	2013 年 6 月	004	亚博实业股份有限公司	2013 年 6 月
005	新竹物流股份有限公司	2013 年 11 月	006	久裕企业股份有限公司	2013 年 12 月
007	吉地喜股份有限公司	2013 年 12 月	008	香港商信可股份有限公司台湾分公司	2014 年 2 月
009	玛里士实业有限公司	2014 年 2 月	010	昱升药业有限公司桃园厂	2014 年 4 月

数据来源：台湾食品药物管理相关部门（2014）。

居民健保政策实施对台湾药品流通行业产生了重要的影响，通过“从干中学”等方式，专业化的物流公司积累了丰富的药品物流实践经验，凭借专业的物流仓储中心，先进的拣货、分货、并货的处理设备以及高效的药品配送车辆团队，其已经成为台湾药品运输的主要手段。与传统的物流企业相比，专业化的药品物流公司，其流通服务架构更加完整，物流服务更加多元化和丰富化。

专业化的药品物流服务，体现在物流服务的多个方面。从工作效率方面来看，重在加强对关键业务指标的监控。例如，强调员工之间的团结、约束激励机制和培训教育；在业务操作上提高发货速度，仓储业务、行政业务和配送业务要达到标准要求；在存货管理上采取精确库存、异动盘点、精确补货拣货、循环盘点等工作方法，同时辅以对员工进行道德教育、严格管理制度等措施；在服务质量上关注检验（包括进货、加工和退货等）、作业流程、文件管理、窗体管理等方面操作。从人力资源配置方面，突出精简高效的特色。例如，细化对各项工作核心人员和非核心人员轮调制度和绩效的评估，组织管理上推崇扁平化的管理结构，实现更加灵活高效的人员配置；设置专门的服务人员，对接当局、协会的业务咨询和调查以及客户投诉，并且对相关资料进行汇总和上报，实现对市场需求的快速反应和及时处理。从社会责任方面来看，积极参与社会公益活动和承担社会责任，树立良好的企业形象。从企业战略来看，强调实现采购费用管理和财务监控效益化管理；明确清晰的发展目标、执行计划、预算控制，实现科学化发展与管理，实现股东利益的最大化，获取股东的最高程度的支持。

二、台湾药品流通的供应链的现状

结合迈克尔·波特提出的药品流通企业价值链理论，从实体流通角度重新阐述价值链上活动的内涵，具体来说包括三个环节：实体供给、内部存货移转、实体配送。如图 6.4 所示，通过将实体流通和价值链活动进行比较，李明煌[①]把波特的理论同台湾的药品供应链结合了起来。首先，迈克尔·波特提出的进料后勤在实体流通过程中体现为从实体供给到内部存货转移的过程，整个过程包括采购、原材料的供给、运输、仓储、存货等活动。其次，迈克尔·波特所提出的生产活动，对应实体流通过程中的内部存货的转移，具体分项活动包括仓储内原料提领出库、搬运、加工制造、包装、入库成品仓储。最后，迈克尔·波特提出的出货后勤以及营销活动服务对应实体流通过程中的实体配送，其分项包括成品储存、订货、运输、配销渠道及客户服务。

综合分析迈克尔·波特提出的价值链中进货后勤、生产活动、出货后勤各个环节，分别对应着药品货物（含原料、半成品）在各药品厂商内部进行的生产活动或是药品流通企业内部存货移转的转移活动。具体流程为：首先，采购

① 李明煌.台湾药品物流运行方式初探[J].社会政策与社会科学季刊，2003(12)：75~108

药品原料、半成品等货品入库，再经药品制造厂商进行加工、包装的生产活动或是经过药品流通企业（含药品物流及流通业者）分类、流通加工、包装实现内部存货转移。其中原料、半成品的进货作业统称为进货后勤；经过药品制造厂加工、包装的生产活动或是药品流通业者（含药品物流及流通业者）分类、流通加工、包装，进行内部存货转移所得的成品活动统称为出货后勤。

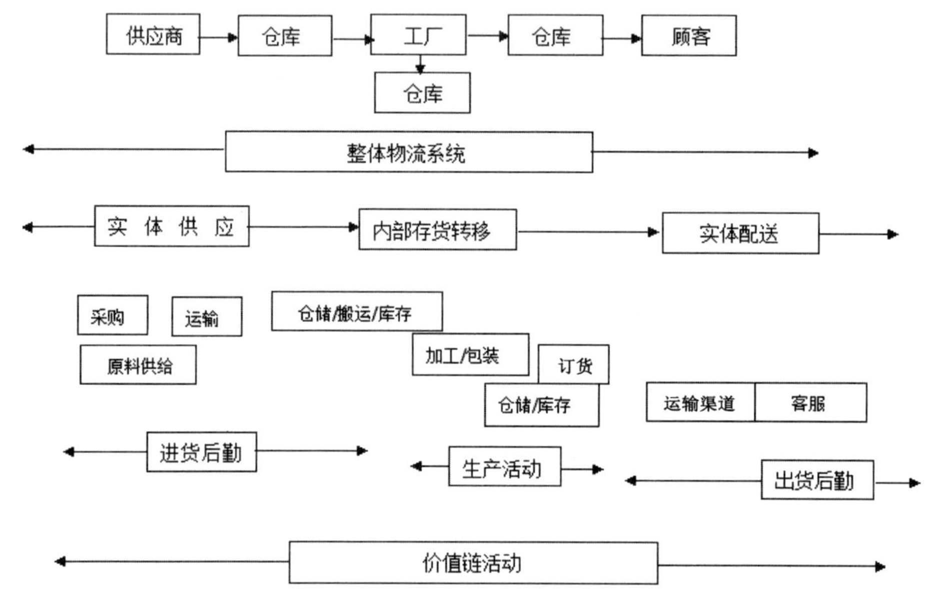

图 6.4　物流系统与价值链活动的比较

数据来源：李明煌：《台湾药品物流运行方式初探》，载于《社会政策与社会科学季刊》，2003（12）：75～108。

（一）进料后勤

原材料供给、运输和仓储是进料后勤的三个主要方面。

1. 原材料供给

药品的生产原料是整个药品行业的关键性产品，其主要通过化学合成、基因工程、组织培养等方式从动物、植物、微生物、矿物及一般化学品等原材料中提取其活性成分作为中间体及原料药，为下游制剂厂制作各类制剂提供原料。[①] 为了更好地规范制药厂商的生产和提升药品质量，台湾卫生相关部门于 1982

① 台湾经济主管部门下辖工业部门网站，2013

年开始推行药品生产质量管理规范制度。但是，原料药生产仅采取自愿实施制度，并不强制推行原料药生产质量管理规范制度。然而，台湾的原料药厂商多以外销为主,且国外药品监管部门对制剂原料药有严格的质量要求与生产规范。

这些原因致使台湾原料药厂商愿意主动遵守标准化的生产质量管理规范制度，以符合国际药品监管的规范。到 2013 年为止，已有台湾神隆公司、旭富制药公司、台耀化学公司、生泰公司、永日公司及永光化学公司等 21 家原料药厂的部分或全部产品通过原料药生产质量管理规范审查，登记可生产的原料药品项约有 140 项，包括抗生素、维生素、激素、胃肠道用药、麻醉药品、抗癌药与心血管用药等小分子化学合成原料药及中间体。其中，台湾神隆公司、旭富制药公司、立大公司、正峰公司、生泰公司、永日公司、台耀公司等 11 家厂商已通过美国及欧盟的药物管理部门的审查。总体来看，台湾药品供应体系中的原料药充足且质量较高。

2. 运输

运输在货品移动过程中提供了储与运的功能，在可承受的成本范围内产生跨越时间与地域的效用，从而增加产品的附加价值。一般来说，货物运输应当满足“货品移动后创造出的附加价值应该远高于运输所产生的成本”之要求，只有这样才有可能提高物流的系统规模绩效。

从地理环境来看，虽然台湾自然资源缺乏，但具有优势明显的区位优势。通过优越的海港条件和专业化货柜运输，可以形成台湾药品原料供给和输出的优势。随着运输条件的不断改进和优化，台湾原料药厂的全球化将拥有更加便利的条件。

3. 仓储

台湾的原料药仓储除了一般的普通仓储程序外，一个非常重要的程序就是根据原料药需求阶段的不同，存放于不同的仓库，提高了原料药供应时的效率，同时将状态比较接近的原料药进行同类存放，保证了原料药的品质，从整体上来看，仓储的科学性和效率性较高。①

（二）生产活动

目前台湾地区的药品生产活动水平较高，且相应的药品生产评价体系也比较完善。

---

① 谢依静. 台湾药品的行销道路与影响因素[D]. 东吴大学，2004

从药品生产的标准来看，台湾的食品药物管理相关部门积极推广国际医药品稽查协约组织所制定的药品规范，并规定所有西药制剂厂需要在 2014 年 12 月 31 日全面完成实施，否则便不得再继续生产西药制剂。严格的生产标准，保证了台湾药品的质量，同时也提高了其在国际市场上的竞争力。

从药品的生产方式来看，由于国际大制药厂为控制成本，发展核心能力，纷纷采用外包的方式生产药品。而台湾的制药厂凭借自身标准化生产优势，往往成为全球制药产业中的药品代工厂，不仅提升了自身的生产水平，也使台湾生产的药品能更好地进入国际市场。

在生产包装方面,台湾食品药物管理相关部门也推出专门的药品形象标章，作为本地药品的统一形象标章。民众在选购药品时，只要认明药盒上的标章，就可买到符合国际制造质量的优良药品。如表 6.4 所示，目前台湾通过相关认证并获准使用药品形象标章的药厂共有 94 家,因此药品的生产包装标准化水平较高。

（三）出货后勤

药品流通的出货后勤主要包括药品仓储系统、药品配送系统、订单系统及客户服务等。

1. 药品仓储系统

为了降低运输和生产成本，协同供给与需求关系，调节生产过程，促进市场销售，对药品进行仓储很有必要。目前台湾药品出货的仓储主要包括制药企业自有仓储和专业化物流公司的仓储两种方式。其中专业化物流公司的仓储的主要特点是利用实施订货系统匹配有效需求，缩短药品出货仓储的时间。此外专业化的物流仓储的服务水平和仓储能力也高于制药企业自身的仓储。总体来看，台湾药品出货仓储主要是由专业化的物流企业承担的。

2. 药品配送系统

医药配送不但要达到医院、诊所的要求，还要根据药品物流所具有的产业特殊性（例如特殊运输配送及储存条件、单据往来及管理、季节需求变化等）。现实操作中，药品配送的方式有两种。一种是制药企业直接配送到药品需求方，一般只适用于大型的医院的药品需求，这种直接配送的优势在于最大限度地缩短配送的时间，保证药品的时效性，但整体配送服务水平不高。另一种是制药企业委托专业化的物流公司配送，通过利用专业化的温控配送系统和密集的配送网点，可以最大限度地保证药品质量的稳定性和时效性，但成本也相应较高。

3. 订单系统

订单一般是由业务人员从客户那里获得的，但由于台湾的健保制度和医药界关系存在特殊性，大多是由药厂业务代表接单为主，而药厂在订单系统的数据库中，可经由历史数据来预测某项药品的需求量，或是以库存系统数据作为业务接单时的参考。

当客户通过订单系统进行下单后，仓储系统接到信息就开始处理出货的流程，并经物流配送到客户手中。如果仓储出货较快使库存量低于安全值，生产系统就能够收到信息，优化生产线上的资源配置，同时反馈给订单系统。

4. 客户服务

企业提供的客户服务水平越高，越有利于建立持久的交易关系。维护既有的客户，其成本远低于开发新的客户群体，因此提高客户水平对制药企业的可持续发展是非常有利的。台湾的药品市场在营销领域中是比较特殊的市场，其营销的对象大多是具有专业知识的医疗人员，这些族群的自主性较高，所以为其提供服务很有挑战性。

在实际处理客户关系时，台湾制药企业往往利用有效的客户关系软件，协助企业实现优质的客户服务。同时从整个台湾药品流通的供应链来看，应用软件服务的模式可使企业通过电子商务增加商机，减少报价的处理时间、简化订货流程，减少库存的数量，实时传递最新信息给客户，节省印刷成本，提升竞争力，从而实现更好更有效的客户服务。

三、台湾医药流通行业的发展特点

（一）大型医院的药品流通的主体地位巩固

1995 年台湾开始实施居民健保制度之后，药品流通市场进入重整与革新阶段。在居民健保政策实施之前，医院占药品流通市场份额为 56%，药店与诊所分别占 29%与 15%。居民健保制度实施后，该比例不断变化，截止到 1998 年该比例变为 70%、18%与 12%。① 居民健保制度实施之前，医院为药品流通主体，但是药店与诊所也是重要的流通渠道；健保全面开展之后，医院成为药品流通渠道的绝对主体，从图 6.5 可以看出，到 2011 年时，医院与非医院（药房、诊所）之间已呈现 8:2 的比例结构，因此在台湾药品市场流通渠道的终端医院、

① 方世杰，方世荣.从交易成本与代理理论探讨医药行销通路[J]. 中山管理评论，2009(3)：1～24

诊所、药店之中，医院已经处于绝对的优势地位。

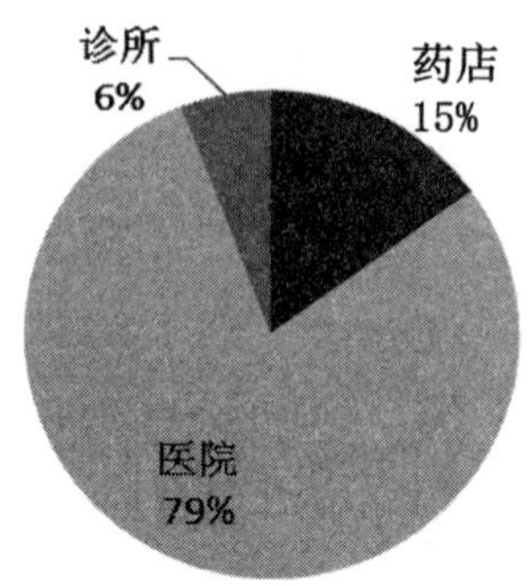

图 6.5　2011 年药品销售市场渠道的比例

数据来源：艾美仕台湾健康调研计划（2011）。

进一步看，根据表 6.4 所示，从药品流通终端的增长变动情况来分析，医院仍然是最重要的药品流通终端，其增长速度也是最快的，而药店和诊所的市场出现了一定的萎缩，整体的增长态势波动性较大。这主要是实施健保政策后，大部分消费者购买药品的行为发生了改变，由原来的自费从药店或者诊所购买转为去医院利用健保费用支付。此外，一些处方药有不得随意购买的规定，消费者必须取得医师的处方，才可以去药店购买处方药，这使得药店的功能性和便利性大大降低。这些都促使医院在整个药品流通中的地位进一步上升。

表 6.4　台湾药品流通终端变化表

	医院			药店			诊所		
	市场值（亿元新台币）	市场占有率	增长率	市场值（亿元新台币）	市场占有率	增长率	市场值（亿元新台币）	市场占有率	增长率
2007 年	461.4	72.76%	18.6%	102.6	16.18%	0.6%	70.1	11.06%	9.2%
2008 年	599.3	76%	29.9%	107.4	13.6%	4.6%	82.3	10.4%	17.4%
2009 年	682.7	77.6%	13.7%	109.3	12.5%	1.6%	87.9	9.9%	6.8%
2010 年	729.2	79.1%	6.7%	103.8	11.3%	-4.8%	88.3	9.6%	0.4%
2011 年	734.6	77.9%	0.7%	116.1	12.3%	11.9%	93.0	9.8%	5.3%
2012 年	803.5	77.8%	9.1%	123.7	12.0%	6.6%	105.9	10.2%	14%

数据来源：根据艾美仕台湾健康调研计划相关数据整理。

2001 年，学者蔡颖吉从药品流通终端的便利性和医疗服务水平的角度，参考历年来的药品销售数据，将整体药品市场在健保实施前后的推移进行分析，得出的结论为：大型医院在药品流通中医疗服务水平不断上升，同时药品流通的便利性增加，而药店和诊所都出现了不同程度的萎缩和便利性的下降。

综合上面的分析，可以发现健保政策实施后，虽然台湾药品的流通渠道的主要形式没有发生改变，但在市场交易机制不断整合下，药品流通市场逐渐集中于大型的医院，对药店和诊所产生了较大的冲击。同时医院流通的药品主要是进口药和外资厂生产的药品，因此使得不具有研发能力的制药企业的流通渠道进一步收缩，市场的竞争也更加激烈。

（二）信息化全面融入台湾药品流通业

伴随信息化迅速发展，台湾药品流通产业通过电子化的联合采购来降低成本，从而实现买卖双赢。2001 年，学者黄进兴、李宜昌总结，台湾的信息化联合采购环境大致可以分为以下三种模式：一种是以医院为主导的联合采购，这种采购模式以医院为中心，由药品供应商积极配合推动，主要是替代医院的传统采购系统，以中小型医院的现有采购为基础，共同发展电子采购系统，以获得电子采购及联合采购的价格优势与配套优惠；二是中间人主导的联合采购，这种流通模式替代了传统的中间商模式，通过对药厂提供经销与库存等服务来为医院提供电子采购与配送服务，这种电子化联合采购以美斯可药物电子采购系统、裕利快捷网线上采购服务为代表；第三种是第三方发起的联合采购，这种模式是将药品或服务的采购外包给第三方。

在现实流通操作中，专业的药品物流公司往往采用一套完整的电子化操作系统来处理和上游厂商的业务关系。根据供货商或制药企业提出的要求，专业的药品物流公司提供相应的服务。从上游供货商服务需求来看，在加强对库存的管理方面，物流公司会提供包括循环盘点、储位管理以及条形码管控等方面的服务；在存储的安全性方面，物流公司主要在监视系统、紧急供电设备、消防功能和电子门禁等方面提供服务；在货物的批号管控方面，物流公司重点在“料账合一质量监控、先进先出”等方面努力；在危机处理方面，物流公司就需要特别关注系统停摆、天灾、停电、不良事件和产品回收等问题的处理；在订单处理速度和方式方面，物流公司利用自身专业化的服务，提高订单过滤系统和订单处理系统的速度；同时充分利用传真、专线、电子邮件、网站、超文本链接标示语言交换等工具完善订单处理的方式。简而言之，在信息化时代，依据客户的服务需求，物流公司会提供专业化、人性化、定制化的服务。

（三）台湾药品流通的物流绩效不断提高

在经济全球化的大背景下，药品全球化市场日益活跃，主要的一些大的国际制药厂商出于成本与效益考虑，更多地开始全球性生产策略布局，通过将不同的生产阶段设置在不同地区的药厂，实现生产的外包，达到降低生产和流通成本的目的，随后在全球范围内营销，使得药品运销在全球范围内日渐频繁。

在药品全球配送的储存与运输过程中，产品质量受外在环境因素影响的风险随之增加，物流企业必须考虑更多的因素，包括：流通过程中不同地域气候的变化、长距离运输交通工具的特殊考虑（陆、海、空运）、生物药品等特殊产品低温运输过程中的温（湿）度监控、不同国家和地区海关作业的差异及流通过程产品流向的可追溯性等，从而确保药品离开药厂在送达病人的运输过程中能维持既定质量。因此，各经济体开始制定药品优良运销作业规范（英文为 Good Distribution Practice，简称 GDP），这一规范的目的在于实现药品流通业者在运输过程中对药品的质量及包装的完整性的保持。经销商通过建立良好的运销质量管理系统，确保正确的药品在合理的时间内正确运送给使用端，并用以追溯药品流向、有效处理紧急药品回收事件，同时实现对药品运输的整体过程进行绩效评价，它已成为药品物流的绩效评价准则。

2012 年，林风兰通过对药品流通企业在组织与管理绩效、品质系统绩效、设施仓储与储存绩效、运输车辆与容器包装绩效、配送与接收绩效、文件绩效、合约活动绩效、退回及客户投诉绩效、自我稽核绩效等九项绩效进行问卷调查与评价，得出结论：2011 年台湾药品流通企业在这九个方面的平均分值在 3.62～4.16 之间，比药品制造业要高，其原因主要是流通企业基于对客户的服务及社会责任，建立起更加标准化和规范化的业务守则及防范机制，通过更加科学的管理，避免药品被盗用、转移与伪造，如表 6.5 所示。

表 6.5 流通企业组织和管理绩效表现分析

问题内容	平均值	标准差	排名
A1：组织内设有专职推动药品优良运销作业规范的单位、人员、教育训练以及药品管控流程	3.46	1.01	7
A2：有书面文件清楚地载明运销作业（仓储、运输）人员的职责	3.69	0.82	4
A3：已建立品保单位专责药品和运销品的实施、监控和维护	3.86	0.74	3
A4：已配置适当的人力参与各阶段的运销作业并接受教育训练	4.00	0.93	2
A5：为参与运销的人员建立安全卫生及健康管理程序、给予具体训练和防护措施	3.64	0.89	5
A6：对运销人员以及临时聘用的员工有标准的聘用流程	3.64	0.72	5
A7：建立业务守则和防护机制避免药品被盗用、移转和伪造	4.14	0.53	1
平均值	3.78		

资料来源：林凤兰：《台湾医药物流组织绩效评价分析》（德明财经科技大学学位论文，2012）。

（四）药品流通监管更加规范化

台湾成立了专门的食品药品监督管理部门，加强对药品流通市场的监管。根据表 6.6，可以看出药品监管的重点主要是伪药、劣药、禁药等方面，抑制非法药品在市场上的流通。从 1998 年到 2011 年台湾药品违规总数呈现出上升趋势，其中伪药和禁药是流通中的主要问题。从总体趋势上来看，针对违规行为进行处罚的力度有所提升，且随着流通相关规定的制定和完善，违规流通行为移送有关部门查办的案件数增长较快。总之，台湾药品流通发展趋向更加严格化和规范化的监管，这有助于提高整个医药市场的竞争力和流通行业的运行效率。

表 6.6 历年药品检查暨查获违规统计

年份	检查家数	违规家数	总计		伪药		劣药		禁药		其他		处罚件数	移送有关部门查办件数
			件	种	件	种	件	种	件	种	件	种		
1998 年	45 645	290	344	482	35	62	23	41	26	105	260	274	184	64
1999 年	49 954	404	491	1 097	39	96	29	41	46	544	377	416	310	77

续表

年份	检查家数	违规家数	总计		伪药		劣药		禁药		其他		处罚件数	移送有关部门查办件数
			件	种	件	种	件	种	件	种	件	种		
2000 年	52 028	417	432	722	63	173	36	36	28	182	306	331	274	78
2001 年	43 837	415	412	636	33	42	36	31	19	238	324	325	315	51
2002 年	43 140	465	484	1031	45	457	49	57	16	141	374	376	282	46
2003 年	47 637	358	379	532	42	45	11	13	22	116	304	358	243	52
2004 年	52 963	531	552	898	90	104	16	22	32	321	414	451	319	71
2005 年	60 533	660	669	618	112	114	25	28	20	22	512	454	311	85
2006 年	58 673	599	673	1048	72	121	25	43	31	361	545	523	328	80
2007 年	48 001	431	506	909	49	128	38	43	33	336	386	403	233	82
2008 年	48 338	519	777	655	69	65	17	20	202	181	534	547	204	243
2009 年	48 224	689	792	828	82	57	36	38	65	129	673	668	283	98
2010 年	48 885	742	1 511	3 007	467	642	37	48	394	1885	642	620	273	911
2011 年	40 334	718	1 007	2 287	327	424	102	142	206	1346	372	375	223	502

资料来源：台湾各地卫生有关部门统计汇总（2012）。

随着市场一体化程度的加深，台湾的药品违规案件数量有一定的增加，这在一定程度上折射出整个市场发展规范性标准还未完善。从整个药品生产流通的产业链角度来看，流通环节是药品不规范操作的重灾区；从流通渠道来看，药店的药品违法事件数量高于诊所等其他渠道，见表 6.7。因此，需要从药品流通环节和相关流通渠道入手，加强对药品市场的规范性运作。

表 6.7　药品检查暨查获违规统计

检查对象	检查家数	违规家数	总计		伪药		劣药		禁药		其他		处罚件数	移送有关部门查办件数
			件	种	件	种	件	种	件	种	件	种		
西药制造业	204	26	34	32	1	1	8	8	—	—	25	23	26	1

续表

检查对象	检查家数	违规家数	总计		伪药		劣药		禁药		其他		处罚件数	移送有关部门查办件数
			件	种	件	种	件	种	件	种	件	种		
西药流通业	4 228	114	114	150	33	38	6	6	4	39	71	67	34	34
中药制造业	55	20	28	28	1	1	4	4	—	—	23	23	21	—
中药流通业	4 778	78	82	134	11	29	2	33	2	6	71	67	34	34
药店	11 936	53	107	142	26	45	42	42	5	16	34	39	47	33
西医诊所	8 158	23	28	35	5	7	16	27	—	—	7	7	21	4
中医诊所	2 211	15	20	22	8	8	8	12	—	—	4	2	12	8
其他	8 764	389	594	1 744	242	294	16	16	195	1 285	141	148	48	405

资料来源：台湾各地卫生有关部门统计汇总（2012）

第三节　台湾药品流通领域的主要问题

结合台湾药品流通的现状来看，整个医药流通领域仍然存在一些不规范的运作，阻碍了药品的顺畅流通。这一方面是药品流通主体自身在健保政策下产生的问题，例如药品价格黑洞、药店流通效率较低；另一方面是相关规范化流通的标准不完善所导致的结果。这些问题的存在都在一定程度上阻碍了医药行业要素的合理流通以及医药市场的健康发展。

一、医药流通规范化水平有待提高

现行的台湾药品流通规范标准约束力较弱，导致药品在仓储和配送过程中被作为一般商品来对待。物流企业在运输一般商品时，往往从降低成本的角度考虑，采取不规范的流通方式，导致运输过程中的药品品质无法保证，甚至还会产生假药等问题。药品流通过程中，文件规范、品保单位、运销单位、温湿度控制、召回与追溯和教育训练等项目都十分关键，但实际运行中对相关项目的落实程度却往往不尽如人意。这与医药产品流通行业自身的特殊性有关（例如运输配送及储存条件特殊、单据管理复杂、季节需求变化大等），使得医药物流除了配合医院、诊所及药店等渠道的物流需求外，还须确保医药品在库存管理及配送过程中质量的稳定性。此外，医药品的有效期、销售对象、批号、配送日期及数量等信息都须做正确的记录，以便发生异常状况时，可以及时追踪与查询相关原始资料。因此医药物流并非是一般物流业者或货运业者可承揽的业务。然而，台湾的动态药品生产管理规范尚未将医药品配送作业的相关规范纳入其中，从而造成医药物流作业中的不规范现象较多。

2012 年 5 月 17 日，台湾正式推行《药品优良运销规范》，以实现更加规范化的药品流通。这一规范的实施提高了药品流通的成本，对医药流通行业冲击较大，但却加速了整个流通行业的优胜劣汰。实际推行过程中，台湾当局为了减少这一冲击，设立了一段缓冲时间以及提供相应的补贴，但这些措施却在一定程度上影响了整体规范化流通的推进速度。因此规范化流通不充分的问题仍然会在一定时期内存在。

二、药价黑洞问题严重

目前台湾的健保药品支出约占整个健保支出的四分之一，这与不断下调的健保药价形成了鲜明的对比。实际申报过程中，大型医院向健保机构申报的药品价格大大高于其低廉的实际采购价格，这中间所产生的药价黑洞是值得关注的。所谓的药价黑洞，是指药品价差的过于悬殊，这里是指台湾健保机构实际支付给医院的药品价格与医院向制药企业支付的采购价格的差距。通常产生药价黑洞的原因主要有三个：一是相关医疗机构以简表申报药品利润；二是各级医院因为具有不同的采购议价能力，因此实际采购价格的折扣不同；三是对于有些专利过期很久的药品，健保机构没有进行价格调降，但实际采购中医院却以较低的价格购进，从而形成巨大的价格差距。

现实采购中，药商通常会与医院串通，通过提供虚假的发票或者直接将价差“回馈”给医院的方式，提高自身产品的销量。但这种行为严重影响正常的药品流通，甚至会导致不适当的用药以及药品品质的降低。医院这种“低买高卖”的违规行为，严重地浪费了有效的医疗资源，并阻碍了台湾医药市场的正常运行。

三、传统流通渠道药店和药房发展受阻

目前台湾的大医院是整个流通渠道的绝对优势主体。医院凭借着药品需求数量的规模优势，形成了较强的议价能力，而以药店为代表的流通主体的情况却在进一步恶化。这主要是因为：一方面，药店的流通渠道相对分散，每次采购的金额相对较少，但品类较多，总体议价能力较弱；另一方面，药店采购的药品多为本地生产的附加值低的仿制药，而医院多采购附加值高的进口药或者外资厂商的药品，药店在实际流通中获得的利润远低于专业化的医院。例如在健保政策实施前，保险单位会给予医疗单位在药品价格之外20%的药品管理费，即如果医院花 100 元买一盒药，保险单位将会给付 120 元，但却造成医院买高价药获取更高利润的内在动机；健保政策实施之后，如果仍以 100 元价格的药品为例，议价能力强的大医院可能用 20 元即可买到，但议价能力差的小医院可能要花 90 元来买，如果给付采取 50 元的平均价，可能会有一半的医院买不到药，在这种情况下，健保机构就要对药价差进行补偿，而这样做的结果是进一步刺激大型医院的发展，而药店的流通渠道却进一步恶化。

此外，药店流通渠道恶化还体现在连锁经营的模式缺乏稳定性上。目前连锁药店面临的问题首先是外部环境与竞争的日趋激烈。同时，在其内部组织关系上，总部对加盟店掌控能力较弱，而专业药师的自主性较高，在一般加盟关系中配合度较低。加盟者在加盟初期学习总部的框架设计与管理技术后，与总部的关联性较弱，从而导致整个加盟模式无法保证整体品质。另外健保特约的药店通常需要供应不同专科诊所的处方用药，导致其库存压力很大，如果处方中有某一种药缺货，那么处方就无法配出来，就会影响整个连锁店联盟的经营效率。因此，如果总部缺乏强大的药品物流中心支持，将会影响加盟者的信心与加盟的动力。这些现实原因都在一定程度上阻碍了药品通过药店渠道进行流通。

四、消费者存在过度的医疗需求

居民健保政策实施后，人均保费支出的上升以及健保覆盖范围的拓展，使

得消费者的实际医疗需求大幅增长。根据目前的实际情况来看，在一定程度上出现了医疗需求过度的问题。近十年，台湾的医院门诊数和住院人数逐年上升，2010 年人均住院天数为 10.3 天，而人均每年门诊就医天数为 15.3 天。台湾地区的住院人数由 2000 年的 260 万人增长到 2010 年的 310 万人；平均住院天数也从 8.7 天增长到 10.3 天，在亚洲地区中仅低于日本；此外，每年医院门诊就医次数在 2000～2005 年维持在 9 200 万次，但到 2010 年增长到 1.01 亿次，在拥有先进医疗系统的国家和地区中天数最多。[①]许多小型医院因为成本压力而退出市场，而继续经营的医院又面临着规模必须不断扩大的问题。

健保政策下台湾医疗支出有近 60%来自健保支付，其中药品支出更高达每年 1 000 亿元左右，医疗资源浪费一直是一个很大的问题。造成健保资源过度浪费的原因，除了居民过度使用医疗服务及就医习惯外，还在于居民健保初期所实施的支付制度，即沿用公、劳保时期“论量计酬”的主要支付基准（英文为 Fee-for-service Payment System，简称 FPS）。依据台湾地区健保机构 2003 年统计资料显示，台湾地区居民每人平均就医次数高达 14.85 次，较美国之 5.3 次高出许多；在药品品项方面，每次处方含 3.9 项药品，而美国为 1.6 项药品，且有 25%的台湾地区居民拿了药却没有把药吃完；在保健费支出方面，药价占总保健费的 25%，美国为 15%。从上述数据可以发现，健保制度带来的健保用药需求过度是台湾药品流通问题的制度性根源。

第四节　台湾药品流通问题的深层原因

透过药品流通中存在的表面问题，探究其产生的深层次原因，是完善整个医药流通市场的首要任务。在实施居民健保政策后，由于主体间的信息不对称以及医药分业经营不完全，药品价差过大和健保用药的过度需求等问题凸显，并产生了巨大的医疗浪费。因此要实现药品高效的流通，必须不断完善医药体制，在优化药品生产经营环境、制定相关的规定等方面做出更大的努力。

① 普华永道全球健康产业趋势报告，2011

一、专业化的物流体系尚不健全

目前台湾药品的流通还没有建立专业化的物流体系，药品物流中心和专业化的物流公司发展速度较慢。因为药品物流中心所进的货物，属于体积小、种类多、重量轻、单位价值较高的商品，其仓储和运输条件较为严苛，且对环境变化较为敏感。药品物流中心往往要求高度的自动化，以实现管理作业的时效性。但实际操作中，由于台湾的主要制药企业为了满足自身利润最大化的需求，更倾向于使用普通的物流运输或者自己进行配送，从而抑制了专业化药品物流中心的发展。

结合图 6.6 所示，目前台湾的医药物流主要采取第三方物流（英文为 Third Party Logistics，简称 3PL）的模式，此时物流企业的目标是和企业建立长期的伙伴关系，为企业提供定制化的服务，使其拥有更广泛的物流服务与互惠互利关系，又称“契约物流”，但这种模式下的物流企业缺乏跨越整个供应链策略的专业知识以及真正整合供应链的各个方面的技术。其往往关注其具有核心优势的运输和仓储经营，无法更好地满足供应链的各个主体的需求。因此，台湾的药品流通仍然没有建立起专业化的物流体系。

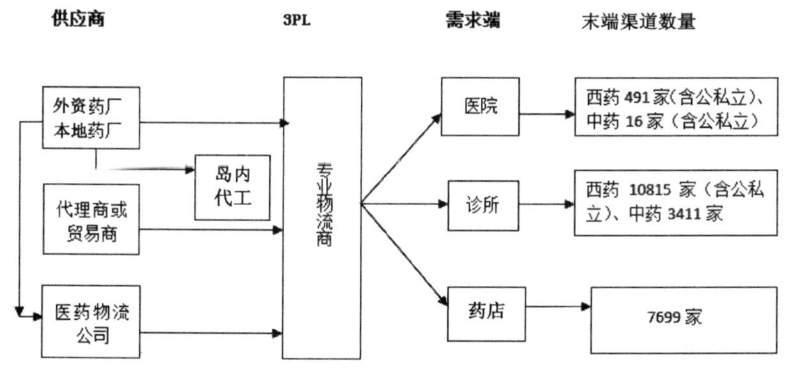

图 6.6 台湾医药物流供应链结构

资料来源：根据台湾卫生相关部门资料整理（2012）。

二、“医药分业”经营实施不完全

台湾的健保机构为了降低药价提高药品品质，要求大型医院采取“医药分离”的经营制度。但医师和药剂师却对药品的调配权产生激烈的争夺，致使台湾卫生福利相关部门不得不分地区、分阶段地实施医药分离制度。实施“医药分业”地区的基层诊所，消费者有权利自由地选择是聘请相关药师调配，还是凭借医疗机构的处方去指定的药店调配。这种双轨制的“医药分业”制度是台湾所特有的，这造成很多大型的医院在“门前”自设药店，以获取高额的药品价差利润。因此医院在药品市场的占有率不断上升，而药店的占有率却出现了下降。此外，2002 年台湾的看病日报销费用进一步降低，在医学中心日报销费用为 300 元，到医院为 100 元，而到药店就只有 75 元，使得多数居民都愿意前往医院就诊。

在未完全的“医药分业”制度下，台湾健保机构的药价管制政策，反而强化了医院在药价市场的议价能力，医院可以依靠大量采购药品的市场力量，进一步压低药品的采购价格，使其低于保健支付的价格，从而赚取大量的价差利润。此外，医院设立的“门前药店”使得消费者可以方便地购买所需药品，因此市场吸引力很大。长此以往，“医药分业”不仅无法实现，反而会被“医药混业”所取代，阻碍医药市场的健康发展。

三、健保制度的不合理支付机制

台湾地区的健保制度主要是参考德国和加拿大的健保制度而制定的，但实际中加拿大已经实现了“医药分业”，而台湾地区却存在“门前药店”的现象；此外，德国的医疗支付制度是由药师公会和各种疾病基金会共同协商而形成的，而在台湾地区却是由健保机构和药师公会进行协商的。早期医疗健保制度的支付机制是“论量计酬”的单一支付机制，使得医院在实际诊疗中只关注就诊的总量，而对相应的质量关注度较低，医疗费用逐年上升，但服务品质却没有实现同步上升。为了控制这种不合理的就医总量，健保机构开始改革支付机制，由原来的“论量计酬”逐渐转变为“论病例支付”“论人计酬制”以及“总额预算支付制”。

“总额预算支付制度”，是指台湾的健保机构预先和医院等机构协商订立本年度的预算，涵盖一年中所提供医疗服务的费用，并且由上而下分配这些费用。一般来说主要有两种形式，一种是支出上限制，另外一种是支出目标制。这些机制确实在一定程度上控制了医疗费用的上涨，但同时也面临着一个更严重的问题。因为在健保制度下缺乏“守门人”制度（家庭医生），且随着人口老龄化趋势加剧和相关慢性疾病的广泛出现等，居民的医疗需求不断上升。在每年医疗支付总额限定的情况下，居民放弃医疗服务的机会成本反而增加了，因此居民会更倾向于去医院就诊，以平衡自身支出的健保费用，使得实际的医疗服务需求不降反升，健保政策下的医疗支出也进一步增加。

第七章　两岸药品流通政策比较

药品流通领域的研究所聚焦的，除了对药品市场的监管，还包括药品招标采购以及医药关系等问题。尤其是2000年大陆医疗保险制度改革和医药卫生体制改革大会部署医疗保险制度改革、医疗卫生体制改革、药品流通体制改革联动推进（“三改联动”）后，药品流通体制改革与医疗体制和医疗保障改革的联系越来越紧密。遵循这一逻辑，本部分对两岸的医疗卫生体制和药品流通政策进行了梳理，并对它们之间的异同进行比较。

第一节　大陆的医药卫生体系组织结构及医药流通政策

本节将对大陆的医药卫生体系组织结构和近年来出台的与药品流通有关的政策进行系统梳理。

一、医药卫生体系组织结构

（一）医药卫生行政管理部门

大陆的医药卫生体系中，行政管理中枢主要由五大部门构成，即国家卫生和计划生育委员会、国家食品药品监督管理总局，商务部，国家发展和改革委员会和医疗保险部门。

国家卫生和计划生育委员会的主要职责是对行业的运行、发展进行总体规划；负责协调推进卫生体制改革和医疗保障；负责制定疾病预防控制规划、国家免疫规划等；负责制定医疗机构和医疗服务全行业管理办法并监督实施；负责组织推进公立医院改革；负责组织制定国家基本药物制度等。

国家食品药品监督管理总局的主要职责是负责起草药品（含中药、民族药，下同）、医疗器械、化妆品监督管理的法律、法规、草案；组织制定、公布国家药典等药品和医疗器械标准、分类管理制度并监督实施；制定食品、药品、医疗器械、化妆品监督管理的稽查制度并组织实施；拟定并完善执业药师资格准入制度，指导监督执业药师注册工作；参与制定国家基本药物制度，配合实施国家基本药物制度；推动食品药品检查检测体系、电子监管追溯体系和信息化建设等。

商务部是药品流通行业的主管部门，主要负责研究拟定药品流通行业发展规划、政策、相关标准，推动药品流通行业结构调整，指导药品流通企业改革，推动现代药品流通方式的发展，监管医药流通市场秩序等。

国家发展和改革委员会协助进行医药体制改革工作，并负责对药品的价格进行监督管理。

医疗保险部门由人力资源与社会保障部管理，其主要职责是统筹制定医疗保险政策、规划和标准；制定医疗保险基金管理办法；组织制定定点医疗机构、药店的医疗保险服务管理、结算办法及支付范围。

（二）医疗服务体系

2009 年颁布的《中共中央国务院关于深化医药卫生体制改革的意见》，提出要“坚持非营利性医疗机构为主体、营利性医疗机构为补充，公立医疗机构为主导、非公立医疗机构共同发展的办医原则，建设结构合理、覆盖城乡的医疗服务体系”。

按所有制性质分类，大陆医疗服务体系以政府开办的非营利性医疗机构（公立医疗机构）为主，社会资本开办的营利性、非营利性医疗机构为辅。政府开办的公立医院按其服务功能、任务划分为三级：即三级医院、二级医院以及基层医院、卫生院。社会资本开办的医院，参照公立医院三级划定方法划定。

政府开办的公立医疗机构享受同级政府的财政补助，而其他非营利性医疗机构不能够享受政府财政补助。非营利性医疗机构按照政府规定的医疗服务价格收费，同时享受相应的税收优惠政策。营利性医疗机构可以自主确定医疗服务项目，执行医疗服务政府指导价格，同时也享受税收优惠政策。

公立医疗机构占有绝大部分的医疗资源，社会资本开办的医疗机构规模比较小。医院一般都既提供门诊服务，也提供住院服务，其中门诊既提供医疗技术服务，也设药房出售药品。

（三）医疗保障体系

大陆建立了以职工基本医疗保险、城镇居民基本医疗保险、新型农村合作医疗为主体，以其他多种形式（如补充医疗保险和商业健康保险）为补充，以城乡医疗救助为托底的医疗保障体系，基本实现了全覆盖。

职工基本医疗保险覆盖了城镇就业人员（含进城农民工）及退休人员。职工基本医疗保险保费由单位与个人共同缴纳，体现了资金筹集的责任分担；医疗费用报销规定了起付线、共付比例、封顶线，体现了医疗费用的分担机制；建立了统筹基金与个人账户相结合的制度模式。但是统筹基金与个人账户相结合的制度模式存在一些弊端，由于个人账户归个人所有，缺乏共济性，所以，在启动城镇居民基本医疗保险时，明确提出不建立个人账户。可以看出，职工医疗保险以“保基本”和“保大病”（住院）为核心，以权利义务对等为特点，实行责任分担。

新型农村合作医疗（简称“新农合”）覆盖农村人口。新型农村合作医疗与传统农村合作医疗的根本区别在于实行政府补助与家庭缴费相结合的筹资方式。筹资模式决定制度性质，新农合改变了传统意义上的合作医疗性质，变成了一项真正的基本医疗保险制度。

城镇居民基本医疗保险主要为城镇非从业居民提供医疗保障，采取以政府为主导，以居民个人（家庭）缴费为主，政府适度补助为辅的筹资方式，按照缴费标准和待遇水平相一致的原则，为城镇居民提供医疗服务。

城乡医疗救助制度是指通过政府拨款和社会捐助等多渠道筹资建立基金，对患大病的农村“五保户”和贫困农民家庭、城市居民最低生活保障对象中未参加城镇职工基本医疗保险人员、已参加城镇职工基本医疗保险但个人负担仍然较重的人员以及其他特殊困难群众给予医疗费用补助（农村医疗救助也可以资助救助对象参加当地新型农村合作医疗）的救助制度。

截至 2013 年年底，参加城镇职工基本医保的人数为 2.74 亿，参加城镇居民医保的人数为 2.96 亿，参加新农合的人数为 8.05 亿，城乡参保参合总人数超过 13 亿，参保率达 95%以上，全覆盖目标基本实现。在实现人员全覆盖过程中，新农合和城镇居民医保的筹资水平和保障水平逐步提高。待遇方面，新农合报销比例最高可达 75%，最高支付限额为农民人均纯收入的 6 倍以上。城镇居民医保费用报销比例最高可达 75%（连续参保满两年后，报销比例最高可达 80%），最高支付限额为人均可支配收入的 6 倍以上。

但是，由于大陆人口基数大，各地区社会经济发展水平极不均衡，现有保障体系仍存在筹资和保障水平总体不高、待遇差别较大、适应流动性方面不足、可持续性发展后劲不足等问题。如，2011 年职工基本医疗保险、城镇居民基本医疗保险以及新型农村合作医疗人均筹资水平分别为 1 962.30 元、267.87 元以及 244.64 元，人均支出分别为 1 380.59 元、136.92 元以及 14.41 元，差距较大。未来的医改重点应为不断提高并均衡医疗保障待遇水平，保障人民群众基本医疗，加强医疗保险管理，提高基金使用效率，改进医疗保险服务，方便参保人群。

二、药品流通主要政策

改革开放以来，大陆药品生产流通领域从计划分配体制转向市场化经营体制，行业得到了长足发展。自 1999 年启动医药体制改革以来，连续出台了降低药品价格、药品集中招标采购、药品强制认证（包括药品生产质量管理规范认证和药品经营质量管理认证）、新医保目录等政策；2009 年新医改方案出台，明确提出要建立和完善基本药物制度。近年来,医药流通行业的政策导向主要为：规范药品管理、提高流通效率、规范药品招标采购、减少中间环节、完善药品的定价机制、提高行业集中度、药品销售主要终端（基本医疗机构服务）回归公益等。

（一）医疗卫生体制改革政策与措施

1. 新医改政策提出医疗体制改革的总体目标

早在 1997 年,《中共中央、国务院关于卫生改革与发展的决定》就已出台。2000 年国务院办公厅转发了国务院体改办等八部门制定的《关于城镇医药卫生体制改革的指导意见》，将“整顿药品生产流通秩序，抑制医药费用过快增长”作为医药卫生体制改革的目的之一。但是，上述政策的效果不尽如人意，由于医疗市场逐渐市场化、商品化，社会保障体系覆盖面狭小和未及时构建社会补偿机制，“看病难、看病贵”的问题日益突出，医患矛盾日益加剧。2005 年，国务院发展研究中心“中国医疗卫生体制改革”课题组得出“医改基本不成功”的结论。①

2009 年《中共中央、国务院关于深化医疗卫生体制改革的意见》发布，标

① 葛延风，丁宁宁，贡森等.对中国医疗卫生体制改革的评价与建议（概要与重点）[J].中国发展评论，2005（A01）：1～14

志着新医改的启动，提出医改的基本原则是“保基本、强基层、建机制”，改革总体目标是建设覆盖城乡的公共卫生服务体系、医疗服务体系、医疗保障体系和药品供应保障体系，为群众提供安全、有效、方便、价廉的医疗卫生服务。

2. 建立覆盖城乡的医疗保险体系

2009 年新医改方案的推出，大幅度提高了大陆医疗保险的覆盖率。2012 年，国务院出台的《国家公共卫生服务体系“十二五”规划》提出，“国家建立基本养老保险、基本医疗保险、工伤保险、失业保险、生育保险等社会保险制度”，“职工享有职工基本医疗保险，农村居民享有新型农村合作医疗，城镇居民享有城镇居民基本医疗保险”。2012 年出台的《关于“十二五”期间深化医药卫生体制改革规划暨实施方案》提出，要“加快健全全民医保体系”，“充分发挥全民基本医保的基础性作用”，重点由扩大范围转向提升质量。

3. 推进公立医院改革

2010 年，卫生部发布《关于公立医院改革试点的指导意见》，提出加大政府补贴，推进“多元化办医”。2012 年，《关于“十二五”期间深化医药卫生体制改革规划暨实施方案》着重提出了“积极推进公立医院改革”“落实政府办医责任”和“积极推进补偿机制改革”。2012 年 6 月国务院办公厅出台《关于县级公立医院综合改革试点的意见》提出，以破除“以药补医”机制为关键环节，以改革补偿机制和落实医院自主经营管理权为切入点，建立起维护公益性、调动积极性、保障可持续的县级医院运行机制。但是，在“补偿机制”未完全构建前，公立医院改革的推进仍然困难重重。

4. 药品招标采购与配送管理

为进一步规范医疗机构药品集中采购工作，2010 年 7 月，卫生部等七部委联合发布《医疗机构药品集中采购工作规范》，规定：实行以政府为主导、以省（区、市）为单位的医疗机构网上药品集中采购工作。医疗机构和药品生产经营企业购销药品必须通过各省（区、市）政府建立的非营利性药品集中采购平台开展采购，实行统一组织、统一平台和统一监管。药品集中采购周期原则上不短于 1 年。

《医疗机构药品集中采购工作规范》中对药品招标采购的标准和流程做出了必要的调整，并对配送供应等方面提出了相应要求，放权市场解决配送难的问题。该规范明确，不再单独对配送商进行招标，而是由确定的基本药物供货企业自行委托经营企业进行配送或直接配送，并由供货企业对药品质量和供应一并负责，将药品配送环节让渡给市场。采购机构在与供货企业签订购销合同时，在合同中应明确供货方式、时间、地点和要求，明确供货企业是配送的第一责任人。供货企业是自行配送还是委托药品经营企业配送，由供货企业自主选择。

2015 年，国务院办公厅出台的《完善公立医院药品集中招标采购指导意见》对公立医院药品集中招标采购提出了一系列有针对性的具体措施。一是根据药品用量、供应保障情况实行分类采购，对不同药品分别采取双信封制、公开招标采购、谈判采购、医院直接采购、定点生产、特殊药品采购等方式，进一步提高医院在药品采购中的参与度。二是改进药款结算方式，明确药款结算时限，强化合同约束，鼓励药品生产企业与医院直接结算药品货款，与配送企业结算配送费用，进一步减少中间环节。三是加强药品配送管理，强化生产企业主体责任，确保药品配送及时到位，重点保障偏远、交通不便地区的药品的供应配送，鼓励各地结合实际探索县乡村一体化配送。四是规范采购平台建设，拓展省级药品集中采购平台功能，推动药品采购编码标准化，实现药品采购数据共享和互联互通，公立医院使用的所有药品（不含中药饮片）均应通过省级药品集中采购平台采购。此次指导意见首次在国家文件中明确对临床用量大、采购金额高、多家企业生产的基本药物和非专利药品实行“招采合一、量价挂钩”，并要求“医院按照不低于上年度药品实际使用量的 80%制订采购计划和预算，并具体到品种、剂型和规格，每种药品采购剂型原则上不超过 3 种，每种剂型对应的规格原则上不超过 2 种”。“招采合一、量价挂钩”会对现行的医药销售模式形成一定影响；对剂型、规格的数量进行的严格规定，会对通过改剂型、改规格赢得市场优势的模式形成巨大冲击。

5. 未来医药卫生体制改革的重点

2013 年 11 月 12 日发布的《中共中央关于全面深化改革若干重大问题的决定》更进一步明确了深化医药卫生体制改革的具体内容，包括：统筹推进医疗保障、医疗服务、公共卫生、药品供应、监管体制综合改革；深化基层医疗卫生机构综合改革，健全网络化城乡基层医疗卫生服务运行机制；加快公立医院改革，落实政府责任，建立科学的医疗绩效评价机制和适应行业特点的人才培养、人事薪酬制度；完善合理分级诊疗模式，建立社区医生和居民契约服务关系；充分利用信息化手段，促进优质医疗资源纵向流动；加强区域公共卫生服务资源整合；取消以药补医，理顺医药价格，建立科学补偿机制；改革医保支付方式，健全医保体系；加快健全重特大疾病医疗保险和救助制度；完善中医药事业发展的政策和机制。

（二）基本药物制度的建立与实施

自从 1979 年引入基本药物政策的概念，先后有六版《国家基本药物目录》面世。2009 年卫生部等九部门印发《关于建立国家基本药物制度的实施意见》和《国家基本药物目录管理办法（暂行）》，提出“政府举办的基层医疗卫生机构全部配备和使用基本药物，其他各类医疗机构也都必须按规定使用基本药物”，“在建立国家基本药物制度的初期，政府举办的基层医疗卫生机构确需配备、使用非目录药品，暂由省级人民政府统一确定，并报国家基本药物工作委员会备案”，“配备使用的非目录药品执行国家基本药物制度相关政策和规定”，“其他各类医疗机构也要将基本药物作为首选药物并达到一定使用比例，具体使用比例由卫生行政部门确定”，“实行基本药物制度的县（市、区），政府举办的基层医疗卫生机构配备使用的基本药物实行零差率销售”，“各地要按国家规定落实相关政府补助政策”。

2012 年，卫生部修订了《国家基本药物目录》，新版基本药物目录药品品种扩容，在原来 2009 年版 307 种的基础上扩容至 500 余种，中西药各增加 100 种左右；目录适用范围不仅限于基层，亦扩展至二、三级医院，并明确使用比例；注重与医保（新农合）支付能力相适应，确保基本药物较高的报销比例；新目录中化学药品和生物制品数量与世界卫生组织现行的推荐基本药物数据相近，能够更好地服务于基层医疗卫生机构。扩展目录适用范围有利于基本药物产品的推广使用。

2013 年 2 月，国务院办公厅出台《关于巩固完善基本药物制度和基层运行新机制的意见》，提出建立基本药物的生产供应保障体系，完善基本药物采购与配送。在基本药物采购方面，提出稳固基本药物采购机制，坚持基本药物以省（自治区、直辖市）为单位在网上集中采购，落实招采合一、量价挂钩、全程监控等采购政策，显著提高基本药物使用监管能力。在基本药物流通方面，提出要保障基本药物供应配送和资金支付：基本药物配送原则上由中标生产企业自行委托药品批发企业配送或直接配送，要做好偏远、交通不便地区的药品配送服务；基本药物采购机构对基层医疗卫生机构基本药物货款统一支付，鼓励通过设立省级基本药物采购周转资金等方式优化支付流程，确保货款及时足额支付，省级卫生部门负责监督基本药物货款支付情况，严厉查处拖延付款行为，并向社会公布。

基本药物制度的实施，有利于提高基本医疗卫生服务的可及性，有效降低医疗费用，但是，目前仍存在基本药物招标“唯低价是取”以及量价挂钩执行不佳等问题。

（三）药品流通行业发展政策

1.《全国药品流通行业发展规划纲要（2011～2015 年）》

2011 年，商务部发布了《全国药品流通行业发展规划纲要（2011～2015 年）》（以下简称《纲要》），明确了未来医药流通行业的发展方向：一是提高行业集中度，调整行业结构；二是发展药品现代医药物流和连锁经营等新型的流通方式和经营方式，加强对外交流合作；三是规范药品流通秩序，加强行业信用建设；四是加强行业基础建设，提升行业发展水平。

《纲要》提出以下目标：到 2015 年，“形成 1～3 家年销售额过千亿的全国性大型医药商业集团，20 家年销售额过百亿的区域性药品流通企业；药品批发百强企业年销售额占药品批发总额的 85%以上，药品零售连锁百强企业年销售额占药品零售企业销售总额的 60%以上；连锁药店占全部零售门店的比重提高到 2/3 以上。县以下基层流通网络更加健全。骨干企业综合实力接近国际分销企业先进水平”。

为实现上述目标，《纲要》中提出了以下任务。

（1）制定行业布局规划，完善准入退出制度。提高行业准入标准，将是否符合行业规划作为行业准入的重要依据，严格控制药品经营企业数量。建立退出制度。

（2）调整行业结构，完善药品流通体系。鼓励药品流通企业通过收购、合并、托管、参股和控股等多种方式做强做大，实现规模化、集约化和国际化经营。推动药品流通企业跨区域发展，形成以全国性、区域性骨干企业为主体的药品流通体系；支持专业化和有特色的中小药品流通企业做精做专，满足多层次市场需求；配合医药卫生体制改革和基本药物制度实施，积极参加药品招标采购，做好药品配送。健全药品供应保障体系，鼓励建设一批全国性和区域性的药品物流园区和配送中心，加快形成若干具有较强辐射带动作用的药品流通枢纽。

（3）发展现代医药物流，提高药品流通效率。广泛使用先进信息技术，运用企业资源计划管理系统、供应链管理等新型管理方法，优化业务流程，提高管理水平。

（4）促进连锁经营发展，创新药品营销方式。鼓励药品连锁企业采用统一采购、统一配送、统一质量管理、统一服务规范、统一联网信息系统管理、统一品牌标识等方式，发展规范化连锁，树立品牌形象，拓展跨区域和全国性连锁网络，发挥规模效益；鼓励批零一体化经营；支持连锁经营、物流配送与电子商务相结合，提高药品流通领域的电子商务应用水平。

2. 实行药品经营许可证制度

2013 年修订的《中华人民共和国药品管理法》规定： 开办药品批发企业，须经企业所在地省、自治区、直辖市人民政府药品监督管理部门批准并发给《药品经营许可证》；开办药品零售企业，须经企业所在地县级以上地方药品监督管理部门批准并发给《药品经营许可证》，凭《药品经营许可证》到工商行政管理部门办理登记注册。无《药品经营许可证》的，不得经营药品。《药品经营许可证》应当标明有效期和经营范围，到期重新审查发证。药品经营企业必须按照《药品经营质量管理规范》经营药品。药品监督管理部门按照规定对药品经营企业是否符合《药品经营质量管理规范》的要求进行认证；对认证合格的，发给认证证书。

3. 药品经营质量管理规范认证制度

2013 年，卫生部出台《药品经营质量管理规范（GSP）认证制度》，要求药品经营企业对供应链全程管控，实行全面质量管理与全员质量管理，强化冷链管理，药品储运环节全面实现温湿度自动监测、记录、跟踪、报警管理，对药品流通企业管理的信息技术应用以及质量管理要求进行了具体规定。《药品经营质量管理规范（GSP）认证制度》强化了对药品流通过程中各环节的监控，有利于降低流通环节安全问题的发生率，同时也提高了药品流通行业市场准入门槛，有助于抑制低水平重复；对药品流通企业要求更严，特别是增强了流通环节药品质量风险控制能力，这将有利于促进药品流通行业的结构调整，促使医药流通业集中度的提升。

4. 互联网电子药品电子商务监管

随着电子商务大发展，电子商务在医药领域的应用日趋广泛，2005 年，国家食品药品监督管理总局印发《互联网药品交易服务审批暂行规定》，规定具备相应资格的企业可以在互联网上为药品生产企业、药品经营企业、医疗机构及个人消费者提供药品交易服务。随后，国家食品药品监督管理总局又先后颁布了《关于贯彻执行〈互联网药品交易服务审批暂行规定〉有关问题的通知》《关于实施〈互联网药品交易服务审批暂行规定〉有关问题的补充通知》《关于加强互联网药品信息服务和互联网药品交易服务监督管理工作的通知》,初步构建了互联网药品服务的监管框架，对从事互联网药品交易服务的企业提出了资质要求。为了更好地规范、引导互联网药品交易服务的健康与可持续发展，建立更为科学合理的监管制度，2014 年国家食品药品监督管理总局颁布了《互联网食品药品经营监督管理办法（征求意见稿）》，对互联网药品平台经营者和产品经营者的责任和义务进行了明确，提出互联网药品经营者应当按照药品分类管理规定的要求，凭处方销售处方药。即将出台的《互联网食品药品经营监督管理办法》有助于全面放开网上开售处方药和“零门槛”网上售药经营门槛。

（四）药品价格管理制度

目前大陆药品价格管理制度的构建源于 1996 年颁布的《药品价格管理暂行办法》和 2000 年颁布的《药品政府定价办法》，即对药品价格实行分类管理模式：列入医保目录、部分垄断生产和经营的药品由政府制定价格；其余的药品实行市场调节价。

2009 年，《改革药品和医疗服务价格形成机制意见》出台，对现行药品定价的改革提出了如下意见：一方面，调整政府定价范围，将基本药物的价格管理纳入政府管理权限；另一方面，特殊药品由实行政府定价改为实行政府指导价。

目前大陆实际上形成了三套药品价格体系。一套是国家发改委主管的药品零售最高限价系统，主要依据是《价格法》《药品价格管理法》和《药品管理法实施条例》，具体形式是制定并颁布零售最高限价。这套药品定价体系的定价范围是列入国家医疗保险目录的药品以及目录以外实行垄断性生产、经营的药品，品规数量大约有 2 600 种，占药品市场全部品规数量的 20%、销售份额的 60% 左右。其主要定价方式是成本加成定价。另一套价格体系是由卫生部门牵头的公立医院集中采购体系形成的。2010 年，卫生部出台《药品集中采购监督管理办法》后，规定所有公立医疗机构使用的药品必须实行竞价采购，中标价由省级药品集中采购管理办公室审定公布。在实施基本药物制度之后，原来未被纳入药品招标采购范围的基层医疗机构也被纳入政府招标采购范围，实行按中标价采购、零差率销售。第三种药品价格体系是由制药企业自主定价。这类药品较少，只在社会零售药店销售而不在公立医疗机构销售的药品由企业自主定价。

2014 年 11 月，国家发改委发布了《推进药品价格改革方案（征求）意见稿》根据该意见稿，未来将取消药品政府定价，实行医保控费和招标采购，通过市场竞争形成药品实际交易价格。未来政府将采取推进医保支付标准来推动医院主动压低采购价格。

第二节　台湾的医药卫生体制及医药流通政策

本节从管理部门及其职责、医疗服务体系、医疗保障体系、医疗卫生监督体系等方面对台湾的医药卫生体系组织结构进行了系统梳理，并对台湾药品流通的相关规定、医药物流政策、医药分业制度、药品定价机制等几方面进行了梳理。

一、医药卫生体系组织结构

（一）管理部门

台湾的卫生管理体制是高度统一的“大卫生”体制，卫生管理部门既负责医药卫生服务提供，又负责服务筹资。台湾负责食品和药品管理的监督机构是台湾卫生福利相关部门下属的食品药物管理相关部门。

食品药物管理相关部门下设七个组、五个室和三个区管理中心，组、室和区下面再根据职责分别设科。七个组分别是风险管理组、企划及科技管理组、食品组、药品及新兴生技药品组、医疗器材及化妆品组、管制药品组、研究检验组；五个室分管人事、会计等工作；三个区管理中心是北区管理中心、中区管理中心和南区管理中心。

依据台湾的相关规定，食品药物管理部门的职责包括：食品、药物、化妆品管理政策的规划与执行及相关规定的研拟；食品药物化妆品的查验登记、审核、给证、备查与药物人体试验的审查及监督；食品药物化妆品业者的生产流程管理、输入查（检）验、流通、稽查、查核及辅导；食品药物化妆品的检验、研究、实验室认证、风险评估与风险管理及中药、植物性药材的检验；食品药物化妆品的安全监视、危害事件调查及处理；管制药品的稽核、通报、预警、教育倡导与第一级、第二级管制药品的输入、输出、制造及贩卖；食品药物化妆品消费者保护措施的推动；食品药物化妆品事务的国际合作及境外管理作业；

其他有关食品药物化妆品的管理事项。

卫生福利相关部门下设的健康保险主管部门，负责台湾健康保险基金的筹集、支付和管理。其主要职责包括：居民健康保险承保业务的研拟、规划及执行；居民健康保险财务业务的研拟、规划及执行；居民健康保险医疗给付业务、医疗费用支付业务及医务管理业务的研拟、规划及执行；居民健康保险药品特材业务的研拟、规划及执行；居民健康保险医疗服务审查业务与医疗品质提升业务的研拟、规划及执行；居民健康保险制度执行业务的综合规划；居民健康保险信息业务的研拟、规划及执行；其他有关居民健康保险业务事项。

（二）医疗服务体系

台湾于 1967 年明确了医师的从业资格取得、执业登记和职业规范等方面的要求。20 世纪 70 年代，台湾开放社会办医，医生可自由选择在非官办医疗机构就业，公立医疗机构主导局面开始改变。20 世纪 80 年代，台湾开展社会“组织化改造”，当局全面退出市场，大幅降低对公立医疗机构的补助，要求其“自负盈亏”，同时采取“法人化”“委托经营”“合作经营”等方式，将公立医疗机构全面推向市场。1986 年，台湾规定了公、私医疗机构同等的准入标准、责任义务和管理要求。

台湾已形成多元化办医格局，而且社会力量办医呈现出良好的发展势头。公立医院既有各级医院、区（乡镇）卫生所、卫生室或保健站，也有公立大学举办的医院。私立医疗机构既有各类财团法人和慈善组织开办的非营利性医院，又有个人开办的各类私人诊所。从近年的发展趋势来看，医院在朝着集约化、规模化的方向发展，诊所数量正逐步增加。

从 1986 年起，台湾卫生主管部门提出了构建台湾医疗网的计划，目标是促进医疗卫生资源分布均衡，使居民都能得到完善的医疗服务。2000 年，这一计划到期后，台湾基本形成了比较完善的医疗网框架。按照医疗机构级别，台湾现行医疗服务体系由医学中心、区域医院、地区医院、精神专科医院和卫生所组成。[①②] 在统计上，台湾将医疗院所分为医院和诊所。2011 年，台湾的医院总数为 507 家，其中公立医院（含公立大学举办的医院）有 82 家。2011 年，台湾诊所一共有 20 628 家，其中公立诊所有 454 家，公立诊所包括区（乡镇）

---

① 高田，哈鸿潜.台湾的现代医药卫生（上）[J].中华医史杂志，1998，28 (2) ：94～99

② 刘丽伟.台湾医务管理体制及其发展简史[J].中华医史杂志，2005，35 (1)：17～21

卫生所、卫生室或保健站。从近 15 年的发展趋势来看，医院在朝着集约化、规模化的方向发展，而诊所数量正逐步增加。医院从 1999 年的 787 家减少到 2011 年的 507 家，而同一时期内诊所从 15 322 家增加到 20 628 家。目前台湾的 507 家医院大多分属于不同的医疗集团或企业集团，各家医院都形成了自身的品牌和特色。长庚、慈济等大型的医疗集团都已形成了别具风格的独立的医疗体系，对台湾的医疗服务市场形成了实质性的“条状分割”。

（三）医疗保障体系

在 1995 年台湾居民健保制度实施以前，劳工保险、公务人员保险和军人医疗照护制度等十三种保险制度并存，但是，这些保险制度的覆盖面只有 57.08%，有 800 多万居民没有在健保覆盖范围内，[①] 多为 14 岁以下儿童及 65 岁以上老人。1988 年，台湾有关部门开始着手实施居民健保的规划；1994 年，方案通过；1995 年，居民健保正式启动。居民健保属于强制性的社会保险，凡具有台湾户籍的人，都必须参加，而领有台湾居留证件的非本地户籍人士，在台湾居留满 4 个月，也应参保，成为居民健保的保险对象。在健保实施第一年，纳保率为 92.34%，第二年就提高到了 95.95%，到 1998 年，纳保率达到了 99%以上。

居民健保的被保险人被分成六大类共十四种，上述各类健康保险的投保人按各自的身份归属相应地并入这六类人群中。至于公教人员家属疾病保险及退休公务人员及其家属疾病保险，因原来的保险给付项目仅限医疗给付，并入居民健保实施后即被废止，这些被保险人可以根据自己的身份，选择适当的方式参加居民健保。

台湾的“一代健保”将台湾全体居民纳入健保体系，由于医疗服务的覆盖率高、给付差异小、医疗服务特约率高、可近性高等原因，成为台湾满意度最高的社会政策。但是，一代健保也存在保费结构公平性问题，导致财务出现危机、缺口不断扩大，逐渐形成了“二代健保”改革的契机。

2010 年 4 月 8 日，台湾正式对居民健保方案进行修正，于 2013 年 1 月 1 日起正式实施“二代健保”并开征补充保险费。二代健保与一代健保在医疗质量、信息公开、收支联动、保费计算、实施效率、回台就医等方面都存在差异。

---

① 孙友联.二代健保改革的契机与展望[J].新社会政策，2010(6)：49～52

表 7.1　一代健保、二代健保比较

项目	一代健保	二代健保
医疗质量	医疗服务质量信息提供没有明确规定； 主要以服务量为支付基础	明确规定应该提供的医疗服务的质量信息，方便居民就医； 对提供品质较好的医疗服务的，给予给付上的鼓励
信息公开	未明确规定	规定健保机构及医疗院所必须定期公布医疗质量相关信息； 领取医疗费用一定数额以上的医疗服务机构应公开财务报告； 对违规之情节重大者，应公告其名称、负责医事人员、行为人姓名及违法事实
收支连动	监理会与费协会两会分立，导致收入与支出未能同步考虑	监理会与费协会合二为一，财务收支通盘考虑，落实财务责任制度
保费计算	依照职业将被保险人区分为六大类共十四目，各应自负保险费的比例也不同； 投保金额只考虑经常性薪资，没有考虑薪资外所得； 按人口计算，人口多的家庭负担重	二代健保中，被保险人不再以职业类别来分类； 以家庭的总所得计算其应缴之保险费； 论户计费，人口多的家庭负担减轻
实施效率	转换工作或者调整薪资的参保人员，均需要办理转入、转出或者调整投保金额等手续	如遇转换工作或者调整薪资，均无须再办理任何特殊手续
回台就医	旅居海外人士，只要曾有参保记录，回台后立即可加入健保，享受给付	旅居海外人士回台，除于最近两年内曾有参加健保记录，且在台湾拥有户籍外，必须拥有户籍满4个月，才可重新参保，以避免其平时在外未交保费、生病后回台就医时临时参加保险，享受给付，造成不公平

资料来源：孙友联：《二代健保改革的契机与展望》，载于《新社会政策》，2010（6）：49～52。

（四）医疗卫生监督体系

台湾的卫生管理体制是高度统一的“大卫生”体制，同时，民间组织和专业团体在医疗服务监管中起了重要作用。

台湾卫生主管部门主要依靠各种规定来规范卫生行业的行为。医疗机构的设置，医疗机构对外营业和医务人员执业行为，健保的资金筹集、管理、付费、处罚等内容在有关医疗、医师、居民健保的各种规定中均有所体现。卫生主管部门的职能是执行和监督执行规定的事项，主要内容是医疗机构设置审批、医疗机构级别评鉴、医师职称评定等。

台湾卫生福利相关部门主要通过健保制度来推动医疗服务行业的规范化管理。健保通过各种规定和作业规范，对医疗服务的提供做了详细的规定。通过干预手段和经济杠杆的双重作用，来提升医院的规范化管理水平。台湾主要以医院评鉴手段来促进医院服务质量和整体管理水平的提高。台湾卫生主管部门不断改进医院评鉴标准，以患者为中心，主要对医院的照护措施执行情况（包括对患者的生理、心理、社会及经济状况的考虑情况），对本院无法救治病人的后续处理措施，尊重病人及其家属方面的情况，对文化及个人差异的照护情况等进行评价。台湾卫生主管部门将医院评鉴与健保的准入制度结合在一起，通过医院评鉴的医院方能取得健保资格，通过教研评鉴的医院则可以在总医疗费用之上再加成 1.5%～3%的补助。

行业公（协）会分为若干专科公（协）会，负责本专科技术标准的制定、修订、执行，协助上级进行医疗机构级别评鉴、医师职称评定等工作。①

各医疗机构对自身医疗服务工作的组织、经营、安全和品质管理等工作负责。

台湾还建立起了互联互通的医疗卫生信息系统，为医疗机构内部管理以及相关部门对医疗机构进行监管提供了良好的信息平台。

二、台湾药品流通政策

（一）药品流通政策体系

台湾在药品方面主要有药事、药师、药害救济、管制药品管理、罕见疾病防治及药物、食品药物管理组织等方面的规定。

---

① 林端宜，黄颖.台湾医疗卫生改革新进展 [J].中国医院，2001，8 (1)：72～74

另外，台湾还有药师执业登记及继续教育办法、药剂生资格取得及管理办法、人体试验管理办法、人体研究伦理审查机构组织及运作管理办法、药物制造工厂设厂标准、药物制造业者检查办法、药品优良调剂作业准则、药物优良制造证明书申请办法、药物委托制造及检验作业准则、严重药物不良反应通报办法、生物药品检验封缄作业办法等各种较为具体的规定。

（二）医药物流政策

为了提升台湾制药的水平，台湾卫生主管部门于 1988 年公告实施优良制造标准（即药品生产质量管理规范），1999 年 5 月公告实施动态药品生产管理规范，而在 2007 年公告实施更为严谨的国际医药品稽查协约组织的相关规范，对药品物流的流程及标准进行了规定，并采取分阶段实施方式，由卫生主管部门规划并委托相关单位，分阶段协助业界正确执行作业。此外，在药事相关规定中将医药品重新定义，并对医药物资的运送、储存及回收等做出相关规范与限制，以使医药品质量达到国际标准，增强国际竞争力。

在台湾的医药物流体系中，大部分的药品来自岛外原厂药商，由医药代理商或医药供货商进口，上述厂商在接获医疗机构或其他渠道的订单后，再由自有车队或第三方物流业者将医疗物资辗转送达指定的地点。在这样的医药物流体系中，第三方物流业者可提供医疗物资的库存及配送管理等服务。但由于医药物流具有管制药品受到限制、输配及储存条件特殊、单据管理难度高、季节需求变化大等特点，根据国际标准的要求，医药物流除了配合医院、诊所及药店等渠道的物流需求外，针对药物流业特殊的产业特性，必须注意下列的要项。

（1）确保医药品在库存管理及配送过程中质量的稳定性，尤其是属于高风险的温控产品，如疫苗、胰岛素、注射剂、鼻用喷雾剂等，更应严格监控其在流通过程中的温度，才能保证其质量稳定性与医疗效果。

（2）医药品的有效期、批号、销售对象、配送日期及数量等信息都须做正确的记录及进行单据管理，以便异常状况下的追踪与查询。

（3）需严格执行管制药品的认购凭证及配送签单管理。

（三）医药分业制度

所谓医药分业，指医师与药事人员各司其职的专业分工合作方式，原则是“医师处方而不调剂，药师调剂而不处方”。换言之，医药分业制度是医师专职进行诊断、处置及开立处方笺，药师则依据医师开立的处方笺调配药品，并提供用药指导等药事服务。

台湾于居民健保制度实施两年后的 1997 年开始推行医药分业制度，由台北市、高雄市开始，陆续在各县市分区、分阶段实施。但台湾的医药分业制度是医、药两大利益团体的长期博弈对象，管理部门为平衡各方利益，对医药分业采用了分阶段、双轨制的实施方式。所谓双轨制是指允许医院和诊所设立药店、聘请药师调配药剂，同时也允许药店的药师从事调剂工作。

台湾健保机构自 1999 年 1 月 1 日起调整诊所支付标准，特约诊所将处方笺交付特约药店调剂的，与诊所自行调剂的相比，健保多支付 25 元（新台币，下同），健保支付特约药店的药事服务费也较特约诊所医师自行调剂多 21 元，比诊所药事人员调剂多 11 元（一般慢性病处方笺给药 14～27 天则多 10 元）。另外，在药费上，特约药店未经替代之日剂药费，一天为 30 元，2 天为 60 元，3 天为 90 元（据 1999 年 7 月 21 日公告），较交诊所自行调剂的 1 天 25 元、2 天 50 元、3 天 75 元的标准高，因此，诊所若将处方笺交付特约药店调剂，每张处方笺将比自行调剂可多申请 41～61 元。

由于诊察费和药事服务费的调整，为了多得健保机构给付，医院和诊所自办的位于医疗机构门前的“门前药店”大量出现。这些药店的主要业务是健保调剂而并非零售。[①]

在实际中存在以下一些情况：医师诊查后会嘱咐患者在医疗机构附设药店（即“门前药店”）直接取药；医师社会地位和权威性优于药师；部分健保药品有药价差；出现药物使用失误，一般追究医师的责任，而非药师。因此，台湾医院处方流入医疗机构之外的药店调剂的仅占 35%，而扣除慢性病连续处方笺流入社区健保药店的处方量后，则只有 7%。

（四）药品定价机制

台湾药品价格管制主体为居民健保的承办机构——卫生福利相关部门下属的健保机构。台湾药品价格管制的范围是列入居民健保目录中的药品。

1. 药品收载及价格制定机构

药品收载及支付价格订定相关机构依“居民健康保险药价基准”成立“居民健康保险药事小组”，主要负责未收载成分、剂型药品的收载、药品支付价格订定的建议，以及药品给付规定的规范。药事小组召集人及成员由健保机构总经理聘任，两年一聘，小组成员由卫生主管部门与健保机构相关人员、临床药

---

① 杨宗瀚.台湾西医诊所设置“门前药局”因素之分析[D].阳明大学，2005

师、临床医师、学者、专家组成。

2. 药品收载及支付价格订定作业流程

当新药获得许可证之后，厂商可向健保机构申请新药收载并同时提出健保药价申请。厂商检附资料包括药品基本资料、十大参考药价（一般以十个发送经济体的同类药价作为参考价）、已上市类似品药价、对健保财务的影响的评估，期刊文献或药物经济学研究报告等。针对突破创新药，2009 年 9 月 22 日修订的药价基准公告规定，持有药品许可证的厂商须提出与现行最佳常用药品的药品与药品直接比较（Head-to-head Comparison）或临床试验文献间接比较（Indirect Comparison）。接着，健保机构将申请案件转送至医药品查验中心的医药科技评估组，进行药品相对疗效、成本效益及预算冲击的评估。评估报告汇整后送至健保机构下设的药事小组，由二至三位主审委员先做参考，并作为药事小组会议的参考资料。另外，健保机构也会先进行国际药价和类似品药价试算，再提交药事小组会议讨论审查。

最后，药事小组会议将对药品是否收载、核定药品价格、订定药品给付规范，或要求厂商进行药物经济学研究或与厂商签订价量协议等进行讨论并审核，审核结果将以会议记录形式上陈，由健保机构负责人做最后核定。药事小组会议以一月一次为原则，平均药价审核时间为 6 个月。药品价格于当月 15 日前核定者，于次月生效，于 16 日后核定者，于次次月生效。

3. 药品支付价格制定原则

（1）采取药价基准法来控制药价。药价基准法是为各种药品制定支付价格并据以支付，而后再以分类分组的方式，得到各类药品的最合理价格的方法。目前台湾健保机构对新申请收载的药品的定价原则（报销价格）分为两大类：一类为新药，指药价基准中属新成分、新剂型、新给药途径及新疗效复方的新品项；另一类为药价基准中已收载成分、剂型的新品项。

依据 2009 年 9 月修订的药价基准，新药的支付价格订定由健保机构邀请医、药专家审议核定。对于新药显示临床疗效有明显改善者，以十个发达经济体（英国、德国、日本、瑞士、美国、比利时、澳大利亚、法国、瑞典和加拿大）的药价中位数定价。对致力于台湾种族特异性疗效及安全性研发，且在台湾实施临床试验达一定规模的，依相关原则核价后加算 10%。新药经医、药专家审议认定有临床价值者，依选取参考品中同成分规格的原开发厂药品为核算基准。

（2）药价基准中已收载成分、剂型之新品项的支付价格，根据居民健康保险药价基准，药品分为复方及特殊规格药品、原开发厂药品（原研药）、通用学名药（通过生物等效性和等生物利用度的药物）、一般学名药四大类核订，其核价原则如下：

①同一成分剂型药品的价格，以常用剂量为计算基准，当剂量为倍数时，其支付价格以不超过倍数之九成为原则；

②规格相同时，同成分、同质量的药品，采取同价格的核价方式；

③复方及特殊规格药品：以同类品最低价支付，但不得高于药价基准所列的价格；

④原开发厂药品：通过生物利用度及生物等效性试验的同成分、同规格药品，监视中药品以该品国际药价中位数为支付价格上限，非监视中药品以该品国际药价中位数的 0.85 倍为支付价格上限；未实施生物利用度及生物等效性试验的同成分规格药品，以该品国际药价中位数为支付价格上限；

⑤学名药：通过生物利用度及生物等效性试验的学名药，以不高于同成分原厂药品支付价的 80%为原则，不高于已收载的同成分、同规格药品的最低支付价为原则；一般学名药，不高于已收载的同成分、同规格的一般学名药的最低支付价为原则，不高于通过生物利用度及生物等效性试验药品的支付价格，不高于原开发厂药品支付价格的 80%。

4. 药品价格调整机制

依照居民健保药价基准，药品支付价格的调整按居民健保“药品支付价格调整作业要点”中的规定办理。其于 1999 年公布，并于 2009 年 9 月 22 日修订，确立了药品支付价格调整的目标及方法。药品支付价格调整目标在于逐步缩小知识产权或质量较无争议的同成分、同含量、同规格、同剂型的药品的价差，同时以药价调查方式，逐步调整药品支付价格，使之更接近药品市场实际的加权平均价。

缩小同成分、同含量、同规格、同剂型的不同厂牌药品的价差有两种方法：一种为针对知识产权或质量较无争议的同成分、同规格药品，采取分类分组的方式调整药品的支付价格，上述品项、分类分组及价格调整的方法由保险人参考医、药专家学者意见后订定；另一种为若药品支付价格高于同成分、同含量、同剂型、同规格药品的支付价中位数的一定倍数，保险人也予以调整支付价格。

在缩小药品支付价格与市场销售价格差异方面，保险人定期实施药品市场实际交易价格调查，并根据药品市场加权平均价，按照药品支付价格调整原则，调整药品支付价格，使其更接近药品的市场销售价格。在台湾实行的“医院二次议价”制度与药品价格和采购机制下，医疗机构会尽最大努力与药商议价，取得折扣或赠品，以压低采购成本、赚取药价差。但是，各医疗机构必须据实向健保机构提供药品交易成本资料，作为健保机构进行药价调整的参考。到2014年为止，健保机构一共实施了九次药品价格调查，并公布了新的药品基准价格。通过不断压低支付价格，健保医疗支出得以维持稳定，同时调整后的药费节流部分可用于引进新药及高质量的药品，以保障民众用药权益，达到健保财务、医疗提供者及民众三赢的结果。就最近一次健保调整而言，约16 700项健保药品中，调降的约有7 300项，调升的约有2 400项，维持原药价的约有6 800项，据估计，整体健保药价将降低60亿到150亿元新台币。选取部分常用药品2006年价格与2012年价格进行比较，可以发现降幅从5%至69%不等。①

（五）医药费用控制制度

1. 实施总额支付制度

台湾实施总额支付制度，并分为牙医门诊、中医门诊、西医基层及医院四个部门。西医基层及医院的总额除了门诊、住院等医疗服务外，也包含药品费用及药事服务费。总额预算制度的落实是分层次的。在台湾，总额预算分为两个层次：部门总额预算和部门内的地区总额预算。目前，台湾制定预算总额的流程如下：（1）卫生主管部门拟定预算总额年度增长率的范围；（2）由健保机构协商各部门总额及其分配方式；（3）健保机构邀请相关利益群体代表协商总额预算制度执行，并且提请健保会（“二代健保”实施后重组形成的管理相关部门）审议费率；（4）健保会费率审议完毕后报卫生福利部门；（5）卫生福利相关部门转报台湾当局主管部门核定；（6）卫生福利相关部门公告并交付上级部门备查。②

依台湾的相关规定，总额应按药品与药事服务设定分配比例。由于药价差及药品滥用等问题长期存在，各界对于药品的合理支出比例尚无共识，因此药品费用仍采取论量计酬的支付方式，并依规定由医疗院所按药价基准向健保机

---

① 余文心.我们为什么看好医疗服务和创新药物——台湾医疗产业调研[EB/OL]. [2014-03-02]http://blog.sina.com.cn/s/blog_44d0dbdd0101nzzf.html

② 王超群，顾雪非.台湾居民健康保险总额预算制度：运行机制及启示[J].中国卫生政策研究，2014(3)：49～58

构申报其所提供之药品费用，并采取预先扣除的方式处理，不随其他一般诊疗服务的点值浮动；另为配合医药分业，药事服务费经协商后，采取“固定点值、每点 1 元”的办法支付。而西医基层诊所药品费用依“日剂药费”支付，1 日 25 元，2 日 50 元，3 日 75 元。此外，若支付药费超出预先设定的药品费用总额时，其超出部分的一定比例从门诊医疗给付费用总额中扣除，并于下年度调整药价基准。①

2010 年，台湾启动按病种付费的住院诊断关联群制度，共形成 1 029 个关联群分组，预计分成五阶段全部导入，第一阶段以实施论病例计酬支付项目优先导入，共计 164 个关联群，它们的点数之和约占全部关联群总点数的 28%。

2013 年，台湾开始试行药品总额预算支出目标制。支出目标制是预先设定医疗服务支付价格及医疗服务利用量可容许的上涨率，当实际医疗服务利用量低于预先设定的目标值时，年度预算将会有结余；当实际医疗服务利用量超过目标值时，超出部分的费用将打折支付，以适度反映医疗服务变动成本。因此，支出目标制下实际支出可能超出原先设定目标。②

2. 药品部分负担制度

为了增加患者对药品价格的敏感度，降低药品使用量，进而控制药费支出的增长，台湾于 1999 年 8 月 1 日起，实施药品部分负担制度。门诊药品部分负担采取定额负担收取，规定 100 元（新台币，下同）以下之药品免缴部分负担，其后每增加 100 元加收 20 元，药品部分负担金额上限为 100 元。于 2002 年 9 月 1 日起，将药品部分负担金额上限调高为 200 元。除门诊药费 100 元以下免除部分负担，重大伤病者、山地离岛地区的就医者、持慢性病连续处方笺者及门诊论病例计酬项目皆可免除药品部分负担。

引入药品部分负担制度后，患者自付的比例在 10%～20%左右，在一定程度上避免了药品的浪费。总额预付和药品部分负担制度的实施，对抑制诊所药费增长产生了显著的效果。2002 年诊所药费剧降 20.03%，之后至 2009 年增速基本控制在 4%以内。2000～2010 年诊所药费复合增速为-0.34%，同期诊所就诊人数复合增速为 0.58%。

① 根据相关资料整理

② 陈敦源.建构居民健康保险会组织任务中财务收支连动运作机制之研究[R].台湾卫生主管部门年度委托科技研究计划，2012

3. 鼓励使用仿制药

仿制药由于用途、安全性、品质与药效特性等方面与原研药类似，但是价格更低。通过生物利用度试验或生物等效性试验，并经台湾卫生主管部门认可的药品，在疗效上比一般学名药更有保障。台湾健保机构通过多种方式鼓励此类仿制药与原研药竞争：要求医师在处方笺上标示所开药品的同成分仿制药；对医院使用的此类通用学名药的支付限价为原研药的 0.9 倍，一般学名药则为原研药的 0.8 倍。并且通过每两年的一次的价格调整，缩小原研药与此类仿制药的价格差，其最终目标是使价格差保持在 15%以内。

4. 控制医师开立处方的行为

台湾以正面表列的方式，将可获得健保给付的药品项目收载于“居民健康保险用药品项表”，同时，也有负面表列的条文，强调不予收载的条件，限定医师处方开立范围。健保主管部门引入了“同侪审查”（即同行业间互相监督与借鉴）的制度，医院在向健保机构申报给付时，必须接受随机抽审，同行可以对处方进行核删，健保主管部门根据同侪审查的结果来支付医疗费用。通过随机抽审，可以让医师了解自己开药的习惯与用药成本、与其他医师开方行为的差异，可以警告或制止健保合约医师在医疗行为上的过当以及用药上的过当。

第三节　两岸医药流通政策的异同

大陆和台湾的药品流通政策都非常重视对药品质量的管理，同时，也非常重视解决“看病难、看病贵”的问题，但是，由于实际情况的不同，两岸药品流通政策在管理体制、管理手段、药品上市审批、药品价格、医药费用支付等制度方面存在明显的差异。

一、两岸药品流通管理的相同点

（一）对药品质量的管理都非常严格

药品是一种特殊商品，关系人民群众的生命安全。为了维护人民群众安全，两岸对药品的质量和安全性都非常重视。由于药品的研发、生产、流通、使用都具有特殊性，同时药品的不良反应也普遍存在，因此，两岸均应干预药品市场以保障药品使用的安全性，并且干预手段应贯穿药品的研发、生产、流通和使用的全过程。首先，两岸皆非常重视药品质量的源头控制，设置了药品的市场准入标准，设置了严格的要求和步骤；药物必须在通过审查，经过临床试验，确认其安全性后，方能发给许可证，准许其生产、销售及使用。其次，两岸都采取事后监管措施，对虽然经过许可但在流通过程中发生问题的药品进行管制和通报，对于违规生产、销售药品的行为人，两岸皆规定了其应当承担的各类责任。

（二）重视药品价格的管理

两岸都很重视“看病贵”的问题，为了解决“看病贵”的问题，两岸都采取了选择性的价格管制。在药品管制范围方面，两岸较为相似。大陆药品管制范围包括基本医疗保险药品目录的药品以及基本医疗保险药品目录以外的具有垄断性生产、经营的药品，由政府对这些药品实施政府定价或政府指导价，其他药品价格则由市场自发调节。台湾药品价格管制的范围与大陆相似，为列入居民健康保险目录中的药品。

二、两岸药品流通政策的不同之处

（一）药品流通管理体制不同

大陆的药品流通管理的格局是多头共管、根据职能划分：发展和改革委员会负责药价的调控，卫生与计划生育委员会分管医院，食品药物监督管理总局分管药品监督，工业和信息化部负责药品生产企业，商务部负责药品流通。由于多头管理的存在，很多衔接较紧的工作分散到了各部门，造成了监管上的低效率和政策上的不协调。

台湾的卫生管理体制是高度统一的“大卫生”体制，台湾的卫生福利相关部门下属的食品药物管理部门是药品生产流通管理的主管部门。这也使得台湾的药品生产、流通监督管理效率比较高，政策方面的协调度更高。但是，食品药物管理部门由于分组（科）过多而扁平化，也存在横向沟通不易、人力资源分散等弊端。[①]

（二）药品流通管理手段上的差异

台湾卫生主管部门主要依靠各种相关的规定来规范食品药品流通监督管

① 许明满，胡幼圃，康照洲.台湾食品药物管理制度之演进与展望（一）：组织与管理层面[J].医学与健康，2013（2）：11～21

理。同时，台湾卫生主管部门有制定管理规章和标准的权力，承担信息收集和各种其他具体任务，并对医疗服务提供者的行为、药品定价、药品质量进行监督。

（三）药品上市、审批制度差异

台湾实行药品上市许可人制度，上市许可和生产许可相互独立，上市许可持有人可以将产品委托给不同的生产商生产，药品的安全性、有效性和质量可控性均由上市许可人负责。

大陆目前实施的是《药品注册管理办法》所规定的上市许可（批准文号）捆绑生产许可的管理制度。这种捆绑制度在大陆经济与法制建设比较落后的时期，有其优点：第一是生产者稳定，便于监督管理；第二是生产者作为经济实体，有较强的责任承担能力。但是，随着大陆经济的快速发展，生产许可与上市许可捆绑的缺陷越来越不可忽视：第一，在"捆绑"制度下，固定资产投入过大，当科研机构无法寻找到合适的转让途径或者生产企业不认同其知识创新价值时，科研机构为了让产品上市，不得不投资建立药厂，而固定资产投入的增加，有可能影响研究机构的进一步研发投入；第二，新药技术转化困难，影响医药研发者的积极性；第三，药品批准文号取代上市许可制度，导致药品实践中的法律责任不分明，虽然法律规定药品的生产者、经营者共同对药品上市后的安全负责，但有些药品的安全缺陷可能来源于其研发阶段，然而当前法律并未明确研发者对上市后药品的义务和责任，不利于提高研发者的安全意识。

（四）药品价格管制差异

1. 药品价格管制主体不同

大陆药品价格管制主体为发改委及其地方分支机构，台湾药品价格管制主体则为居民健康保险的承办机构，即健保主管部门。

健保主管部门作为药品价格管制的主体，实现了药品价格管制与医疗保险的紧密配合。首先，健保主管部门作为药品的最大需求方，拥有大量的药品使用量方面的信息，这些信息可以为其进行药品价格管制与调整提供指导。其次，健保主管部门既是药品价格政策的制定者，又是药品价格政策的执行者，可以有效保证药品价格政策的贯彻实施。

大陆药品价格管制由发改委系统负责，由于信息不对称，发改委在获得与药品有关的信息方面处于不利地位。尽管近年来，发改委为了改变这种局面，不断地吸纳社会力量、社会信息参与价格决策，但并没有从根本上改变其在获取药品信息方面的劣势地位。

2. 药品价格确定的原则不同

发改委制定药品价格的基本原则是平均成本定价，即以社会平均成本为基础制定价格。平均成本定价的出发点是消除药品行业垄断利润。但是平均成本定价的前提是能准确地获得企业生产成本。由于管制机构获取信息、处理信息能力受限，平均成本定价很难真正降低药品价格。

而台湾方面的比较定价原则，在实行时只需要获取药品的价格信息，而不需要获得很多制药企业作为商业秘密的成本信息,可以有效地降低其信息成本。

（五）医药费用支付制度差异

台湾实施总额支付制度，通过预算机制合理控制医疗费用，提升医疗资源的配置效率，促进医疗资源合理分配与整合，提高专业自主性，提升医疗服务品质及民众健康水平。为了防止医院过度医疗，台湾的总额预付制度采用独创的“点值浮动”模式。在这种模式下，各个医院必须维持甚至增加一定的服务量才不会吃亏。但如果大家拼命提高工作量，所谓的平均点值就会下滑。因此，台湾并没有出现严重的推诿病人现象，医院努力提高服务效率及质量，以争取服务更多病人。但是，由于总额预付制度对医疗机构缺乏赢利模式的引导，致使医疗机构的竞争趋于无序化和盲目化。

目前大陆广泛使用的费用支付制度是按服务项目付费，即后付费制度，付费方（患者）在享受医疗服务后按照实际行为进行支付。这样的付费方式缺少约束主体，容易产生供方诱导需求和费用上涨等问题，难以有效控制医疗费用。加之商业保险机构管理体系不完善，无法干预医疗服务过程，只履行实报实销义务，也纵容了医疗服务提供者的过度供给。

第八章　两岸药品流通业的发展：案例比较研究

近年来两岸药品流通行业的发展迅速，流通渠道不断拓宽，流通方式更加多样化，涌现出很多典型的药品物流企业。其中台湾的三大药品物流企业依次是裕利（市场占比31.3%）、久裕（市场占比16.1%）、大昌华嘉（市场占比12.6%），而大陆涌现出了像南药集团和九州集团这样的现代化的药品物流企业。通过对两岸主要药品流通企业的比较，可以更好地发现两岸药品流通行业的异同点，从而推动两岸药品流通行业的共同发展。

第一节　台湾药品流通业的典型案例分析

裕利集团、久裕集团和大昌华嘉集团是台湾最主要的三家药品流通企业，其中裕利集团是台湾地区主要的由境外资本开办的药品流通企业，而久裕集团是台湾本地药品流通的龙头企业，通过回顾这两家公司的转型历程，分析其先进的物流系统和信息技术，可以看出台湾药品流通行业的总体发展情况和未来的发展趋势。

一、久裕医药集团

（一）公司简介

久裕医药集团坐落于桃园县龟山工业区，是一家成立近50年的老牌企业。1997年营业收入仅为8.87亿元新台币，2009年营业收入已经突破85亿元新台币，成为台湾营业收入最大的医药物流公司（仅次于裕利），也是辉瑞、强生等全球大药厂的药品总指挥中心。每年大约有超过264亿元新台币的药品从这里转运配送至台湾各医疗单位。久裕医药集团作为专业化的营销推广和经销服务公司，不仅提供全方位的价值链服务，更着眼于医院诊所的专业推广和药店处方释出指示用药的营销。目前集团拥有 12 000 家以上的终端客户，涵盖台湾各医学中心、医院、诊所、药店、批发渠道等。

久裕医药集团的优势在于丰富的医药营销及业务推广经验，同时建立了快速且有弹性的后勤支持体系，从而获得了与台湾当地药厂以及世界性的大药厂合作的机会。目前其主要服务的药厂包括：爱尔康眼药厂（Alcon）、安斯泰来制药（Astellas）、班新（Besins）、卫采制药（Eisai）、辉凌制药（Ferring）、埃尔维斯（IVAX）、杨森大药厂（Janssen-Cilag）、强生（Johnson & Johnson）、美敦力鼎众（Medtronic-Mediland）、辉瑞大药厂（Pfizer）、先灵葆雅大药厂（Schering Plough）、台湾东洋药品（Taiwan Tung Yang Biopharm）等。

久裕集团奉行的经营理念可以浓缩为“ARICH”，表示愿意以诚信、谦卑的态度，坚持用心，创新服务，带给顾客超越 A 级、超乎期待的“A$^+$服务”：

Aggressive：积极进取——不盲目追求规模，积极进取，致力于为顾客提供精致的服务；

Responsive：快速回应——保持一定的弹性与韧性，代表顾客对环境变化做出回应；

Innovation：创新应变——时时刻刻考虑顾客关键需求，创新服务，为顾客创造最大价值；

Commitment：信守承诺——用心、确切地达成对客户的每一个承诺；

Health：开心健康——做到以人为本，健康开心。

（二）久裕集团的转型历程

久裕医药集团在整个发展历程中经历了三次大的转型。

第一次，药品代理制度转变，代理业务利润骤降。1997 年以前，久裕的主要业务还不是药品物流，而是代理药品。当时药业利润很高，一般的代理商只要能够代理一两项药品就可以维持经营。随着大型药企特别是境外企业纷纷在台湾设立子公司，使得久裕的代理业务无以为继，必须进行转型。

第二次，健保制度压缩利润。1995 年，台湾开始实施健保制度，迫使药厂和医院必须严控成本。医院通过选择合适的供货商，可使医院在订单程序上降低 20%～40%的成本；把总购买量交付给一家主要的供应者，可节约 1%～3%的总存货成本；使仓库需求变小，减少库存及耗损，可减少 10%～40%的成本。同时药厂也开始寻找专业化的物流企业实现针对性的物流配送，通过集中化运输和仓储，实现规模优势，降低流通成本。在这种环境下，久裕集团不断扩大药品流通的规模，同时采用更加专业化和自动化的物流系统，以信息化的优势实现从收货到配送的全方位控制。

第三次，国际药品物流厂商进军台湾市场。2002 年，大量的国际药品物流厂商进入台湾市场，其中以裕利为代表的国际药品物流企业，以整合全球资源之势进军台湾，凭借庞大的经济规模压低收费，加快了台湾本地区药品流通企业的优胜劣汰。在这种背景下，久裕决定用利润的 10%投资兴建完整的物流信息系统，陆续导入物流管理信息系统及计算机辅助拣货系统，包括物流作业流程的制定，条形码系统、电子拣选系统、掌上型数据收集器、服务器、高速打印机等软、硬设备，大幅提升了物流作业的效能与效率。2003 年，久裕获得了台湾首张“药品生产质量管理规范”药品包装标识及仓储作业认证，可从事药品的分装及加工作业。

（三）久裕药品集团的药品流通模式

1. 传统药品物流模式

药品物流作为新兴产业，相对于传统药品采购优势明显，利润丰厚。传统药品采购环节众多，成本较大。首先，药品从药厂运送到医院，要经过以下几个环节：药厂（生产商）—大型药品批发—各地区代理商—批发销售商—医院。其次，传统的配送方式烦琐无效率，如图 8.1 所示。

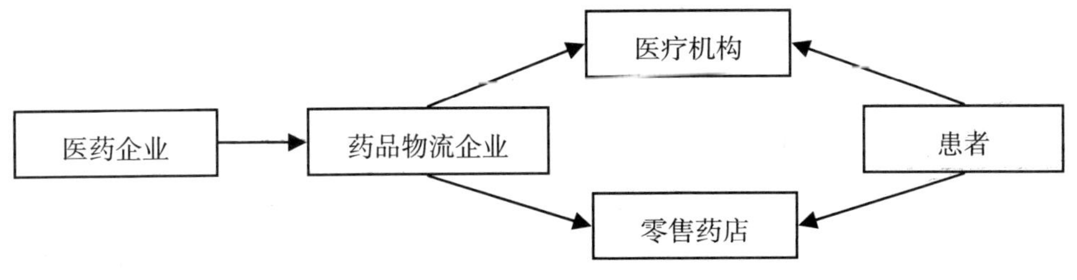

图 8.1　药品物流模式

传统的订购模式下，3 家药品厂商与 3 家医院之间，采用传统的运送方式需 3×3=9 辆车，如图 8.2 所示，这样浪费人力、物力，造成医院成本的相当大的支出，但是改为由各家厂商送至物流中心，再配送至各家医院后，可从 9 辆车降为 3 辆车，可提升管理绩效，有效降低成本，促使医院更有效率地运营。因此医院主要通过专业的物流，来降低药品采购作业成本，即所谓的药品物流。药品物流具备订单处理、仓储管理、拣货、配送，甚至寻找潜在顾客等功能。

它在上、下游产业之间具有缩短流通过程，减少产销差距之中介机能，同时从行业内横向关系来看，药品物流有助于实现跨行业的交流，实现供应链的整合优化，能有效提升市场竞争力。

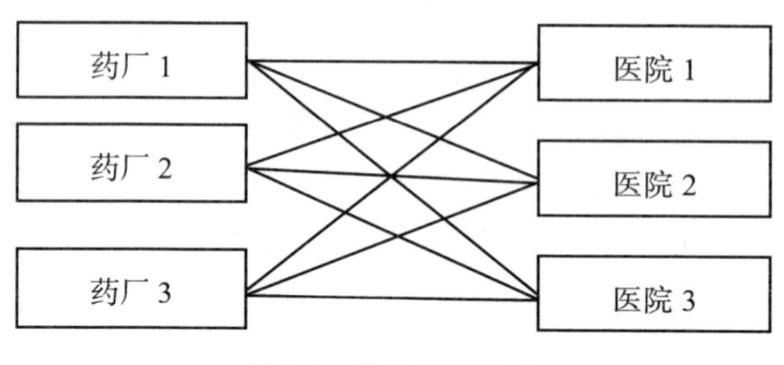

图 8.2 传统采购模式

2. 久裕集团的物流和信息系统

久裕作为台湾本地最大的医药物流企业的代表，以一体化企业资源规划软件为核心整合所有药品物流系统，再一次地进行积极升级转型。此外，通过电子信息管理系统可完整记录标案招标作业、议价、决标与健保价格调整等信息，提供原厂追踪标案处理进度，统计分析药品价格的变化，同时与企业资源计划系统的客户价格数据保持同步，对配送管理采用运输管理系统，管理分析物流出货与配送时间。

久裕能够提供完整的供应链服务选项，包括从保税进出口、查验登记、医院招标议价、客户服务、仓储管理、运输配送、应收账款管理、信息链接到药价申报等整个供应链的环节。久裕于 2011 年拥有了符合欧盟标准的冷链系统，对于生物制剂、疫苗等产品进一步提升了高质量服务能力。久裕拥有专业供应链后勤服务，能够提供精确的库存管理、严谨的质量保证流程、符合药品生产质量管理规范与全球保税仓储的储存环境、增值加工、常（低）温配送、逆物流、货品的批号追踪管理、客户投诉实时处理及岛内运输配送整合规划等精致物流服务。此外，久裕通过了国际标准化组织的质量保证体系认证，是同行业中第一家取得国际药品生产质量管理规范认证执照的服务商。

二、裕利股份有限公司

（一）公司简介

裕利股份有限公司是一家总部位于瑞士的国际集团企业，目前在亚太地区的 16 个国家和地区设有营运据点；公司成立于 1939 年，目前仍由永裕集团持有多数的股份。成立 70 多年来，已在亚太地区建立了卓越的医药物流配送标准，并成为所有药厂、医疗器材制造商及消费保健产品在亚洲地区市场拓展的最佳伙伴。裕利集团在亚太地区主要业务项目为提供客户业务营销、物流配送、产品以及信息管理等服务，服务范围遍及菲律宾、泰国、新加坡、马来西亚、文莱、中国、越南、新西兰、韩国、印度尼西亚、缅甸、老挝、柬埔寨等地，在全球有超过 50 个分公司，亚太地区区域总部设于中国香港。裕利集团是唯一真正在跨亚太地区提供药品、医疗器材以及消费保健产品区域性服务的经销商，公司规模目前为亚洲第一名，在有关物流配送、营销及制造服务等方面为业界翘楚。

（二）裕利公司发展背景分析

从流通渠道主体的采购的行为分析：医院以公开招标方式，与药厂签约整批采购，因此通常药厂由一位业务代表进驻医院，提供下订单、退换货、用药咨询等服务。而诊所多以专科形态营业，采购品类单一，往往由医师与业务员之间的关系决定采购目标。相对来看，药店渠道分散，每次采购金额少、品类多样，通常由药师直接向各区业务员电话订货，经业务人员汇总该区域的总订购量后再统一出货，一笔订单处理要花费 2 至 3 天。而同样一张订单，相较于医院一次采购 50 万元新台币的规模，药店的采购规模仅 5 至 10 万元新台币，却要投入相同之人力、运输成本。

根据台湾聊亚公司的调查，药店选择供货商的主要原因是订货方便、送货迅速、报价稳定合理、退换货容易。因此出于对订单处理成本节省的需求，药店开始更多采用专业化的物流公司的服务。裕利公司在台湾的药品销售及物流公司，目前代理销售 2000 种药品，所服务的上游药厂有 20 余家，下游往来客户有 1.3 万家，客户为药店 1 万余家、诊所 2000 家、医院 500 家。因此其迅速成为中小药店的主要物流服务企业，迅速在台湾占据了绝对的优势地位。

（三）裕利公司专属在线下单系统

裕利公司通过整合上下游药品供应链，强化本身的竞争优势，如图 8.3 所示，裕利公司委托国际商用机器公司（英文为 International Business Machines Corporation，简称 IBM）协助建置其“外联网”（Extranet）系统，包括针对下游药品流通商的裕利快捷网，以及提供给上游药厂的信息服务系统。

裕利快捷网的网络架构包括下游药店客户网络订货服务、大型医院的电子数据交换，及商品条形码服务。其作业环境采用 IBM-AS400 系统，利用广通 64K 专线连接网络，并发展应用界面。目前主要应用项目为在线订货、产品折扣特卖，并为网络医疗村策略联盟提供加值在线信息，如医药新闻、卫生与健保公告、药厂提供的用药新知、新药推广注意事项等信息。此外，配合既有的物流配送系统，可全天候、多样化订货，并对下午 4 点前订货的客户，提供隔日到货服务。

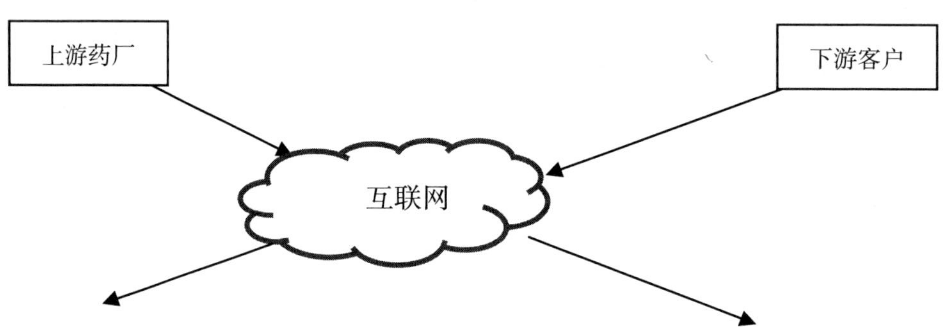

<table>
<tr><td colspan="6">DOS 界面</td><td colspan="7">Web 界面</td></tr>
<tr><td>系统支持</td><td colspan="2">销售图形分析</td><td colspan="2">定期报表制作</td><td>交易电子资料</td><td colspan="2">商品条码服务</td><td colspan="3">产品队列
产品促销</td><td colspan="2">产品订货系统</td></tr>
<tr><td colspan="6">供应链采购系统</td><td colspan="7">裕利快捷网</td></tr>
<tr><td>安全管控</td><td>账款管理系统</td><td colspan="2">订单处理</td><td>物流加工处理</td><td>拣货与包装</td><td>仓储作业</td><td colspan="2">退换货处理</td><td>信用管理</td><td colspan="2">医院管理支持</td><td>库存管理</td></tr>
<tr><td colspan="13">后台作业系统</td></tr>
</table>

图 8.3　裕利公司的“外联网”架构图

值得一提的是其在线下单功能，可依客户不同的交易习惯，提供条列式勾选、查询特定药厂、药品下单以及依个别客户的交易习惯设定专属网页三种订货方式。其中第三种在线交易方式，是依据个别客户的交易习惯进行分析，以其特定的交易条件设定专属的在线采购清单，并会自动将促销折扣条件加入设定中。

由于过去药店采购是直接与业务人员议价，客户对于在线透明化报价后的采购方式产生疑虑，会因原本交易条件的改变而产生抗拒，故此项功能的设计可解决议价问题。此外，因为一般下单习惯沿用前一次的交易情形做修改，所以该系统也提供可重复使用的前次订单，以便做增删修改，让客户减少重复键入的次数。

此外，在上游药厂的信息服务系统方面，提供定期销售与库存数据回传统计、报表产生、数据查询、销售图形分析、与药厂间的数据交换（目前采用电子数据交换、电子邮件方式）等服务。由于各药厂有不同的作业环境、信息化程度有异，故信息服务系统支持多种操作系统、多层次安全管控，以满足个别药厂的系统要求。

第二节　大陆药品流通业的典型案例分析

随着大陆医疗改革和对外开放的不断深入，药品流通行业在此冲击下进行了积极的升级转型和发展，形成了一批专业化、科学化、人性化的药品流通服务企业。其中南京药品股份有限公司和九州通药品集团是两家典型的代表企业，其在药品流通方面的服务和网络系统建设，可以在一定程度上反映大陆药品流通行业整体的发展现状和未来的发展趋势。

一、南京药品股份有限公司药事服务

南京药品股份有限公司（以下简称“南京药品”）是全国第一家药品流通类上市公司，有着近六十年的发展历史。在 2009 年“药品上市公司核心竞争力 50 强”中排名第十位，在 2011 年“中国 500 强企业”中排名第 212 位。南京药品是一家复合型的药品流通企业，其经营范围以药品流通为主，但也包括信息咨询、产品供应、终端服务等多方面，其中药品流通业占据主营业务收入的 95%以上。2011 年公司在各业务板块的收入占比分别为：销售纯收入占 48%；现销快配占 38%；连锁药店占 4%、药品服务占 8%、工业占 2%。药品服务业务作为面向医疗机构的重要业务类型，与医疗用品业务、现销快配业务构成了医疗机构供应链事业部的三大业务类型。在激烈的市场竞争中，南京药品始终坚持“调整转型、创新再造”的经营战略，使企业综合业务水平久居同行业的前列，南京药品的品牌也在全国获得了广泛的认同。

（一）产生背景及发展现状

为应对不断提高的医药市场集中度、愈加激烈的新医改下的市场竞争和大型医药企业以集成化供应链管理特征的发展模式，南京医药确立了“一体两翼”发展战略，以一体化的药品物流和相应增值业务为核心，打造以客户订单为导向的、具备药事管理服务特征的集成化供应链，为社会提供涉及健康利益的管理和服务，实现从传统医药商业企业向为社会提供健康产品与服务的现代医药健康服务企业转型。南京医药构建现销快配、药事服务、健康服务连锁、医疗用品、工业、物流、国际业务和大客户等专业线，将之作为实现企业战略目标的重要举措，为企业成功完成新的转型奠定了坚实的基础。

自2002年起，南京医药开始着力构建以订单为导向、以药事管理服务为特征的集成化供应链，实现了药事服务由南京区域向域外区域、由内地向边疆、由地方向军队，由经济发达地区向经济欠发达地区的拓展与提升。截至2011年，与南京医药开展全部领域医药服务管理的合作医院已达277家，其中三级医疗机构8家，包括江苏省人民医院、鼓楼医院、南京市第一医院等，二级医疗机构47家，一级医疗机构222家。就地理区域而言，药事服务的业务范围已拓展到江苏、安徽、福建、河南、湖北、四川、新疆、辽宁、云南等9个省区，市场欢迎度高，成效显著。

（二）主要经营业务

南京医药主要提供药房托管服务、药品追溯服务、药品采购服务和信息共享服务等。

1. 药房托管服务

药房托管，即分离医院药房的所有权与经营权，使医院仍掌握所有权，而由医药公司负责医院药房的经营和管理，最终双方按一定方式进行利益分成。其主要包括：药剂师服务、药房数量管理、药剂自动包装管理、中药房药品配送服务和处方管理。

2. 药品追溯服务

药品追溯服务是指对医院所开药物进行追踪溯源，解决患者用药安全问题的相关服务。通过更加细化的条码设计与识别，解决了传统药品包装上条码和药品生产批号、有效期信息不能同时存在的问题，真正实现了药品的追踪溯源。

药品追溯服务的基本流程体现在对医院的整件供货中，在大箱子外面标有国际货运标识和系列货运包装箱代码（英文为 Serial Shipping Container Code，简称 SSCC），医院收货后可通过信息化过程进一步获取品种、批号、有效期、供应商信息等综合信息。

3. 药品采购服务

在药品目录动态管理方面，通过控制动态调整的用药目录来解决医与药的关联问题，制定的过程由专家负责、南京医药共同参与。具体方式为限制科室用药的权力，限制生产厂家进入，挤兑厂商对于医生的回扣，反哺医院和患者。

在采购流程优化方面，传统模式下采购流程是二级库向一级库提出订购要求，再进行相关处理。新模式下是通过历史订单进行订购预测，制订采购计划，重新设计流程，缩短订货周期。同时使用条码扫描发票，提高工作效率，减少差错。基本流程为：通过历史记录制订基本采购计划—医院发布网上需求信息—系统生成计划—确定后通过公网向供应商发布订购信息并与南京医药内部企业资源计划系统平台对接—直接转化成订单—企业资源计划系统与物流配送相结合—向销售人员确认—物流发货；同时，开票员出票货票同步—医院药剂科收药后确认药品情况—财务科形成应付账款—医院开出一联到卫生局录入发票信息—卫生局网上结算平台对约定结算日期的医院回款进行约束。

4. 信息共享服务

在药品损耗信息服务方面，经销商与医院对药品的具体规定都会通过平台系统加以约束，如医院与经销商约定近效期（如六个月）药品的约束，那么这些药品就会通过系统效期的信息显示出来。通常生产企业非常想了解损耗情况，因此利用这一需求，南京医药药事服务创办了损耗平台查询业务，生产商付费后可以查询经销商的库存。

在医院内部物流信息化方面，首先对医院内部的各库的库存进行扁平化处理，减少库存级别，拉平一级二级库；然后由医院运管中心统一管理信息和系统配置参数，最终利用库存信息的实时共享，实现降低设施、设备、人员、损耗等四部分费用的目标。

（三）服务机构

药事管理服务公司是南京医药的全资子公司，成立于 2007 年 2 月，注册资本 2.4 亿元，在南京市全面推进二级及二级以下医院药房托管工作的背景下应运而生，也是全国首家将“药房托管”作为首营业务的企业，是南京医药总结原有托管经验、集中优势资源成立的专业药房托管服务平台。2009 年药事管理服务公司的收入达 12 亿元，2011 年药事管理服务公司的收入达 38 亿元，实现了跨越式发展。截止到2011年，药事管理服务公司已成为拥有数家控股公司的现代化药品集成采购、销售企业，药事服务外包业务总额达5亿元，签约托管客户达百余家。药事服务公司主要包括两个部门：中建智康供应链研究院，主要从事项目管理和前端设计；中建智康信息公司，从事相关软件的开发。药事服务公司与具体医院对接后形成小项目组，根据医院客户的需要对具体事务进行规划，一事一议，一院一议，通过目标设定，满足客户要求。

二、九州通医药集团股份有限公司

（一）公司简介

九州通医药集团股份有限公司（以下简称“九州通”），连续多年位列中国医药商业企业前列。2012年成功入围“中国企业500强”，企业市场价值位列中国民营医药商业企业第一位。其经营范围涉及药品、生物制品、医疗器械以及相关保健品。从经营方式上看，其主要是以产品批发为主，同时采用零售连锁、药品生产与研发及有关增值服务等多种经营方式营销的综合型企业集团公司。九州通的核心优势在于，其拥有全国性药品流通和营销网络，市场覆盖范围较大，服务能力较强。

截止到2014年，公司实现营业收入 410.68 亿元、营业利润 6.42 亿元及净利润 5.68 亿元（其中归属于上市公司股东净利润 5.61 亿元），较上年同期的营业收入 334.38 亿元、营业利润 5.13 亿元及净利润 4.71 亿元（其中归属于上市公司股东净利润 4.78 亿元）分别增长 22.82%、24.98%、20.59%（其中归属于上市公司股东净利润增长 17.32%）；扣除非经常性损益后归属于上市公司股东的净利润为 4.50 亿元，较上年同期的 3.66 亿元增长 22.88%。核心业务西药、中成药销售继续保持稳定增长，实现销售收入 363.10 亿元、毛利额 22.23 亿元，分别较上年同期的 294.51 亿元、16.44 亿元增长 23.29%和 35.20%；毛利率 6.12%，较上年同期毛利率 5.58%提升 0.54 个百分点。[①] 九州通拥有完善的品种结构和丰富的客户资源，取得了131种药品的全国或区域总经销或总代理资格，目前有上游供货商5 600家，下游客户70 000多家，整体经营品规达160 000多个。

截止到2014年，九州通共获得了21个省（自治区、直辖市）的配送资格，

① 数据来源：《2014年九州通公司年报》，http://data.eastmoney.com/wotice/2015 0428/ZWV12WIdtHisis.html

在全国完成了 27 家省级大型医药物流中心和 43 家地市级中小型医药物流中心的布点工作，完善了公司的全国性医药物流配送体系的建设，延伸覆盖了医药物流配送的区域范围，基本形成了覆盖全国大部分县级行政区域的物流配送网络。同时九州通推行集团化信息技术战略，全面开展电子商务的投资布局，形成了包括九州通医药网（企业对企业）、九州通中药材电子商务有限公司（中药材企业对企业）、北京好药师大药房连锁有限公司线上业务和武汉九州通麦迪森电子商务有限公司（商家对顾客、线上线下相结合等）等多业态的医药电子商务平台，不断提高企业的核心竞争力。

九州通现有最大最先进的武汉东西湖物流中心，该中心于 2014 年 9 月正式投入运营。该物流中心一期可容纳 70 万件药品的库存，支撑年销量达 100 亿元以上；中心内使用螺旋输送机、自动条码复核系统、穿梭车等先进设备与技术，峰值出库单日最高可达 6 000 万元以上。同时成立了九州通集团医药物流有限公司，逐步统一运营和管理九州通医药物流体系，为公司未来商流物流分离迈开重要一步，同时为支持新版药品经营质量管理规范认证，快速打造冷链体系，公司新成立了冷链事业部，并完成了冷链建设的初步规划。围绕独具特色的供应链管理、物流管理、医院管理模式，为客户提供专业化、定制化、科学化的配送服务。

（二）上游物流系统和物流中心建设

九州通主要采用了仓储管理系统、设备控制系统、运输管理系统等先进的物流技术，有效提高了物流效率。

1. 仓储管理系统

该系统采用了全新的模式架构，引入了源自日本的先进软件开发管理体系，自动化水平高，从药品的入库、储存、拣选到配送环节，均能够实现货位自动分配、自动编码、自动扫描识别、自动寻址、自动输送与自动分拣。该系统全部由九州通自主研发，全面整合了西药、计生、器械、中药、第三方、赠品、冷链等不同业务的物流管理；支持不同设备选型、不同的管理流程、不同的作业模式；融入了全球卫星定位系统管理、数据分析、集中管控等系统决策功能，实现在掌上设备平台上无缝整合进药监码、防窜码的收集。

2. 设备控制系统

九州通自主研发的设备控制系统使用了独立的数据库，使先进的物流设备控制技术得以运用，如电子标签、分拣机、堆垛机、输送线自动仓库、射频识别等，在医药物流领域全面采用新型通信方式连接物流中心管理信息系统与设备的可编辑逻辑控制器，并与仓储管理系统对接。同时将物流中心管理信息系统与 WCS 处理过程分离，当其中一个系统出现故障后，不影响到另外一个系统的正常运行，并解决了内复核分拣线因分拨控制误差太大造成的超时回流，使内复核工作效率有较大提高。

3. 运输管理系统

该系统将与仓储管理系统对接，结合全球定位系统的使用，具备配送线路安排、货物装车安排、车辆装载率的控制、车辆运营状态实时跟踪等功能，实现了对集团车辆运营数据的集中管理控制。

4. 现代化的物流中心建设

九州通利用信息化技术的优势，积极打造现代化的物流中心。这些技术主要包括六个方面：（1）全面提前拣选：系统集成了提前拣选的设计，实现了拣货的同步性，为连续拣选提供了保证；（2）无线台车系统：在收货作业中加入了无线移动台车系统的设计，可以通过无线传输技术实现数据的即时传递，减少了作业动线；（3）自动化立体库拣选：整货的拣选和补货实现了由立体库到输送线的直接拣选，实现了搬运工作量的降低、工作效率的有效提升；（4）掌上设备支援拣选：该技术为应对零货拣选峰值设计，多个订单拣选在一个拆零区能够完成操作，峰值时订单处理效率得到提升；（5）自动补货系统：补货命令可以由系统自动下达，进而药品将被输送设备直接送至对应的拆零补货区，并由作业人员进行扫描上架操作；（6）条码复核系统：条码扫描系统在零货复核中得到应用，药品的品种识别可由简单的条码扫描实现，复核效率得到提升，对熟练工人的依赖需求进一步减少。

（三）下游订单物流系统建设

九州通主要采用了集中采购业务管理软件、资金管理系统、商务智能报表系统软件、企业资源计划系统、返利管理软件、电子商品防窃资产管理系统、绩效系统和电子商务等信息技术。

1. 集中采购业务管理软件

该系统实现了对九州通的全部采购业务进行集中管理，包括采购集中和财务集中。采购集中主要实现对全集团供应商集中管理、采购集中洽谈、采购订单集中发出、货物流分别送达、到货跟踪。财务集中主要实现财务信息集中、奖金统一管控、货款集中支付、账务处理一致。

2. 资金管理系统

资金管理系统为九州通全部的资金计划、调度、结算、融资及监督工作提供数据支持，对集团公司各下属子公司的采购资金计划和销售回款计划进行跟踪监督；对集团对外支出资金计划进行安排和监督；同时实现集团总部对各公司票据、融资、现金等各类可用资金状况等的数据查询。系统的主要功能有：银行账户管理、应收票据登记与审核、到票确认、票据预贴现兑付、票据预背书、背书管理、票据贴现兑付、授信合同管理、票据融资登记、现金融资登记、应付票据登记与勾对、票据还款与现金还款。

3. 商务智能报表系统软件

商务智能报表系统软件是基于集团数据仓库的自动报表工具，实现了自动化的数据定期定时统计和发送，可以减少大量人力劳动。电子报表平台实现了数据的图形化，并使数据展现方式更为直观、多样化。电子报表平台原型与集团企业资源计划客户端实现集成,用户在同一客户端实现业务操作与报表查看，解决了操作和查看数据报表时多系统切换等历史问题。

4. 企业资源计划系统

企业资源计划系统对接物流管理系统，对九州通的全部营销与采购业务进行管理，主要功能有采购管理、销售管理、财务管理、供应商的基础资料管理、客户基础资料管理、药品基础资料管理和药品质量管理等。

5. 返利管理软件

返利管理软件实现了集团各公司的采购、财务、法务等部门在采购返利上的各种协作，规范了采购返利流程，对销售返利中的协议进行集中管理，主要实现的功能有采购协议的签署、录入与协议估算、销售返利中二级分销协议、高开协议的数据集中管理。

6. 电子商品防窃资产管理系统

电子商品防窃资产管理系统全面管理全集团的固定资产、低值易耗品，监控和管理资产的全过程，包括供应管理、变更、调拨、租用、清理。

7. 绩效系统

绩效系统能够对全集团各部门、部门负责人、员工开展日常考核，并实现对全集团的下属公司、总经理、副总经理、部门、部门负责人、优秀团队、优秀员工、优秀管理者的年终考核工作。

8. 电子商务

九州通重视医药电子商务的发展，将医药电商及互联网大健康服务作为公司未来重点发展的战略方向，早在 2000 年就成立了电子商务公司，并在同行中率先获得《互联网药品交易服务资格证书》（企业对企业模式）和《互联网药品交易服务资格证书》（商家对顾客模式），是全国少数同时具备企业对企业与商家对顾客业务资格的企业之一，公司旗下拥有“九州通医药电子商务交易平台”“好药师网上药店”和“去买药网”三个电商平台。目前，公司企业对企业电子业务已实现 11.7 亿余元的销售规模，商家对顾客线上业务快速增长，增幅约 23%。

（四）物流发展概况

九州通具备集成规划能力，积极开展自主研发，物流配送能力较强，管理和技术团队发展良好，形成了有借鉴意义的独特模式。

1. 大陆唯一具备独立集成规划能力的现代医药物流企业

九州通医药集团早在 2001 年就开始了对现代医药物流的研究和探索，一方面以开放的心态积极向国际先进的医药物流企业学习，加强交流与合作；另一方面努力探索将国际先进的物流理念与具体国情相结合的医药物流模式，致力于自主研发。

2. 自主创新取得了丰富的自主研发成果，始终为医药物流领域的领导者

九州通集团拥有丰富的物流与供应链管理经验和一流的物流系统研发技术团队，目前已经在医院管理系统、物流管理系统、企业资源计划系统、医疗机构管理平台、集中采购管理平台等方面取得了相应的知识产权；同时，九州通建立完善的线上销售和配送渠道，在药品流通行业具有较强的领先优势。

3. 坚持成本与效益原则，拥有卓越的物流配送能力

依托“低成本、高效率”的“九州通模式”，不断深化和提高企业药品配送和流通能力，同时降低企业的整体运营成本，极大提升经营效率，获得效益提高和成本降低的双重成果，在相关领域形成了绝对的领先优势，如图 8.5 所示。

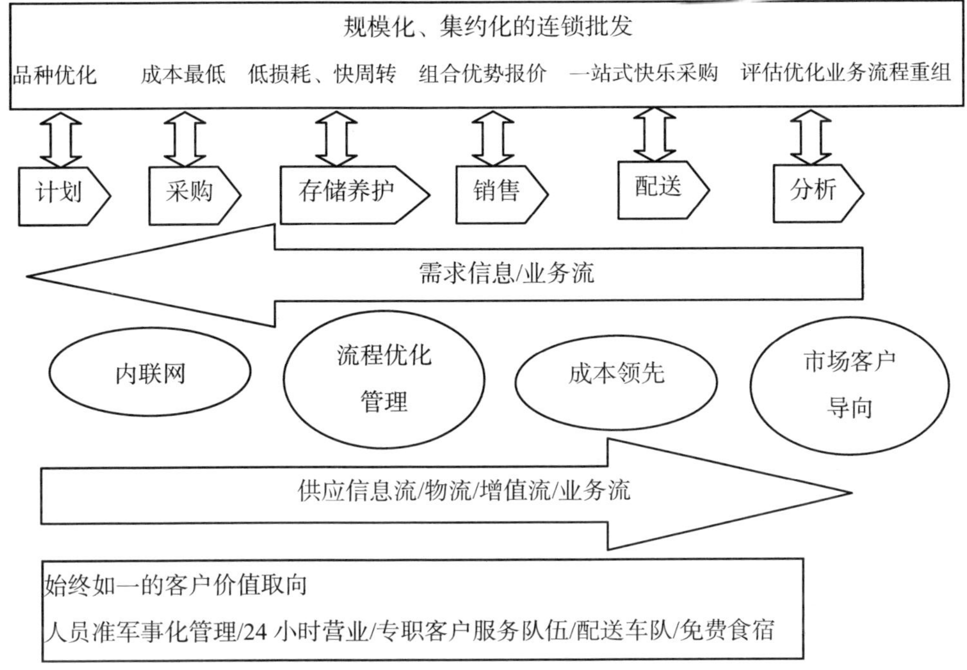

图 8.5 九州通管理经营模式

4. 以人为本，拥有优秀的物流管理与技术创新团队

九州通引入了一批有着世界顶级企业管理经验的高级管理人员，并且不断通过招聘引入清华大学等高校的毕业生补充到专业人才队伍中，为企业提供新鲜血液，现拥有物流规划、物流运营及技术研发人员 500 余人，取得大专及以上学历的占 90%以上将来，九州通可凭借专业的服务品质、雄厚的人才资源，帮助客户实现自身价值最大化。

第三节 大陆与台湾药品流通业的比较

药品流通行业是医药商业发展的重要组成部分。伴随着中国经济和人口的快速发展带来的医疗健康需求的快速增长，药品流通行业的发展出现了巨大的机遇，但不合理的药品流通机制，也成为行业发展的重大阻碍。总结和比较两岸药品流通的发展情况和有效经验，可以更好地推动整个中国药品流通行业的健康发展。

一、两岸医药流通行业的比较

（一）药品流通渠道的集中度比较

根据国家食品药品监督管理总局的统计，截至 2014 年，大陆药品流通行业前三大企业的市场集中度低于 50%，整体的行业集中度较低，且市场化的流通渠道比重较低。而台湾药品流通以市场化的渠道为主，其中前三大药品流通企业裕利、久裕、大昌华嘉的份额占整个台湾药品流通市场的 60%以上，行业集中度较高，因此台湾的药品流通行业已经发展为规模化的垄断竞争性行业。

（二）流通渠道主体的比较

1. 药品生产企业

伴随着市场需求的扩大，大陆药品生产企业数目不断增加，但药品生产质量却参差不齐，药品生产也主要以低端的仿制药和原料药为主，很多药品生产企业仅仅是国际药品生产企业的代工厂，药品流通渠道和对象也比较单一。台湾药品生产企业目前实行《药品优良运作规范》，其过程中实现一定的优胜劣汰，但整个药品市场中原料药和西药制剂仿制药的生产竞争较为激烈，而大型国际药厂往往生产竞争性低的专利药，本地中小药品生产企业也面临着较大的风险。

2. 药品流通企业

大陆药品流通企业的发展大致经历了两个阶段：（1）早期计划经济时期，主要是中国医药总公司通过各个地区的药品流动站点进行定向配送流通；（2）改革开放以后，开始出现一些专业化的药品流通企业，其中全国性的代表企业是九州通，区域性的龙头企业有南京医药、广州医药、上海医药等企业，市场化流通渠道不断完善，药品流通水平不断提高。台湾药品流通也经历了一个长期的发展过程，其中国际药品流通企业和本地药品流通企业共同发展。例如，现阶段药品流通中的裕利和久裕，就是国际药品流通企业和本土药品流通企业的典型代表。一方面国际药品流通企业不断改革配送方式，适应台湾本地的需要；另一方面，本地药品流通企业积极吸取国际药品流通企业的先进的管理技术和理念，推进自身的发展和完善，因此台湾药品流通行业整体发展水平较高。

3. 零售药店

随着大陆的医疗改革的推进，医药在相关零售领域逐步放开，零售药店数量不断增长，非处方药成为药店的主要经营种类，同时药店也经营保健药品、医疗器械等产品。但从药品流通的渠道来看，仍然采用传统的采购持有方式，库存压力较大，难以形成有针对性的集中采购，经营效率较低。台湾的零售药店发展历史较长，经历了单独经营、连锁经营以及更加深化的直营和加盟经营等多种方式，而居民健保制度实施后，药店在传统流通渠道的市场不断被大型的医疗机构蚕食，未来台湾的药店将面临更大的挑战。

4. 医疗机构

公立医院是大陆药品终端销售的主体，占整个药品市场销售份额的80%左右。现阶段大陆尚未真正实现“医药分开”，因此药品流通上往往存在严重的寻租现象，医疗机构凭借自身在药品领域的优势地位，往往故意压低药品价格，同时生产企业为了降低成本，不得不减少流通环节的支出，严重影响药品流通的秩序，导致药品流通水平和流通绩效整体较低。相比大陆，台湾虽然分阶段、分地域推进“医药分业”制度，但并未完全实现医药分离，实际运行中医疗机构“低买高报”现象依然普遍存在，药价黑洞现象也比较严重，但随着“医药分业”制度的不断推进，台湾医药行业的不理想局面正在被逐渐扭转。

（三）流通渠道绩效比较

1. 药品流通费用合理性

目前大陆的药品流通费用过高，存在较多的隐性成本和寻租成本，而这些附加成本最终会转嫁到消费者头上，同时也导致整个社会福利水平的下降。台湾药品流通行业市场化水平较高，规范程度较高，药品流通环节的额外费用支出较少，同时其管理部门对健保药品采取了一定的限价措施，也避免了不合理的成本附加到消费者方面，从而一定程度上实现了药品流通费用的合理化分配。

2. 药品流通的整体效率

从药品流通的效率来看，大陆药品流通企业“量多质不优”且规模化水平较低。各级药品流通主体矛盾较为突出，国有药品流通企业和市场化流通企业无序竞争激烈，药品流通市场分割严重，没有形成高效统一的全国性药品流通大市场。药品流通企业内部各环节协作水平较低，往往只注重自身利益。同时，从整个物流产业链角度来看，链条之间彼此脱节，不能形成整体的核心竞争力，加剧了物流资源的浪费，整体空置率水平较高，因此整体药品流通效率较低。

现阶段台湾的药品流通企业充分利用信息化系统，进行科学化、专业化的物流配送，加之台湾土地面积较小但基础设施相对完善，因此药品的整体流通效率较高。

二、推进大陆医药流通行业发展的建议

（一）建立健全药品流通标准体系，规范药品流通行业发展

药品流通标准的建立，有助于实现药品流通的规范化运行。目前大陆正在推行新的药品经营质量管理规范下的药品流通制度，给予所有药品流通企业 3 年实施的过渡期。新的药品经营质量管理规范标准，一方面要提高药品流通行业的准入门槛；另一方面，要规范药品流通市场的秩序，提高行业发展整体质量。新版标准实施的一个重要影响，就在于对药品流通行业进行整合规范，使许多无法达标的中小流通企业被淘汰，实现整个行业的健康发展。此外，另一个重要的特点就是，将对药品流通实行动态化、信息化管理，保证药品的安全可追溯的体系，从药品流通的全产业链进行追踪，包括药品生产、加工、使用的全程动态化管理，切实保证药品流通过程中各方的责任和义务，实现药品生产到使用的有效对接，全面提高药品流通的效率。

（二）采用市场化方式进行药品招标采购制度

药品流通是药品采购的重要组成部分，现阶段“医药不分离”的体制，决定了药品采购的合理性直接影响着药品流通的有效性。目前大陆的药品采购，从类型上分为基本药物与非基本药物两种采购模式，其中医院药房药品采购往往没有有效地采用市场化的招标方式，寻租现象比较严重，直接导致后期流通的无效率。因此必须从招标开始就采取市场化的手段，减少对药品采购的人为干预。后期应当大力推进“药房托管”和“药房剥离”的模式，逐步实现“医药分离”，实现专业化的药品流通，提高整个药品市场的服务水平。

（三）利用互联网思维，实现药品流通新业态

现阶段提高药品流通效率的关键手段，就是实现药品流通与互联网的融合，通过利用互联网时代的云计算和大数据，实现更加精准化、科学化、专业化的药品流通服务。比如建立拥有自主知识产权的药品流通系统，实现药品流通的移动终端实时监督和跟踪等。强调药品流通的扁平化管理模式和管理架构的精简，实现药品流通效率的提升。要充分发掘互联网市场为整个药品流通市场所创造的机遇，不断提高药品流通服务水平，扩大药品流通服务群体，建立线上

药品流通配送一体化服务模式，实现与委托配送客户之间实时的信息传递，注重客户的服务体验，接受客户对药品流通的反馈意见，实现药品流通的人性化和定制化服务，打造药品流通的完整生态架构，形成药品流通行业发展的新业态。

第九章　两岸药品现代流通发展展望

本章结合大陆、台湾的经济、社会发展趋势、技术发展尤其是互联网发展趋势以及政策导向，对大陆和台湾的药品流通发展趋势进行展望。

第一节　大陆药品流通展望

在经济的持续快速增长、人口的老龄化加剧、人们的健康意识增强及城镇化快速发展等因素的影响下，未来大陆医药市场规模将持续不断扩大。同时，在政策因素的引导下，大陆药品流通市场结构将不断变化，行业集中度将不断提升，企业基于现代医药物流和互联网技术的创新业务将取得新突破。

一、医药市场总体规模不断扩大

2013 年，大陆卫生总费用为 31 661.5 亿元，人均卫生费用为 2326.8 元，卫生总费用占生产总值的比重为 5.57%。[①] 根据卫生部发布的《“健康中国 2020”战略研究报告》预测，到 2020 年大陆卫生总费用占生产总值比重将达 6.5%~7%。根据艾美仕市场研究公司预测，中国大陆药品市场将继续快速增长，到 2020 年中国大陆将成为仅次于美国的世界第二大医药市场。国家发改委经济研究所“中国药品生产流通体制改革及医药产业发展研究”课题组认为，2012 ~ 2020 年，大陆医药市场规模将保持 15%的年均增长速度。到 2020 年，大陆医药市

① 中华人民共和国国家卫生和计划生育委员会. 2013 年我国卫生和计划生育事业发展统计公报[EB/OL]. [2014-05-30] http://www.moh.gov.cn/guihuaxxs/s10742/201405/886f82dafa344c3097f1d16581a1bea2.shtml

场总体规模可能超过 2 220 亿美元。[①]

大陆医药市场规模持续扩大，是由于受到大陆经济的持续快速增长、人口的老龄化加剧、人民生活水平的提高、健康意识的增强及政府的积极支持等因素的影响。

（一）中国经济快速增长

经过改革开放后 30 多年的快速发展，中国大陆经济总量居世界位次稳步提升，2008 年，中国大陆生产总值超过德国，位居世界第三位。2010 年，中国大陆的生产总值超过日本，成为仅次于美国的世界第二大经济体。尽管经济进入新常态，将由高速增长转向中高速增长，但是根据党的十八大报告提出的经济增长目标，2020 年大陆生产总值将比 2010 年再翻一番，年均增长速度将超过 7%，在全球范围内还是比较高。从大陆药品终端市场规模及增幅来看，大陆药品终端市场规模从 2007 年的 3 633 亿元增长到 2013 年的 10 985 亿元，年均增速 32.46%，远超生产总值的同期增速。

（二）居民保健意识的稳步提升

在经济快速增长的同时，大陆居民的生活水平及保健意识稳步提高，人均卫生费用逐年增加，卫生费用由 2002 年的人均 509.61 元增加到 2013 年的人均 2 326.80 元，增长了 4.57 倍。2003 年至 2013 年间大陆居民的人均卫生费用情况如图 9.1 所示。

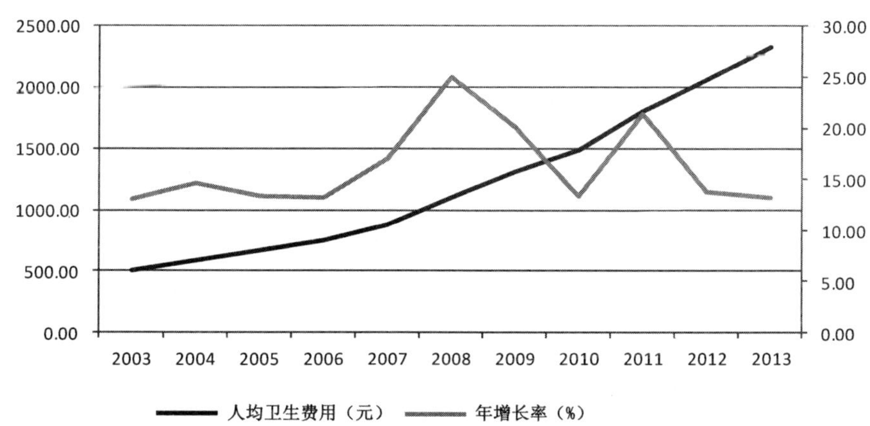

图 9.1　2003～2013 年大陆人均卫生费用及增速

① 国家发改委经济研究所课题组.中国医药产业发展概况及其趋势研究[J].经济研究参考，2014（32）：3～39

（三）人口结构老龄化趋势

根据2011年国家统计局公布的第六次全国人口普查数据，同2000年第五次全国人口普查相比，60岁及以上人口的比重上升2.93个百分点，65岁及以上人口的比重上升1.91个百分点，我国人口的老龄化趋势非常明显。老年人的患病率和人均医药费用高于年轻人，老年人多患有慢性非传染性疾病，疗程长、预后差、费用大，老年人消费的医疗卫生资源一般是其他人群的3～5倍。老年人的药品消费占据药品市场消费的比例较高。根据全国老龄工作委员会办公室的预测，到2020年，老年人口将达到2.48亿，老龄化水平将达到17.17%。① 随着老龄化社会的到来，药品市场将会快速增长。

（四）人口城镇化将拉动药品市场发展

目前大陆进入城镇化快速发展阶段，2000~2012年大陆城镇化率年均增长1.36个百分点。党的十八大报告以及中央城镇化工作会议对城镇化战略方针做出重大调整，指出城镇化的核心是要实现人的城镇化。预期大陆未来仍将保持较快的城镇化速度。由于历史原因，大陆城乡之间存在着二元经济结构，城乡居民之间的收入存在比较大的差距，城乡居民在医疗保健支出方面也存在较大差距，2012年城镇居民的人均医疗保健支出是1 063.7元，而农村居民只有513.8元。可以预期，城镇化的快速发展将带动大陆药品市场规模的持续增长。

二、医药市场结构将发生变化

目前大陆医药零售市场终端仍以医院为主。从世界发达地区的行业发展趋势以及大陆医改的精神来看，“医药分离”是长期发展趋势。“十二五”期间深化医改的首要任务就是全面去除“以药养医”，理顺补偿机制。公立医院未来将回归公益性，公益性最核心的标志是以社会效益为主，它的最核心的目标是促进人民的健康，它的运行机制是公立性的运行机制，而不是独立性的运行机制。②在取消药品加成政策方面，已经出台的公立医药药品集中招标采购指导意见已经开始体现这种政策导向，改变了过去只招不采、量价不挂钩的方式，将通过招标采购这个环节的变革，来推动整个药品、生产、定价、流通、管理使用等一系列领域的变革。虽然从短期看，取消医院“以药补医”削弱了药店

① 全国老龄工作委员会办公室.中国人口老龄化发展趋势预测研究报告[EB/OL]. [2006-02-24] http://www.china.com.cn/chinese/news/1134589.htm

② 梁万年.公立医院改革展望[J].医院院长论坛，2014，9（5）：12～15

的药品价格竞争优势，但是从长期看，医药分离将使大部分医药零售终端市场向药店转移。

三、未来药品定价机制将由政府定价向市场定价转变

大陆长期以来对零售药品实行政府最高限价政策，但是，政府定价存在很多的弊端：一是不能及时反映市场供求状态，二是与药品集中招标价格重叠，三是定价方法难以做到完全科学合理，难以有效地解决“看病难、看病贵”的问题。

建立以医保协议定价机制为主的市场定价，是大陆医改的方向。新医改提出“积极探索建立医疗保险经办机构与医疗机构、药品供应商的谈判机制，发挥医疗保障对医疗服务和药品费用的制约机制”，发改委、卫计委和人社部联合出台的《改革药品和医疗服务价格形成机制的意见》也明确提出要“积极探索建立医药费用供需双方谈判机制，鼓励有条件的地方开展支付方式和费用谈判机制的试点”。

2014 年 11 月发改委发布的《推进药品价格改革方案（征求）意见稿》规定，医保部门要会同有关部门，以合理的市场交易价格为基础，并综合考虑医保基金及患者承受能力等因素，制定报销药品支付标准，做好医保、招标政策间的衔接配合，建立节约采购成本收益归医院的机制，促进医疗机构主动压低采购价格，引导市场价格的合理形成。

从《推进药品价格改革方案（征求）意见稿》可以看出，未来大陆药品价格将通过医保控费、多方谈判和招标采购，在市场竞争中逐渐形成。医保支付价将成为药品价格体系的核心，是决定未来药价的主导者。

四、药品流通行业整合和药店连锁化是大势所趋

目前，大陆药品流通业处于高度竞争状态，行业赢利能力受到一定程度的挤压。较大规模的营销网络及采购渠道能够有效降低运营成本，提升经营效率。为了应对行业的激烈竞争，零售药店不断通过连锁化、规模化来提高竞争实力，不断进行横向整合是未来行业的重要发展趋势。连锁药店与单体药店相比存在很多优势：药店品种结构齐全，特别是非处方药物在药店销售中占很大的份额；由于批量采购，药品成本相对便宜；进货渠道正规，产品质量有保障；构建区域性配送中心，能够保证边远地区的药品供应。

国家政策层面也在注重提高药品流通行业的集中度和药品零售业的连锁化程度。《全国药品流通行业发展规划纲要（2011～2015）》提出，到 2015 年“形成 1～3 家年销售额过千亿的全国性大型医药商业集团，20 家年销售额过百亿的区域性药品流通企业；药品批发百强企业年销售额占药品批发总额 85%以上，药品零售连锁百强企业年销售额占药品零售企业销售总额 60%以上；连锁药店占全部零售门店的比重提高到 2/3 以上”，“县以下基层流通网络更加健全”，“骨干企业综合实力接近国际分销企业先进水平”。

同时，2013 年 6 月 1 日起实施的新版《药品经营质量管理规范》，既提高了对企业经营质量的管理要求，增强了流通环节药品质量的风险控制能力，又推动了大型医药批发和零售连锁企业对小散企业的兼并重组。

国家基本药物集中采购制度将进一步推动药品流通业走向集中。国家基本药物集中采购制度实施以来，各省市对医疗机构药品集中采购配送提出了更高的遴选条件，在注册资本、销售规模、仓储能力、冷藏库体积、特殊管理药品经营资格、配送车辆、药品品种以及配送覆盖率等方面对配送商进行量化评分。遴选条件的提高，将逐步淘汰不具规模优势的药品流通企业。同时，在新的招投标制度下，上游医药工业企业更趋向于和省级区域内的大中型药品流通企业合作，具有规模优势的配送商将更具优势。

国家发改委经济研究所“中国药品生产流通体制改革及医药产业发展研究”课题组预测，医药商业行业（包括分销和零售）的市场集中度将从 2011 年的 28%提升至 2015 年的 42%，进一步提升至 2020 年的 60%左右的较高水平。①

五、医药物流将进一步发展

在商务部《全国药品流通行业发展规划纲要（2011～2015 年）》的引导下，随着药品集中招标采购制度和新版《药品经营质量管理规范》的全面实施，现代医药物流进入建立体系、形成网络的发展阶段。

随着药品集中招标采购制度的推行，药品批发企业向物流配送服务商转变的趋势越来越明显。一些物流能力强、物流成本低、覆盖面广的大型批发企业将具有较强的竞争优势而不断发展壮大，而大量中小批发企业的生存空间会越来越小。配送渠道的垄断地位将增强大型医药批发企业在医药产销产业链中的

① 国家发改委经济研究所.中国医药产业发展概况及其趋势研究[J].经济研究参考，2014（32）：4～39

话语权。同时大型医药批发企业在强化对渠道的控制后，将在物流中心和信息设施支撑下，成为信息终端以及信息加工商，由此形成增值服务。

跨区域的大型医药企业将更加重视医药物流中心的布局，构建起以医药企业为核心的医药供应链，通过与医药生产企业和医院、药店的紧密合作，开展创新型业务模式，逐步打造集药品代理、配送和连锁零售于一体的经营模式。同时，药品流通行业与金融、信息、交通运输等行业的跨界融合将筑就新的药品流通生态系统，开展医药产业链之间的服务延伸与合作，共同向安全、快捷、可及的现代医药物流保障体系和创新经营服务模式转型。

六、电子商务将对药品流通行业格局产生较大影响

互联网药品电子商务呈现快速发展态势。越来越多的药品流通企业在构建或整合集药品分销、物流、电子商务集成服务模式以及数据处理于一体的医药电商平台。随着移动互联网技术的普及和应用，移动互联网与传统医药的结合越来越紧密，如海王星辰、国大药房先后与支付宝达成合作，启动医药零售业线上到线下布局，好药师网开通微信购药平台等。

为支持互联网药品销售，国家食品药品监督管理总局正在研究出台《互联网食品药品经营监督管理办法》,将为互联网药品电子商务和传统药品零售业态的发展和格局调整带来较大的影响。①

发达和地区的医药电商销售规模在医药市场所占比例高达20%以上，但中国大陆仍不足0.5%，医药电商发展潜力巨大。

但是，医药电商还面临一些挑战，主要包括以下几类。

第一，物流尚不能满足医药电商的要求。医药电商的竞争很大程度上是物流与供应链的竞争。但是大陆专业化的第三方医药物流体系尚不发达，一些医药电商企业被迫自建物流体系。巨大的自建物流体系成本导致一些企业不得不放弃对电子商务的尝试。

第二，医药电商的监管不足导致产生安全隐患。大陆电子商务立法滞后于电子商务发展，且主要集中在计算机和网络信息管制方面，实施意义上的电子商务法没有出台。目前，大陆对医药电商采取属地管辖方式，但电商的业务范围却往往遍布各地，受管理职责、管辖范围限制，监管部门的监管手段、水平

① 赵飞宇.医药电商蓬勃兴起 发展壮大还需迈过几道坎？[EB/OL]. [2014-12-28] http://news.xinhuanet.com/fortune/2014-12/28/c_1113802477.htm

跟不上互联网技术的发展和市场需求，这也给网上销售假冒伪劣药品以可乘之机。《互联网食品药品经营监督管理办法（征求意见稿）》规定，互联网药品经营者应按药品分类管理规定的要求，凭处方销售处方药，并由执业药师负责对处方进行审核和监督调配。但是，执业药师只能以传真或图片的形式对处方进行审核，这就增加了审核难度。此外，部分医药电商企业也有可能出于利益考虑，默许患者用假处方买药。

第三，信息壁垒阻碍医药电商产业的发展。如，国家食品药品监督管理总局可用于药品溯源的药品监管码并未向医药电商开放。

第四，医药电商至今未找到适合的赢利模式，如九州通旗下好药师大药房 2013 年的商家对顾客类型的线上业务实现交易额 2.04 亿，较上年同期增长 167.05%，但净利润仅为 192.5 万元。天猫医药频道内 25 类目店铺排行第一位的网上药店康爱多，截至 2014 年 7 月 31 日总资产为 4 362 万元，净资产 2 625 万元，实现营业收入 1.81 亿元，但净利润仅为 626 万元。①

第二节　台湾药品流通展望

本节主要探讨台湾药品流通发展方向与趋势，未来医药分业进程可能进一步朝公平、合理方向发展，药品的联合采购和集中管理药品供应链在具有公信力的机构推动下可能出现，药品零售的药店连锁化趋势可能更加强化以及中西药管理呈现一体化趋势。

一、医药分业进程将进一步朝公平、合理方向发展

医药分业可以压缩药品的利润空间，促使医疗行为回归医疗本质。台湾由于医药界的强烈对峙，采取了分区、分阶段的“双轨制”医药分业。台湾医药分业制度虽然取得一定成效，但与其他地区相比以及与民众的预期效果相比，仍有待进一步完善。

未来医药分业工作的推动方向及政策包括以下几项。

① 曾亮亮,吴黎华.医药电商新规或 2015 年实施,市场规模将达 3000 亿[EB/OL]. [2014-12-10] http://finance.people.com.cn/n/2014/1210/c1004-26179583.html

1. 遏止药师挂牌行为，强化诊所、药店药学人员亲自执业，依相关规定从事调剂工作。

2. 缩小药品差价利润，使医疗机构经营药品的功能进一步减退。

3. 避免医生介入药品营运及供应。

4. 鼓励诊所与药店建立执行模式及与医疗机构建立良性互动的依专业进行合作的关系。

5. 提高药师服务费，终止诊所聘用药师，全面释出处方，落实转诊制度。

6. 健保支付制度及药品给付配合，指导健保定点药店提高服务层次，从单纯的处方调剂扩大至针对慢性病的药学服务。

二、药品的联合采购趋势

台湾地窄人多，台湾医疗院所总数多但规模却不大，因此，各家医院在采购药品时不具有规模经济优势，再加上医院、药店、诊所所采购的药品多通过经销商，所以流通渠道分裂情况严重。

目前台湾药品流通模式主要有三种。

第一种是分销代理。分销代理即通过药品代理商进行药品销售。通常大型医院内会由药厂派一位业务代表进驻，提供下订单、退换货、用药咨询等服务。至于专科诊所，因其采购药品比较单一，大多会直接由医师与药商联络采购，再由药厂委托物流商进行配送。

第二种是物流批发。医院将药品物流外包给物流中心，以定期买断方式结账。由于专业物流商给多个医疗院所进行药品配送，因此，药商会将药品直接送到物流中心，由物流中心根据多品种的药品采购信息进行配送。

第三种是联合采购。医疗机构进行结盟，进行统一的电子采购，再通过金融机构对供应商支付费用，其好处在于可通过采购的规模效应，降低采购价。

近年来，许多医疗院所通过联合采购平台，利用医疗体系进行药品的统一采购，一方面可以以量制价，一方面可以委托专业物流降低配送成本。然而，并不是所有的医疗院所都加入策略联盟或是自成体系，很多小规模的医院由于药品用量少根本无法降低经营成本，因此在经营上越来越困难。

台湾未来可能在当局或企业主导下建立药品集中管理制度。在集中管理模式下，药品集中管理组织在寻找合格的供应商之前，要先审核供应商的资格，以确保供应商的品质，一旦供应商被确认为合格的厂商，则要和药品集中管理组织保持密切联系。供应商可事先获得采购者需求的预估量，再来准备药品，以避免库存积压或缺货的风险。医疗院所可借助集中采购的力量，直接从生产者处获取药品，既可保证品质，又可以争取到更理想的价位，可以说是一个双赢的局面。

由台湾当局设立的相关部门出面管理药品供应链，按北、中、南分区建立药品物流中心，并配合专业物流的管理，集中处理药品供应链的各项流程，以统一的药品仓库来充当各医院的库房，那么药品物流中心便可主动获得各医院的药品用量及库存量，以自动补货给各医院，降低医院的库存空间及人力管理成本。在物流方面，可以大规模地配送各药商的药品，增加配送效率。在资金流方面，健保机构只要和金融机构建立合约关系，便可以通过该金融机构支付健保费用给药商与物流商，避免药价差的产生。①

三、零售药店的连锁化趋势

由于居民收入的提升以及消费形态的改变，药店经营者认识到复合化、专业化、便利化、连锁化与信息化的重要性。其中追求健康美丽的连锁药妆店，是台湾药店经营模式的未来主流业态。居民健保制度下的健保药店，在经营上更以药师亲自执业的“专业化”服务形象，来争取民众的认同；以“连锁化”的统一管理及连锁体制来降低成本、提升经营绩效；以开放式陈列及公开标价方式来强调“便利化”；以“信息化”来提升经营管理绩效及同业竞争力。

未来台湾药店主要会有以下四种模式。

1. 健保药店。为小区专业药店型态，致力于区域性深耕并强调与小区的互动，主要以接受健保处方调剂为主，在为患者调剂药品的过程中，提供专业的用药咨询与亲切热诚的服务，来与患者建立良好的关系，进而成为患者的家庭药师。在取得患者高度信任后，建议患者购买保健食品的成功率相当高。健保药店的优点是收入较稳定、较不受经济大环境影响。缺点是健保处方来源较难掌控，要时常与诊所医师维持良好互动以争取更多处方笺。

2. 专门药店。主要以健康咨询与管理为主，并以特定几项慢性病为专门科目，极度强调医药专业知识。专门药店的药师必须依照患者需求的差异性，提供适当的服务，并通过信息科技与智能型数据库的协助，将特定的健康信息实

---

① 陈姿君. 居民健保下药品供应链 e 化之研究[D].政治大学，2006

时传递给患者。专门药店的优点是单价及毛利较高，投资成本较低。缺点是来客数少，且较难以连锁方式发展。

3. 便利型药妆药店。本类型药店以屈臣氏、康是美为代表，主要客户群体为15～35岁的女性上班族及学生，强调经营体系品牌知名度、强势的广告策略并强调其复合经营满足客户一次购足与价格低廉等形象。因为品项较综合式药店少，容易将作业流程制度化，因此特别适合连锁化。

4. 综合式药店。主要强调商品品类多样化、价格大众化、趋势流行化、卖场宽敞温馨化及药店企业品牌的高知名度。主力商品以健康、美丽、清洁、生活四大类为主，满足消费者一次购足的需求与逛店的享受。超越传统经营形态，以新业态服务方式出现，重视信息化管理与营销策略。优点是人力资源充足、竞争力强且具规模经济优势。缺点是投资成本较高、寻觅开店地点较难。

四、中西药管理一体化

台湾在1995年成立了中医药管理相关部门，主要负责推动中医中药的基础与临床研究，以促进中医现代化及科学化。在成立食品药物管理部门时，曾考虑过将中医药方面的重要管理机构并入。[①] 但是为了提升中药管理品质，最终决定在卫生福利相关部门内部特别成立一个负责中医药管理的部门。

目前，台湾由于中、西药管理呈现两种制度，出现标准不一及管理的灰色地带，其他各种问题也层出不穷。2005年，卫生及社会安全相关部门组织调整规划报告指出，因中西药管理均符合相关规定，但目前审查标准不一致，造成各界不满，也不利于产业竞争发展。且因多单位重复核查，造成人力经费浪费、效率低下等现象。因此，有部分学者、前当局官员建议中药由食品药物管理相关部门管理，而中医药管理相关部门仍保留规划及负责管理中医、中药商、中医院等机构的职能。[②]

① 根据台湾卫生主管部门的相关资料整理

② 许明满，胡幼圃，康照洲. 台湾食品药物管理制度之演进与展望（一）：组织与管理层面[J].医学与健康，2013（2）：11～21

参考文献

[1] 包胜勇.药费为什么这么高——当前我国城市药品流通的社会学分析[M]，北京：社会科学文献出版社，2008

[2] 曹之虎. 对马克思所有制理论的系统研究[J]. 中国社会科学，1987（6）：23～39

[3] 陈文玲等. 药品现代流通研究报告：中国药品现代市场体系研究与设计[M]. 北京：中国经济出版社，2010

[4] 陈文玲. 各国药品流通模式初探[N]. 中国医药报，2005-08-02（B04）

[5] 陈敦源. 建构居民健康保险会组织任务中财务收支连动运作机制之研究[R]. 台湾卫生主管部门年度委托科技研究计划，2012

[6] 蔡宗宏. 医院知识管理系统成功模型之研究——以某医学中心为例[J]. 顾客满意学刊，2006（11）：87～120

[7] 陈宽政. 人口老化、疾病扩张与健保医疗费用[J]. 人口学刊，2009（39）：59～83

[8] 陈敏淑. 行销通路成员伙伴关系整合模式的实证研究——以西药代理商为例[D]. 成功大学，2007

[9] 陈佩怡. 买方行为之研究——以药品通路零售商为例[D]. 德明财经科技大学，2011

[10] 陈启贞. 医疗市场竞争测量——从市场划区与竞争指标着手[J]. 台湾术志，2008（4）：292～300

[11] 陈孝平. 新加坡模式与美国专用医疗储蓄账户对中国台湾居民健保改革的启示[J]. 社会政策与社会工作季刊，1999（2）：149～187

[12] 陈孝平. 知识经略——以台湾健康保险机构的知识创造机制为例[J]. 政治大学学报，2008（39）：45～79

[13] 陈炫伟. 药厂业务行为、品牌信任与伦理道德之间的关系研究[D]. 中

正大学，2010

[14] 陈姿君. 居民健保下药品供应链 e 化之研究[D]. 政治大学，2006

[15] 戴烽，黄崇铭. 基于 SCP 范式的两岸及中外药品流通渠道比较[J]. 商业时代，2010（3）：38～39

[16] 方世杰，方世荣. 从交易成本与代理理论探讨医药行销通路[J]. 中山管理评论，2009（3）：1～24

[17] 付晨，张钢. 台湾医疗卫生管理体制的启示和借鉴[J]. 中国卫生资源，2007，10（1）：21～26.

[18] 高田，哈鸿潜. 台湾的现代医药卫生（上）[J]. 中华医史杂志，1998，28（2）：94～99

[19] 葛延风等. 对中国医疗卫生体制改革的评价与建议（概要与重点）[J]. 中国发展评论，2005（A01）：1～14

[20] 郭春丽. 中国药品生产流通：体制现状、存在的问题及政策取向[J]. 经济学家，2013（9）：24～33

[21] 郭佩雯. 连锁药局关键成功因素的探讨[D]. 台湾大学，2004

[22] 国家发改委经济研究所课题组. 应建立“医保支付价管理”为核心的我国药价新体制[J]. 宏观经济研究，2014（4）：3～9

[23] 国家发改委经济研究所课题组. 中国医药产业发展概况及其趋势研究[J]. 经济研究参考，2014（32）：4～39

[24] 国家发展和改革委员会经济运行调节局，南开大学现代物流研究中心. 中国现代物流发展报告（2012）[M]. 中国物资出版社，2012

[25] 国家发改委经济研究所课题组. 英国药品流通体制考察报告[J]. 中国物价，2013（7）：47～51

[26] 国家食品和药品监督管理总局南方医药经济研究所. 盘点 2011 中国药店大事件[R]. 中国药品零售市场研究报告，2012：2～3

[27] 国家发改委经济研究所课题组. 中国医药产业发展概况及其趋势研究[J]. 经济研究参考，2014（32）：3～39

[28] 洪铭进等. 台湾药厂采用电子采购交易模式的实证研究[J]. 台湾资本评论，2004（12）：49～78

[29] 洪世章等. 非法药品对合法药品销售绩效的影响研究[J]. 交大管理学报，2005（2）：147～170

[30] 黄宝卿. 探讨顾客导向与员工工作满足关系——以某药厂为例[D]. 静宜大学，2010

[31] 黄文鸿. 从台湾健保看基本药物制度[J]. 医药导刊，2011（5）：159～172

[32] 江东亮. 台湾健保支出趋势分析[J]. 台湾术志，2002（3）：157～163

[33] 江文胜. 老药厂的新生路[J]. 药品导刊，2010（8）：32～35

[34] 蒋育人. 服务品质、产品属性与病人满意度之间关系的研究——以某药厂的客户服务中心的行销服务为案例[D]. 台北大学，2011

[35] 九州通医药集团股份有限公司. 九州通医药集团股份有限公 2014 年年度报告[EB/OL]. [2015-04-28] http://data.eastmoney.com/notice/20150428/2Wvl2WIdtHiSrs.html

[36] 赖炫羽. 有关居民健保支付规定与药品价差问题的研究[D]. 东吴大学，2011

[37] 李成华等. 居民健保中医门诊利用率及其影响因素[J]. 台湾术志，2004（2）：100～107

[38] 李妙纯等. 居民健保下不同所得群体医疗利用不平均因素分析 [J]. 台湾术志，2008（3）：223～231

[39] 李文福. 台湾医疗产业生产力研究回顾与展望[J]. 辅仁医学期刊，2006（4）：215～230

[40] 李佳. 医药冷链标准将陆续出台[J]. 中国药品流通，2013（8）：45～47

[41] 连贤明. 如何使用健保资料进行经济研究[J]. 经济论文季刊，2008（1）：115～143

[42] 廖美智，罗淑慧，陈丽敏，亚洲药品市场商机探讨[R]. 台湾生物技术研究机构，2012

[43] 梁万年. 公立医院改革展望[J]. 医院院长论坛，2014，9（5）：12～15

[44] 林凤兰. 台湾药品流通业准入——基于 GMP 规则的研究[D]. 德明财经科技大学，2012

[45] 林季平. 影响加入台湾居民健保的社会经济不均等因素[J]. 社会政策与社会工作季刊，2008（2）：223～231.

[46] 林圣裕. 制药业产品标准与台湾地区贸易的关系问题研究[D]. 政治大

学，2008

[47] 刘兰茹，兰恭赞. 谈药品的属性和分类[J]. 中国药事，2008，22（2）：96～98

[48] 刘翠玲. 台湾各产业分布调查报告——生技药品与中草药[R]. “工研院”产业研究中心报告，2012

[49] 刘宜君. 从民众观点建立健保政策的绩效指标——重要性绩效指标体系方法应用[J]. 社会政策与社会工作季刊，2009（2）：109～156

[50] 刘丽伟. 台湾医务管理体制及其发展简史[J]. 中华医史杂志，2005，35（1）：17～21

[51] 刘腾. 药品招标地方保护是一种短视[N]. 中国经营报，2013-08-17（A11）

[52] 林端宜，黄颖. 台湾医疗卫生改革新进展[J]. 中国医院，2001，8（1）：72～74

[53] 宋华琳. 美国药品监管的肇始[J]. 中国处方药，2007. 1（58）：46～47

[54] 孙友联. 二代健保改革的契机与展望[J]. 新社会政策，2010（6）：49～52

[55] 施存丰. 台湾社区医药局经营战略与绩效关系的研究：战略群组视角[D]. 华中科技大学，2009

[56] 史杨硕. 基于整合的药品第三方物流研究[D]. 北京交通大学，2012

[57] 田志龙. 中国台湾药品加盟连锁店的发展与借鉴[J]. 经济师，2009（1）：165～198

[58] 曲晓丽. 现代医药物流服务体系正在形成[N]. 国际商报，2014-05-26（C02）

[59] 王起秀等. 台湾发展制药产业的竞争分析[R]. 台湾当局主管部门产业经济报告. 2007

[60] 王超群，顾雪非. 台湾地区居民健康保险总额预算制度：运行机制及启示[J]. 中国卫生政策研究，2014（3）：49～58

[61] 韦明. 中国医药行业并购三大亮点引人瞩目[N]. 中国医药报，2011-03-10（B07）

[62] 吴宛英等. 居民健保对健康差距的影响——以平均寿命为测量[J]. 台湾术志，2007（3）：88～97

[63] 肖林榕，张胜利. 2000～2010 年台湾地区居民健康保险改革[J]. 福建中医药大学学报，2011（6）：64～66

[64] 谢依静. 台湾药品的行销通路与影响因素[D]. 东吴大学，2004

[65] 许超皇. 物流中心规划管理——药品物流案例[D]. 元智大学，2005

[66] 许明满，胡幼圃，康照洲. 台湾食品药物管理制度之演进与展望（一）：组织与管理层面[J]. 医学与健康期刊，2013（2）：11～21

[67] 熊先军. 低价药放开期待：建立医保药品价格谈判机制[N]. 中国医药报，2014-09-28（A01）

[68] 杨宗瀚. 台湾西医诊所设置“门前药局”因素之分析[D]. 阳明大学，2005

[69] 杨铭欣. 供需成本节制对医疗健保费用的影响——时间序列分析[J]. 台湾术志. 2004（5）：377～387

[70] 医药世界编辑部. 日本药品流通体系高度发达，医药世界，2007（5）：28～29

[71] 袁妮，邵蓉. 国内外执业药师制度比较[J]. 上海医药，2007（4）：178～179

[72] 叶梓. 医药电商角逐 3000 亿网售药品市场[EB/OL]. [2015-03-31] http://tech.sina.com.cn/i/2015-03-31/doc-iavxeafs3593217.shtml

[73] 朱恒鹏. 解决“药价虚高”关键在于打破公立医院药品零售垄断地位[J]. 医院领导决策参考，2010（11）：1～5

[74] 张少辉，米莉莉. 论中美两国在药品监督管理方面的差异性[J]. 中国药房，2003（14）：423～424

[75] 周怡君等. 从德国最新健保改革论其对德国社会保险典范转变的意义[J]. 社会政策与社会工作季刊，2008（2）：1～39

[76] 周宜发. 药品组织经营策略之研究——跃狮连锁药局为个案[D]. 淡江大学，2007

[77] 中共中央马克思恩格斯列宁斯大林著作编译局. 马克思恩格斯全集（第 49 卷）[M]. 北京：人民出版社，2008

[78] 国家工业和信息化部. 医药工业“十二五”发展规划[EB/OL]. [2012-01-19]http://www.gov.cn/gzdt/2012-01/19/content_2049023.htm

[79] 国家食品药品监督管理总局. 2013 年度食品药品监管统计年报[EB/OL]. [2014-12-23]http://www.sda.gov.cn/WS01/CL0108/111300.html

[80] 全国老龄工作委员会办公室. 中国人口老龄化发展趋势预测研究报告[EB/OL]. [2006-02-24]http://www.china.com.cn /chinese/news/1134589.htm

[81] 商务部. 2013 年药品流通行业运行统计分析报告[EB/OL]. [2014-06-25] http://sczxs.mofcom.gov.cn/article/dyplwz/bh/201406/20140600639859.shtml

[82] 商务部市场秩序司. 药品流通行业兼并重组经验交流大会在京召开[EB/OL]. [2013-11-05] http://finance.sina.com.cn/roll/20131105/234917230626.shtml

[83] 许明满，胡幼圃，康照洲. 台湾食品药物管理制度之演进与展望(一)：组织与管理层面[J]. 医学与健康，2013（2）：11～21

[84] 余文心. 我们为什么看好医疗服务和创新药物——台湾医疗产业调研[EB/OL]. [2014-03-02]http://blog.sina.com.cn/s/blog_44d0dbdd0101nzzf.html

[85] 曾亮亮，吴黎华. 医药电商新规或 2015 年实施，市场规模将达 3000 亿. [EB/OL]. [2014-12-10] http://finance.people.com.cn/n/2014/1210/c1004-26179583.html

[86] 赵飞宇.医药电商蓬勃兴起 发展壮大还需迈过几道坎？[EB/OL]. [2014-12-28]http://news.xinhuanet.com/2014-12/28 /c_1113802477.htm

[87] 中华人民共和国国家卫生和计划生育委员会. 2013 年我国卫生和计划生育事业发展统计公报[EB/OL]. [2014-05-30]http://www.moh.gov.cn/guihuaxxs/s10742/201405/886f82dafa344c3097f1d16581a1bea2.shtml

[88] 驻日使馆经商处. 日本提高药品流通效率的措施（三）[EB/OL]. [2012-09-20]http://www.mofcom.gov.cn/aarticle/i/dxfw/cj/201209/20120908349737.html

[89] 驻日使馆经商处. 日本提高药品流通效率的措施（二）[EB/OL]. [2012-09-20]http://www.mofcom.gov.cn/aarticle/i/dxfw/cj/201209/20120908349737.html